华北工匠

创新无极限 敢为天下先
—— 解锁华北油田创新密码

华北油田分公司 / 中国劳动保障报社 ○ 组织编写

中国出版集团
研究出版社

图书在版编目（CIP）数据

华北工匠 / 中国石油华北油田分公司，中国劳动保障报社组织编写. -- 北京：研究出版社，2024.7
ISBN 978-7-5199-1628-2

Ⅰ.①华… Ⅱ.①中… ②中… Ⅲ.①石油企业－工业企业管理－史料－华北地区 Ⅳ.①F426.22

中国国家版本馆CIP数据核字(2024)第033123号

出 品 人：陈建军
出版统筹：丁　波
责任编辑：寇颖丹

华北工匠
HUABEI GONGJIANG

中国石油华北油田分公司　　组织编写
中国劳动保障报社

研究出版社 出版发行

（100006　北京市东城区灯市口大街100号华腾商务楼）
北京新华印刷有限公司印刷　新华书店经销
2024年7月第1版　2024年7月第1次印刷
开本：710毫米×1000毫米　1/16　印张：22
字数：295千字
ISBN 978–7–5199–1628–2　定价：88.00元
电话（010）64217619　64217652（发行部）

版权所有·侵权必究
凡购买本社图书，如有印制质量问题，我社负责调换。

前言 PREFACE

创新是挑战、是号角、是战略，也是企业持续提升发展水平的内生动力。习近平总书记在党的二十大报告中强调，必须坚持科技是第一生产力、人才是第一资源、创新是第一动力，深入实施科教兴国战略、人才强国战略、创新驱动发展战略，开辟发展新领域新赛道，不断塑造发展新动能新优势。在中国石油集团公司创新战略和人才发展理念旗帜引领下，华北油田公司大力实施创新驱动发展战略和"人才强企"工程，突出创新驱动，释放企业活力，着力破解生产经营难题，勠力打造持续发展新引擎。

百尺高台，起于累土。华北油田公司在持续抓好人才强企工作的基础上，大力提倡创新、鼓励创新，立足于群众创新、全员创新，给创新搭台，为创新助力，系统推动劳模和工匠人才创新工作室建设，积极营造创新环境氛围。各级党、政、工、团组织在广大员工群众中深入开展创新创效活动，鼓励"红工衣、白大褂"密切协作，指导创新工作室开展技改革新、师带徒等活动，全面提升员工综合能力素质，逐步打开了创新的魔盒，使创新成为一个无穷的、呈指数级增长的活动。一批以创新工作室为代表的创新组织如雨后春笋般破土而出，充分调动起基层职工岗位建功活力和创造激情，营造出职工创新智慧竞相迸发、创造潜能充分释放、创新成果大量涌现的生动局面。近几年，华北油田公司先后建立起了公司级创新工作室23个，其中河北省集团公司命名创新工作室16个，公司集合创新工作室骨干成立华北油田"创客联盟"。

十年磨剑，锋芒毕现。各个创新工作室组织员工改进新工具、改造新工艺、制造新产品、提升新质量、采用新的生产方法、实行新的组织形式，一项项创新成果诞生于每一个岗位、产生于每一项业务，创新融入了生产经营各个环节，成为推动公司生产力发展的最活跃力量。各个创新工作室注重发挥培养造就人才的"蓄水池"作用，有的放矢地搭建多层次、立体化学习平台，致力培养更多高技能人才和石油名匠，先后涌现出了"全国劳动模范"靳占忠、黄京生，"全国五一劳动奖章"获得者孙连会、苏国庆等为代表的一批创新英模，也培养出了"河北工匠""河北大工匠""大国工匠"刘美红、王新亚、闻伟等为代表的一批技术技能专家。在他们的示范带动下，华北油田先后取得各类创新成果1200多项，国家发明和实用新型专利512项。创新工作室成为华北油田人才培养的"孵化器"、研发创新的"裂变器"、促进发展的"助力器"，带动基层创新工作呈现千帆竞发、百舸争流的良好态势。广大员工重视创新、瞩目创新、立意创新、勇于创新，形成了创新的风气、创新的氛围、创新的环境、创新的潮流。

创新外现于物，内生于心。华北油田广大员工群众的创新素养不仅仅是知识、技能和智力，更包含着深植于他们血脉中的石油精神和大庆精神、铁人精神及华北油田精神内核，以及由此迸发出的内在驱动力、求索欲和创造激情。这些创新情志应该传播发扬，获取的创新经验值得传承借鉴，取得的创新成果应当传播复制。国有栋梁，企有工匠，华北油田党群工作部从油田广袤的创新花海中，采撷出一些绚丽的花朵，联合中国劳动保障报社采访编辑成《华北工匠》一书，希望能够使创新工作和相应成果得到更加广泛的借鉴、复制、推广、应用，同时成为一张展现华北油田创新风貌的亮丽名片。

石油腾飞，创新图强。前进就会面临挑战，发展从来没有坦途。华北油田已经插上创新的翅膀，朝着建设千万吨当量综合能源公司高峰遨游飞翔，我们可以展望创新奋进的华北油田一定会日新月异、欣欣向荣，让宏伟的高质量发展蓝图在油田大地上不断渲染呈现。

目录 CONTENTS

01	**综述　创新无极限　敢为天下先** ——解锁华北油田创新密码
001	**打造"创质创效"新阵地** ——记华北油田第一采油厂黄京生创新工作室
018	**在"小改小革"中创新创效** ——记华北油田第一采油厂陈彦军创新工作室
040	**厚植创新沃土　澎湃发展动能** ——记华北油田第一采油厂曹树祥创新工作室
060	**月创一新　功不唐捐** ——记华北油田第二采油厂靳占忠石油井下作业创新工作室
080	**在修旧中创新　在利废中创效** ——记华北油田第二采油厂闻伟采油创新工作室
100	**让创新活力竞相迸发** ——记华北油田第三采油厂冉俊义创新工作室
118	**让创意变项目，让项目变成果，让成果变效益** ——记华北油田第三采油厂刘美红创新工作室

138 在传承中创新　在创新中传承
　　——记华北油田第四采油厂王新亚创新工作室

156 让创新精神生生不息
　　——记华北油田第四采油厂徐立东创新工作室

180 艰苦奋斗永葆本色　创新创效担当作为
　　——记华北油田第五采油厂苏国庆创新工作室

202 勇破难关　执着创新　草原深处藏着一群创新的"狼"
　　——记华北油田二连分公司大华创新工作室

222 吃苦的"铁军"　创新的"先锋"
　　——记华北油田二连分公司曾庆伟创新工作室

244 步履不停　创新不止
　　——记华北油田电力分公司电力技师创新团队工作室

264 在传承中锐意创新
　　——记华北油田天成迪威尔公司苏立红团队创新工作室

286 创新铸魂　匠心筑梦
　　——记华北油田培训中心郭连升创新工作室

306 创新永无止境　深耕绿化技术
　　——记华北油田华兴综合服务处绿化管理创新工作室

325 后记

综述

创新无极限　敢为天下先
——解锁华北油田创新密码

◇阙　影　贾新明

在新一轮的世界科技变革潮流下，科技创新从未像今天这样深刻影响着国家和企业的前途命运。放眼神州大地，创新资源集聚的多寡、创新能力的高下，直接带来了各地区经济运行走势的分化；着眼产业，创新能力较强的战略性新兴产业和注重科技创新的企业脱颖而出。可以说，地区发展和企业发展的分化，关键在创新。谁牵住了创新这个"牛鼻子"，谁就能掌握战略主动。

从党的十八大提出实施创新驱动发展战略，到党的十九大提出创新是引领发展的第一动力，再到党的二十大报告指出，必须坚持科技是第一生产力、人才是第一资源、创新是第一动力，科技创新，正成为时代的主题词。

党的十八大以来，华北油田以持续创新破解油气勘探开发领域的技术瓶颈，在内蒙古河套盆地连续取得重要突破，在山西沁水盆地建成国内最高产量的煤层气田，在京畿之地建成国内最深储气库群，并形成地热等新能源业务快速发展之势，科技创新为华北油田稳健发展提供了强力支撑。

近3年来,华北油田两级创新工作室先后取得各类创新成果325项、发明专利162项,在减轻劳动强度、优化工作流程、提高工作效率、降低环境污染等方面起到了突出的作用。

亮眼成绩的背后,是辛勤的耕耘。

华北油田积极打造全过程跟进、全周期管理、全介入支撑、全要素激活、全员创新文化的"五全"创新体系。以科技创新为引领增强企业发展内动力,以管理创新为保障实现企业更高水平发展,以基层员工创新为根本夯实基层管理工作基础,切实推动创新工作向基层延伸、向纵深发展。

第一章 理念浸润人心 基因融入血脉

2022年7月初以来,华北油田在河套盆地甩开勘探部署的井位,连续多口多层试油获高产,显示出其在陆相断陷盆地勘探理论技术的创新成效。

抓创新就是抓发展,谋创新就是谋未来。在华北油田,创新发展理念也早已深入人心。勘探开发数十年,仍能打出高产井;产量规模不大,却屡获油气勘探重大发现奖;在手煤层气资源品质一般,却做到行业最优……华北油田近年来取得的这些成绩,都与流淌在华北油田人血脉之中的创新精神息息相关。

哪里能创新?——
求解问题是创新的"指南针"

创新的方式方法,就如一把钥匙,很快就能打开技术难题的锁头。

但也应看到，再多的钥匙，如果找不到正确"锁孔"，再多的研究也是无济于事。这个"锁孔"，对科研人员来说，就是向研究对象提出"正确的问题"。

2019年，由华北油田科研人员提出的"煤层气储层改造提高产能关键技术研究"方法，获得2019年"河北省创新方法大赛"一等奖。华北油田在国内煤层气领域取得技术进步，也是源于对问题的发现与研究。

像国内其他煤层气企业一样，华北油田初期也是引进国外井筒及排采技术，在沁水樊庄区域取得成功。但是在复制到其他区域时就"水土不服"。

单井产量低、产能不到位，是资源品质不行，还是开发理念有偏差？在国内行业下行的时候，华北油田的科研人员没有草草做出"不行"的结论，而是深入思考，认真分析产生问题的原因所在。

依据煤层气地质和煤矿地质的重大区别，他们创新提出了煤层气疏导式开发理论，并在此理论指导下，形成了七元有利区评价、水平井分段压裂、聚能射孔、疏导式排采控制等配套工艺技术，解决了煤层气"理论认识不清、工程适应性差、单井产量低"等行业共性难题。

新理论和技术推广应用后，沁水盆地煤层气新井气量提高100%，单方气操作成本下降20%。2021年，由华北油田参与研究，联合申报的《复杂地质条件储层煤层气高效开发关键技术及其应用》项目，获得"国家科学技术进步奖"二等奖。2022年产气能力突破20亿立方米，并具备了向年产30亿立方米冲刺的能力。

问题的方向，就是创新的方向。如果没有瞄准问题打破砂锅问到底的精神，华北油田也就不会有煤层气业务的崭新局面。

怎么去创新？——
推陈出新是创新的"催化剂"

习惯可以让生产顺风顺水、更有效率，但惯性思维也会让人做事封闭保守、墨守成规。在开发领域，华北油田以往习惯于围绕单一油藏或层系滚动找油，虽屡有收获，但随着辐射效应渐渐消退，这种"零敲碎打"的找油方式成效越来越差。面对石油老区复杂的地质情况，迫切需要新的找油思路打开新局面。

在岔河集这个华北油田最大的砂岩油田，30多年的开发，让这个高峰期年产量近80万吨的油田逐渐减至20万吨。以前百试百灵的滚动评价增储方式，陷入"无井位可选"的尴尬境地。

面对困境，地质科研人员打破以往围绕"区块行政单元划分"或"单个出油点"的显微镜式思考问题方式，立足整个油田进行望远镜式的整体审视，重新开展以整个区带为研究对象的再评价工作。

通过全区统一分层、系统沉积相研究、重制测井解释图版，转变了一系列传统认识，发现了新的储量空白区和有潜力层系。以新认识为基础，打成上百口新井，油田年增产10万吨。

一样的空间，可能有不一样的展布；一样的地层，可能有不一样的解释；一样的井位，可能有不一样的潜力。岔河集油田的创新实践，让华北油田在富油凹陷老油区，发现了一个崭新的增储上产领域，推动了整个油田的整体再评价工作。

立足自我创新、自我提升，才能确保能源科技自立自强。华北油田先后在蠡县斜坡等7个富油气区带进行整体再评价，辅之以"油藏单元分析法"精细研究，累计新增探明储量上亿吨。其中，在以往被视为"低潜力区"的束鹿斜坡带，创新构建"潜山内幕"和"第三系地层超覆油藏"模

综述 创新无极限 敢为天下先
——解锁华北油田创新密码

式,连续打成50多口开发井。

创新,也是一种突破。敢于打破旧条条框框,换个角度看问题,也许就能发现创新的突破点,走进不一样的新天地。

创新靠啥能成?——
持之以恒是创新的"压舱石"

创新,是一个试错的过程。面对反复的科研失败、多年一事无成,如果输不起、等不起,创新的实践就可能半途而废。

自2016年打出高产井安探1X井后,华北油田在冀中廊固凹陷河西务潜山带杨税务区域,连续打出多口高产油气井。这一成就,也是地质人员持之以恒、多年攻关的结果。

早在20世纪七八十年代,地质人员就在河西务潜山带,发现3个小规模潜山油气藏,但一直未取得实质性突破。随后20多年间,从主攻北部深潜山,到转向西部剥蚀区,多轮次勘探效果依然不理想。

一次次失利,并没有让地质人员放弃努力。他们坚定认为,河西务潜山带是油气主要运移指向区,具备形成规模富集油气藏的良好地质条件。2013年后,通过反复实践与研究,选取北部的杨税务潜山作为风险勘探目标,并取得突破性进展。

锲而舍之,朽木不折;锲而不舍,金石可镂。如果没有失败后不慌张、不放弃的定力,就不可能有廊固凹陷深潜山勘探的成功。

不惧失败,并不意味着蛮干与冒进。学会吸取教训,才能日日精进、久久为功。

20世纪80年代发现的冀中大王庄油田,随着构造圈闭钻探殆尽和滚动开发成效变弱,油田产量步入下降通道。

对这个一般人都认为没啥油水可捞的老油区,地质人员没有放弃,而是汲取前人经验教训，思考老井失利原因。

从2011年开始，针对"地层认识不清、油源机理不清、油藏类型变化"等问题，他们解剖已开发油藏，借鉴岩性油藏找油经验，细化区带统层对比，连续8年在被视为圈闭不发育的盲区、不利区以及非主力含油层系，发现富集油藏。

创新要有能力，更要有"把冷板凳坐热"的定力。保持住良好的心态，科研航船将会更接近成功的彼岸。

第二章　人人崇尚创新　人人争相创新

人才兴则企业兴。20世纪七八十年代，华北油田培养了以梁狄刚、刘宝泉、朱亚东、尹定、刘仁达为代表的一批在石油系统响当当的科技专家。20世纪90年代，以梁生正、彭瑞林等为代表的一批技术专家，潜心研究，攻坚克难，成功实现了华北油田油气产量有序接替。进入21世纪以来，华北油田大力实施人才强企战略，通过持续健全完善人才引进、培养、使用、评价激励机制，涌现出一批优秀管理、技术和操作人才。

劳模示范典型引路

在石油领域，勘探被誉为整个生产链的"龙头"，新区勘探由于难度大、成果少、收入低，"流水兵"的出现率比其他科室都要多，但勘探开发研究院的刘静却是这"铁打营盘"中一个"不动的兵"。

接手巴彦河套盆地的勘探任务后，刘静开启了"工作狂"模式。为掌握矿权流转区块的情况，她与同事5次奔赴长庆油田收集资料、开展交流，用3个月的时间翻阅了100多部成果报告。通过无数次枯燥的绘图、计算、研究，终于实现勘探重大突破，河套盆地连续打出10余口单井日产量超100立方米的油井，被誉为"中石油新区、新盆地高效勘探的经典范例"。

在新区勘探找油领域"宅守"27年后，刘静不仅成功"闯"进巴彦河套盆地这块沉寂40余年的"勘探禁区"，为华北油田寻找到了一个重要的资源接替战场，同时也在茫茫戈壁上为国家能源事业寻找到了一处新"绿洲"。2022年，刘静获得全国五一劳动奖章，她也是中国石油集团公司劳动模范。

华北油田新技术新方法类一级学科带头人冯小英也是一名为找油事业而衣带渐宽终不悔的劳模，为让现有的20多种地震解释软件发挥最大效应，她多年潜心钻研，终于实现了对各种软件的深度开发和无缝切换应用，以及关键参数的优选组合，为公司科研人员打开地质迷宫提供了利器。

近3年来，华北油田公司共涌现出全国劳模1人、全国五一劳动奖章获得者2人，省部级劳模14人，公司级劳模44人，集团公司技术能手2人，集团公司技能专家9人，公司级技能专家73人。公司通过开展劳模事迹宣讲、劳模故事微视频征集、劳模座谈会等活动，有力推动劳模精神进企业、进一线、进班组，在公司上下形成了劳动光荣、创造伟大的浓厚氛围。

"匠心"铸魂技术赋能

采油二厂作业大队的孙连会是井下作业工出身。"起管一身油和水，黑盔黑甲照白牙"是作业工对自己工作形象的自嘲，这激发了孙连会"求变"的心，他想让作业工能变得体面、干净。

他观察发现，油水溢流喷洒主要是油管在起管时带出了井下的液体，如果能有东西"堵"住管口就能控制油液溢流。于是，从最初用塑料油管护丝设计改装的"油管堵头",到后来革新的"轻便丝堵""油管控流器",从终于解决了油管连续泄流的"压差型油管上口防污控流罩",再到经济有效、绿色环保的"检泵作业技术",孙连会用12年的时间让作业工彻底告别了以往又脏又累的工作面貌和环境。如今,这项技术已在华北油田实现井下作业全覆盖,每年可为公司创效2000多万元。

熟悉采油工作的人都知道,调整抽油机曲柄平衡块是采油工在抽油机井日常管理中的一项重要工作,吊车配合费用高,员工操作强度大,并且存在一定的安全隐患。采油四厂高级采油技师杨培伦经过4次持续改进与实验,成功研制出抽油机曲柄平衡块调整工具,仅需一名员工便能轻松准确地完成调平衡操作。目前,该项目已在全厂推广应用,一线大班员工普遍反映调整工具安全、方便、好用、省力,大大减轻了调整平衡块的劳动强度。

技术工人队伍是支撑油田发展的重要力量,数字油田建设对员工素质提出更高的要求。近年来,华北油田加强复合型人才培养,创新"大工种"工作模式,积极安排一线员工参加适应公司新业务需要的岗位技能拓展培训,促使操作员工练成技能"多面手"。同时开发具有华北油田特色的培训教材和课程,运用现代先进的培训技术与手段,为基层员工岗位技能训练创造更好的条件与环境。

全员创新活力迸发

黄京生是华北油田采油一厂西柳作业区西柳10转油站的站长。因为热爱发明创造,他又被同事称为"创客站长",大家都说他有一双化腐朽为神奇的手,能把任何废弃零件变废为宝。

创新源于实践,灵感来于生活。这句话在黄京生的创新发明中体现得尤为明显。他在工作中发现,转油站热水泵经常出现的气蚀现象对原油生产有很大不利影响，为找出对策，他苦思冥想了很久，但仍无法解决这个问题。几个月后，他无意间看到暖气上的放气阀，脑中立刻灵光闪现，并很快找来材料设计制作了一个"管线自动排气阀"。这个小发明不仅彻底解决了转油站的气蚀问题，还"福泽"了作业区70多口油井、5座计量站的原油生产。

"创客"眼中没有困难！这是有着82项国家专利成果，采油二厂文西作业区苏一气站采油工闻伟说的话。因为在他看来，每一道生产难题背后都隐藏着革新的金点子。火花塞是生产中常用的一个设备，以往一体式的火花塞坏掉后只能整体报废，成本耗费巨大。为此，闻伟经过将近3年的潜心研究，发明了一个可拆式耐高温火花塞，出现损坏时只需更换一个塞头就行，每个火花塞的维修费比以前节省800元左右，为公司节约了大量成本。

近年来，华北油田公司始终把组织开展群众性技术创新活动作为重点工作来抓，为全面激发基层职工的创新激情，提出了发现问题就是进步，解决问题就是创新的文化理念，并从精神奖励、物质奖励、职务晋升等方面加大对创新人才的激励力度，使"人人崇尚创新、全员争相创新"的氛围日渐浓厚。

在华北油田，还有许许多多"会发光的人"，他们在华北油田持续鼓励技术创新、大力弘扬劳模精神的号召下不断汇聚，形成一座熠熠闪耀的"灯塔"，凝聚起越来越多心向创新的员工，不断为石油行业高质量发展作出新贡献。

第三章 搭平台 建创新"黄金地"

30年，96项修井创新成果，24项国家专利，创造6000多万元效益……只要涉及油井上的用具，都能找到华北油田采油五厂修井工苏国庆的技改创新的痕迹。他无处不在的创新精神，让他收获了大量的"粉丝"。

"苏国庆创新工作室"一挂牌，就有20多名志同道合的一线员工加入其中，创新发明、护航生产，成为大家追求的时尚。段建杰和苏国庆在一个作业队，近水楼台先得月。在苏师傅的"点拨"下，他研究出了折叠式机械防碰仪。"他不是机械地教我们，而是让我们去发现生产中的问题，然后提出建议，再共同研究解决的办法，这样就提高了我们创新的主动性。"

苏国庆先后培养出徒弟120多名、生产骨干40多人。千人同心，则得千人之力。"采油树顶丝快速取出器""抽油机卸载钢丝绳保护套""井口污水回收装置"……一项又一项创新发明如雨后春笋般涌现。

和苏国庆创新工作室一样，各种类型的创新工作室在华北油田遍地开花，闻伟创新工作室、靳占忠创新工作室、刘大华创新工作室……截至2022年，华北油田已有20个以劳模和工匠人才命名的创新工作室成立，其中省部级创新工作室17个。它们就像播种机，不仅实现创新创效成果层出不穷，更培养了"河北大工匠""河北工匠"刘美红、王新亚等一批技术技能专家，2022年采油二厂闻伟荣获全国能源化学地质系统第八季"大国工匠"。采油二厂孙连会、采油四厂郭旭东、采油五厂苏国庆、二连分公司刘大华等多个创新团队，先后取得各类创新成果325项、发明专利162项，其中有9项成果获"河北省职工技术创新成果展演"铜奖和优秀奖，58项成果获全国能源化学地质系统优秀职工技术创新成果奖，1项成果在第六届全国职工优秀技术创新成果交流活动中获优秀奖。

"技术创新不能只集中在少数'精英'身上。设立创新工作室，为职工群众搭建一个锐意创新、攻坚克难的阵地和展示才能、发挥作用的平台，这也是新形势下凝聚基层职工智慧和创造活力的具体体现。"华北油田公司党委副书记、工会主席孙明旭表示。

诚然，成立创新工作室在国内不少企业中已不算新鲜事，但如何让其真正发挥作用，成为人才培育、知识传递、创新传承的支撑平台，对不少企业来说仍是一道难题。华北油田公司在实践中积极探索，交出了一份高分答卷：

——强化组织领导，健全管理体制，不断提升创建的质量水平。

华北油田公司专门成立了职工创新领导小组，构建起公司统一领导、工会牵头组织、部门分工负责、各单位组织实施、职工广泛参与的工作格局，并提炼出"以基层小队为单元，以岗位职工为重点，以解决生产技术管理难题为出发点，以提高岗位职工技术技能素质为目标，以成果转化促进公司发展为效果"的创新机制。

——坚持有创新团队、有工作条件、有管理制度、有创新成果、有经费保障的"五有"高标准建设。

华北油田公司和基层单位工会每年专门下拨资金支持创新工作室建设。在广泛调研和深度研讨的基础上，2022年公司印发《华北油田公司劳模和工匠人才创新工作室管理办法》，组织基层单位制定《职工技术创新评审奖励办法》《创新项目管理实施细则》等，确保职工技术创新工作有制度保障、有带头引领、有指导帮促。

针对优秀创新项目，公司给予设备、经费、场地等支持，补贴产品定型过程中发生的材料、加工、试制费用，支持创新、创效活动开展。2020年以来，公司投入资金579万元，表彰创新创效项目680项3188人次。

——打造全过程跟进、全周期管理、全介入支撑、全要素激活、全员创新文化的"五全"创新体系。

公司坚持对创新发明全过程进行支持，对立项、制造、试验、改进、成型和推广进行全方位跟进指导，对外观设计、持续优化、质量提升进行多角度监督跟踪，鼓励基层员工开展群众性技术创新发明，给予相应奖励，形成科技成果转化"选拔—培植—推广"机制。

创新成果最具挑战的一环，就是成果的应用推广转化。华北油田公司采取多种方式，打通基层创新成果转化推广的"最后一公里"。公司指定专人负责，组织专家组，深入研发单位生产现场对创新创效产品进行指导、推动，提出改进意见，有力促进了产品的成型过程。打造创新创效产品展示平台，评选优秀创新产品加以推广。

近年来，公司投入资金218万元，推广应用了"注水流量计在线校验装置""起下抽油杆控污组合装置""曲柄销子取出器"等35项成果，在减轻劳动强度、优化工作流程、提高工作效率、降低环境污染等方面发挥了积极作用，创效1072万元。

——用核心人物、骨干力量发挥凝聚引领作用。

靳占忠创新团队的负责人孙连会毫无保留地把创新经验传授给他人，先后与15名青工结成师徒对子。在他的带动下，第二采油厂形成了一个45人组成的修井作业技术创新团队，实现了由个人创新到集体创新，由无序创新到有序创新的转变。

作为创新工作室带头人，闻伟结合工作室团队成员各自优势，把找课题、各类成果申报、协调加工等各项工作划分到责任人，落实到具体事，形成闭环的运行模式。他还会组织青年骨干开展"青年大讲堂"活动，结合每一项成果的创新由来、具体操作步骤、转化应用生产后取得的效益等，向青年骨干仔细讲解，进行演示。

在华北油田，20个创新工作室已汇聚劳模工匠和技能人才300余名，公司坚持"选树一个、培养一批、带动一方、造就一代"的培养理念，发挥"劳模+技师"的引领作用，通过以师带徒的方式发挥辐射带头作用，"层层有典型、行行有样板"的榜样群体不断壮大。

第四章　新局面　一场没有终点的长跑

蓬勃发展的创新工作室，如今已成为华北油田人才培养的"孵化器"、研发创新的"裂变器"、促进发展的"助力器"，但这并不意味着可高枕无忧。

在华北油田人看来，科技竞争犹如逆水行舟、不进则退，必须切实增强紧迫感和忧患意识，把创新作为一场没有终点的长跑，这离不开人力、物力、财力等各项投入，更重要的还有体制、机制、管理的不断创新。

从捂着、盖着、藏着到拆"墙"铺"路"结成联盟

不久前，在华北油田天成实业公司苏立红创新工作室内，苏立红在带领徒弟进行创新时发现，很多实际问题涉及采油、采气的专业技术。作为公司的铆焊技术专家，不少跨专业的问题也时常让苏立红一筹莫展。

看到众人愁眉苦脸的样子，苏立红微微一笑，打开手机拍了几张照片，将所遇到的问题进行详细描述后发到了钉钉群里，没一会儿就收到了回复。

原来，如何打破地理区域、专业差别形成的"天然壁垒"，让各个创新工作室不再当"独行侠"，避免重复创新、无效创新，正是华北油田公司近年来不停思考和探索的课题。

过去，华北油田公司的技术创新活动，单位与单位之间几乎都是各自为战，悄无声息地搞。有人开玩笑地说："就像是做地下工作，自己的小发明小创造，紧紧地捂着、盖着、藏着，生怕被别人看到和拿走。"

之所以会这样，是因为单位与单位间的技术力量不均衡，彼此间又有竞争，谁也不愿意把自己的"撒手锏"变成别人的"利器"。如此一来，无形中就在单位之间筑起了一道防护墙，非常不利于企业形成整体合力和协同作战。

"必须打破自己给自己筑起的这道'墙'，让技术交流的空气流动起来，增强企业创新活力。"企业决策层一声令下。于是，拆"墙"铺"路"开始，"创客联盟"在这里诞生了。

"联盟，就是将基层各单位所有创新优势集合起来，将创新达人聚集在一起形成合力，解决生产和管理中的难点。"华北油田公司创客联盟理事长郭连升说，"这种联盟不仅实现了各创新工作室之间的互通，还实现了跨行业的互通。"

对于创客联盟的责任，公司也有规定：各创新工作室的主要精力应集中在本单位，寻找发现生产中的技术难题，每月至少在"创客联盟"中交流一至两次，将发现的技术问题摆在桌面上，集中智慧和力量探讨、解决，成果共用共享，不受任何限制。

当然，平时创客联盟间也有互动，就共同的技术难题寻找解决办法，将技术创新的经验和体会共同分享。

"创客联盟"+"跨界点将"　显现超值魅力

"创客联盟"虽然属于每个单位的个体，归其管理，但是又不完全属于独立的一个个体，而是属于一个公共大整体。也就是说，既承担着本单位的创新责任，又担负着全公司的创新使命。

有人将这种情况比喻为，犹如患者去医院看病，他们有权利挂自己信任且认为医术好的医生的号。在这里，有单位遇到生产技术难题需要解决时，也可点名选择自认为最好的创客来联合攻关，也就是所谓的"点将攻关"。

前不久，在华北油田采油四厂别古庄采油区，一线员工遇到油井调参困难的问题：针对供液不足井、杆管偏磨严重井，下调参数更换皮带轮是行之有效的方法，但是换皮带轮需要3个人同时进行，目前一线人员紧张，换皮带轮有难度。

"我们起早贪黑地琢磨和研究，但效果一直不理想。这回有了跨界点将机制，急需解决的生产技术难题就有了破解的希望。"于是，采油四厂向"创客联盟"提出申请，点名请集团公司技能专家助力联合攻关。果然，经过"创客联盟"专家团队的几番研究和探寻，这个难题很快得到了彻底解决。

生产难题就是创客联盟研究的创新课题。据了解，创客联盟坚持"把问题变课题"的创新导向，定期组织创新工作室的劳模工匠，采用线上研讨、现场实施和专家组指导等方式，到生产现场解决生产难题，利用创客联盟骨干的丰富实践经验和扎实创新攻关能力，结合现场实际问题，推动解决工艺革新、技术攻关、现场管理等方面的诸多难题。

2021年7月，"创客联盟"骨干成员赴山西煤层气分公司开展了"生产一线解难题"基层创新服务实践活动，集中把脉会诊煤层气开采中的生产工艺技术和现场管理方面8项突出问题，受到煤层气分公司一线干部职工的好评。

据了解，"创客联盟"成立以来，"大拿+难题"的点将捆绑，已为基层解决技术难题20多个。

诸多荣誉和奖励加持　让联动创新动能更足

如何让"创客联盟"联动创新的动能更足，并且具有持久性？华北油田公司仍在不断探索和实践。

"创客联盟"理事长郭连升表示，以前，我们虽然在制度保障上做了些规定，但还不够完善和健全。比如，随着创新工作深入开展，如何进一步完善激励机制，有效激发创客积极性和主动性，还需要进一步研究和探索。

为此，华北油田修订《华北油田公司劳模和工匠人才创新工作室管理办法》，划拨专项资金支持"创客联盟"开展创新攻关、交流培训等工作，并利用网站、报刊等平台，发布优秀"五小"创新成果，宣传先进典型，弘扬创新精神，基层员工创新工作呈现百花争艳的生动局面。

2021年以来，华北油田公司深化专业技术岗位序列改革，聚焦"生聚理用"人才发展机制，优化岗位设置、规范选聘条件，紧贴公司科技创新攻关、瓶颈技术突破和油气生产任务，纵向贯穿将专业技术岗位序列改革延伸至油气生产单位和生产服务单位，在提升人才质量的基础上壮大高层次人才队伍，进一步健全完善成长发展通道。选聘公司一级工程师及以上岗位82人，二、三级工程师225人。赋予专家在技术领域的话语权，发挥其在项目攻关、人才培养等方面的作用，促进关键核心技术研发和科技成果转化，企业自主创新能力快速提升，形成了油藏单元分析法等8项特色技术，2021年以来获集团公司、省部级科技进步奖12项，申报技术专利共141件，其中发明专利130件。

这些务实举措，犹如注入了一针强心剂，让创客们的创新动力更足。

"华北油田以往的辉煌，离不开自主创新；华北油田今后的可持续发展，同样离不开自主创新。"华北油田公司有关负责人表示，创新的华北油田充满希望，自主创新技术的突破与成熟，将是打造中国式现代化华北场景的最强底气和动力。

相信，通过强化创新驱动，突破瓶颈制约，一定会为新时期新华北注入清新活力和不竭动力，创新会让华北油田呈现出更加蓬勃发展的良好局面，为实现"打造世界一流现代化能源企业"的战略目标强劲助力，在持续推动公司高质量发展征途上走得更稳，走得更远！

打造"创质创效"新阵地

——记华北油田第一采油厂黄京生创新工作室

□ 赵泽众

创新无极限、敢为天下先。创新是企业发展的动力之源。习近平总书记曾指出，"创新是引领发展的第一动力""创新是从根本上打开增长之锁的钥匙"，为创新在时代和企业高质量发展中做出了生动注解。

近年来，华北油田公司在创新理念驱动下，以效益发展、降本增效为着力点、突破点，以创新工作室为抓手，围绕生产经营重点、难点等问题，开展科技攻关、"五小"等创新创效活动，切实把广大职工的聪明才智发挥出来。各创新工作室充分发扬劳模精神、工匠精神，引领和带动职工进行内部创新，不仅在创新的道路上取得一个又一个成绩，也为企业发展带来巨大的经济效益。

在华北油田采油一厂西柳作业区西柳10转油站，黄京生创新工作室充分诠释着攻坚克难、敢为人先、只争朝夕的创新精神。工作室以全国劳动模范黄京生为主心骨，多年来以"创新""提质""增效"为工作室核心理念，围绕采油、集输、油气生产一线开展了大量技术革新、节能降耗和降本增效创新创效活动，打造了勇于探索、勤于创新、精益管理的石油创新新阵地，为华北油田乃至中国石油事业作出了一份贡献。

打造"创质创效"新阵地
——记华北油田第一采油厂黄京生创新工作室

以创新破解生产难题

谈起黄京生创新工作室，绕不开它的创始人、全国劳动模范黄京生。这名兢兢业业在油田事业奋斗了近40年的老兵，用他的勤劳朴实、技术创新，为华北油田第一采油厂增添了饱含热情的创新一笔。

1983年，受父辈影响，18岁的黄京生成为采油一厂雁大站输油队的一名集输工。工作中他聪明好学，踏实肯干，很快成长为出色的青年员工骨干。

● 黄京生正在记录储油罐运行参数

早在刚入职时，黄京生就展现出自己独特的一面：他观察仔细、热爱思考，总能发现别人遗漏的"小细节"。由于技术过硬，精通管线流程布局，黄京生被抽调负责西柳联合站改扩建。那一刻起，他克服一切困难，从事踏勘地形、结合实际修改设计方案等事无巨细的工作，一直盯在现场。他对管网走向的熟悉就像熟悉自己一样，被人称为大站地下管网"活地图"。2008年，由于工作出色，黄京生被任命为西柳10转油站站长。他把一腔热情投入转油站的工作中，以科技创新为"支点"，打造创质创效的新阵地。

当被问到"对黄京生最有印象的发明创造是什么？"员工李小菊脱口而出——"热炉岗智能监控装置"。"2016年之前，加热炉都是烧油，每半个小时就得到加热炉房观察水位、监测用水量。白天还好，一到晚上就让人心里发怵。自从黄站长给加热炉装上了智能监测和监控设备，工作省大心了！"

2012年，黄京生在听到加热炉岗员工意见反映后，就琢磨着怎么将它变得智能点儿。他从作业区库房领了一个视频头，从废料堆里找出一台旧的监视器，又自掏腰包买了一个稳压器和90多米的视频线，按照自己的想法画图纸、开槽、布线地忙活一周，一套可监控的智能化监测系统完成了。

"这些看上去很简单，实际上有很多需要考虑的安全问题。"黄京生说，加热炉岗是整个站的要害部位，一旦监控不到位，干烧10分钟就会造成炉腔汽化、管线穿孔、炉体损坏，还会引起爆炸爆燃，导致作业区生产原油不能外输。所以，这么多年来，他把对加热炉岗的安全改造作为工作之余的"常考题"，时时刻刻记在心上，以这么快的速度完成也自然不在话下。

作业区一年阀门购置费就达到10多万元，这对黄京生来说就已经是个"天文数字"。怎么才能降低费用？那几天，他每日琢磨，发现相较于"替换"阀门，"维修"一个阀门，比新购置一个阀门要节省几千元钱，如果单位按年来计算，这将是一笔不小的费用。于是，他建议作业区材料员向厂家申请多发一些配件，厂家为了图省事很痛快就同意了，可没想到这一个举措，就能让他们一年少赚10多万元。

"老黄可真抠！"厂家的感慨，让黄京生"黄老抠"的名声传遍西柳10转油站。类似这样的事情还有很多。管线探测仪，是油田为了防止钻孔盗油的有效手段。西柳作业区由于加大巡线力度、管线探测仪器频繁使用造成故障，与厂家联系维修，最低收费5000多元，厂家建议重新购买一部新的设备，可一部新的探测仪，就需要8万多元。作业区治安组组长带着损坏的探测仪找到了黄京生。经过检查，黄京生发现是电池组损坏了。可是，从网上搜寻不到这个品牌的电池组。后来他花了200多元买来了同类型的电池组装上后，问题迎刃而解。

"解难题，降成本，创效益"，黄京生开玩笑地说，"黄老抠"也是对自己的一种肯定。"不管你叫我'黄世仁'也好，'黄老抠'也罢，这些都没关系，我的出发点只有一个，企业是个大家庭，过日子嘛，能省就省。"他的发明，绝大多数都是围绕"解难题、降成本、保运行"来展开。他心里明白，保障西柳作业区西柳10转油站设备正常运转，想方设法降低生产运行费用是降本增效的关键。"在这个基础上，从问题出发，把问题当作潜力，集思广益才能保证提质增效。"黄京生说。

2015年，隶属于华北油田第一采油厂的黄京生创新工作室成立。黄京生说，这算是圆了他的一个梦。"多年来，油站的同事习惯在工作中发现问题，在工作外讨论问题。创新工作室的成立，给了油站所有人一个技术创新、破解生产难题的平台，很多生产难题也迎刃而解。"

黄京生创新工作室从建立之日起，就秉承"比谁的设备运行周期长，比谁的维修费用少，比谁的设备耗能低，比谁的生产成本省""设备'小毛病'不出门，'大毛病'不出站，报废设备也要拆开看"的工作理念，以解决一线生产难题为主攻方向，兼顾为之配套服务的注水、电气焊作业、电工等专业。为了使工作室有效运行，制定了《创新工作室日常工作制度》《创新工作室学习交流制度》《创新工作室机构设置》《创新团队工作室安全预案》等多项制度。

而在其中，工作室又以黄京生为主心骨，围绕一线生产难题交出了许多"答卷"。

2016年，加热炉燃料完全使用天然气之后，每天用气量高达3000立方米，成本4000多元。为节省成本，黄京生经过简化系统流程，创新出"化验室循环冷却系统装置"，使天然气日使用量降至100立方米。

● 黄京生从废旧阀门上拆卸密封胶圈进行修旧利废

● 黄京生更换阀门密封胶圈

"化验室循环冷却系统装置"是黄京生的创新杰作，年节水1500立方米。油站中的化验室，采用的是蒸馏化验法，每天80多个油样需要9个小时完成。为取得油气冷却蒸馏效果，之前都是用生活用水循环冷却。为了减少对水资源的浪费，黄京生从废料库房一台旧的窗式空调机上拆下压缩机，找出几米铜管，自费700元买了冷凝器、蒸发器和温控器等配件，经过几天的努力，一套节水式"化验室循环冷却系统装置"诞生了。这项创新应用十几年来，为企业节约成本几十万元。

近几年来，由于地层变化，套管上窜导致作业区多口油井井口偏斜，严重时出现油管弹性变形和抽油杆偏磨……无奈之下只能采取降套作业，费用近4万元。低油价下，这部分支出对作业区成本造成很大影响，作业区领导非常头疼，找到黄京生，看看能否有什么解决问题的办法。

黄京生先后用了将近一个多月的时间，通过上井观察，方案设计，

打造"创质创效"新阵地
——记华北油田第一采油厂黄京生创新工作室

● 黄京生利用"望闻问切"了解螺丝刀倾听热水泵运行状态

找材料制作,再到现场反复试验,发明出"井口扶正器"。"井口扶正器"的最大特点,就是对油井时率影响很小,仅需要2名员工1个小时就可以完成作业。它的研发成功,彻底解除了之前油井井口偏斜的困扰。

2019年9月,油站新落成的壳装式卸油点,肩负着作业区26个拉油点60多口边零井的原油卸油任务。投运一段时间来,由于出现气阻现象,导致卸油时间过长,每天只能卸六七车油,大部分原油要到厂里其他卸油点卸油,既影响了生产又增加了运费。

黄京生和其他员工在每天工作结束"碰头"时,多次收集到卸油点卸油时间过长的问题。如何解决?他迅速召集工作室其他成员,对施工图纸及工艺进行分析,找原因、想办法……很快,一个自主创新研制的"油气释放装置"诞生了。有了这个装置,每天的卸油量从之前的六七车增加到20车,每月能为作业区节约运费10多万元。

像这样集中讨论——给出方案——解决问题的模式,已成为黄京生创新工作室行之有效的工作模式。

"他是我们的核心。"黄京生创新工作室初始成员胡军在谈到黄京生时说,从他身上,员工们学到了"问题就是降本潜力"的真谛。每天,黄京生都会和员工聚在一起,聊聊生产上的难题;每周,由他牵头开一次会,讨论在生产工作中发现的一些问题,难处理的问题专门列项解决。

2016年,实施创新项目35项,改造设备及修复各类阀门共计节约成本250余万元;2017年,完成15项创新成果,合计创效近300万元;2018年,完成创新项目20余项,创效360余万元……打开黄京生创新工作室的记录本,上面满满都是取得的辉煌"战绩"。

在黄京生的带领下,创新工作室取得的创新项目众多,为企业增益满满。2015年至今,黄京生创新工作室先后完成创新项目153项,荣获国家实用新型专利10项,油田公司及以上创新成果奖10项,研制的新型工具25项全部在一线推广应用,创造经济效益2100余万元。

尤其是2021年,他带领创新团队完成创新项目33余项,推进油田"小岗村"积分制改革,完善绩效考评体系和薪酬体系,在保证公平公正的前提下,根据工作岗位以及工作性质的差异,制定多样化的薪酬形式,积极发挥员工岗位主动性,贯穿于每个工作流程中,推进"让执行标准成为习惯"的企业文化理念在基层队站、在每一名员工身上落地生根。同时不断总结改革中的经验和不足,不断提升管理水平,为实现控成本、降费用、提质量、增效益目标,打造油田公司"效益标杆区块"而不断努力。全年创效430余万元。

以培训打造创新"铁军"

依托创新工作室,黄京生把自己"黄老抠"降本增效的作用发挥到了极致。在生产设备管理上,黄京生始终坚持"四比"理念,即"比谁的设备运行周期长,比谁的维修费用少,比谁的设备耗能少,比谁的生产成本省"。他以此为目标,提出"安全平稳输油、精细设备管理、绿色清洁生产"的工作思路,按干部、岗位长、员工实行三级管理,明确任务、划分职责。他坚持"严"字当头,每天进行巡查,对于查出的问题,指定责任人,限期整改。在他的严格管理下,该站设备一直保持着平均安全运行时间最长,维修成本和耗能最低三项厂纪录。

"在许多人的意识中,废品没有可用价值。但在我眼中,挖出废品'效益点',废品也能变成'宝'。"黄京生说。他发动全员力量,开动脑筋,想生产所想、急生产所急,开展"立足岗位、降本增效、从我做起"的主题活动,将挖潜增效融入生产经营的每一个环节,上下一心保障生产经营工作稳步推进。

站上的每一个旧阀门、旧管线都是黄京生的囊中之宝,舍不得随意扔掉。只要一有时间,他就带着站上的员工对废旧设备进行拆解,分类放好,以备应急;兄弟单位有啥不要的东西也往他那儿送,他们站也成了名副其实的"宝贝回收站"。

"别看就是一个小小的阀门,也能创造降本增效的'大故事'。"黄京生说。他带领工作室,对生产中大大小小的阀门采取能修即修,对购买成本较高的注水闸阀、角阀等重点回收修理,对普通阀门、管路等废旧物品全部实现回收再利用。仅这一项回收修理操作,预计每年可节省成本11万元。

在黄京生创新工作室，随处可见分类摆放的手套毛巾。原来，在黄京生的带头下，工作室成员凡是干比较脏的活，就用又脏又旧的手套；新毛巾先用来擦桌子、擦窗户，用旧了才去擦设备。2022年，全站员工将不穿的旧工服收集在一起，裁剪后扎成拖布，每把拖布就可以节省二三十元的材料成本。

● 黄京生在创新工作室加工设备零部件

为了降低成本和能耗，黄京生要求员工将更换阀门拆下的旧螺栓，用车刀重新车扣，用机油泡好，分门别类重新入库备用。化验室岗位员工主动把沾满油污的脏手套收集起来，用高温采出水洗干净，晾干重复使用。2022年化验室岗位员工唐燕主动提出"完善化验室流程，充分利用高19井高温采出水对样桶清洗后污油进入地下罐"的建议，这一项每年能节省电能7.3万千瓦时。

点滴降本，增加效益。黄京生站从生产实际出发，节约每一滴水、节省每一度电，实实在在地将降本增效工作落到了实处。截至2022年，修复高压自控仪、液下排污泵、分水泵、样桶清洗机及各类阀门等累计节约成本60余万元。

在黄京生"小活不出门，大活不出站，报废设备也要拆开看"的工作理念带领下，创新工作室实施创新项目162项，获国家实用新型专利20项，累计创效2100万元。

打造"创质创效"新阵地

——记华北油田第一采油厂黄京生创新工作室

"在工作和创新中,他总是带头向前;虽然在生产中非常严格,但他对同事们很客气,很包容。"黄京生创新工作室的成员朱丽在评价黄京生时说。

西柳10转油站的员工是女多男少,考虑到石油行业严苛的工作环境,为发挥好"女同志能顶半边天"的作用,黄京生结合实际,牵头做出了满足整个团队的创新成果。

曾几何时,西柳10转油站的女员工能够轻松自如更换重达100多斤的管线阀门,在采油一厂传为佳话。"要是没有黄站长创新发明的小吊车,甭说俩女人,两个男人也费劲!"朱丽说。

黄京生是如何巧妙地"四两拨千斤"的?他带领工作室成员绘出图纸后,从作业区库房领了一个万向轴承,从大站废料库房找了根废油管做立柱,又自掏腰包从市场上淘来一根方管做吊臂……

"别看它外形像辆婴儿车,它的最大吊重能够达到200多公斤!"黄京生说。装卸100多公斤的油料桶,费力又不安全。黄京生就利用杠杆

● 黄京生在创新工作室对废旧螺丝、胶圈进行分类筛选

原理，在桶盖安装了阀门，两端安装了固定钩，将油桶放到装有两个小轮子的架子上，女员工操作起来也很轻松自如。

管线通球器，是原油集输过程中疏通清理管线的必备工具。可在疏通长输管线实际过程中，因管线内壁障碍所致，一度导致通球器失踪，而购买一个新的需要两万多元。黄京生经过多天工余时间的潜心研究，设计了双翼弹簧式防阻扰通球器，并取得了非常好的应用效果。

购买来的样桶清洗机每次只能放四个样桶，由于空间大，导致样桶与转动的卡轴不稳定地晃动，桶上的油渍洗不干净，员工还得用高标汽油手工擦洗。经过琢磨，黄京生将样桶卡位增至8个，提升了样桶随机旋转的稳固性，让高温喷水孔顺利洗掉油渍，不仅节省了高标汽油，工作效率也翻了一番，这项创新在油田公司得以推广使用……

像这样结合站内实际的"贴心设计"，还有很多很多。只要看到员工在工作中干活费劲，黄京生就想办法尽快解决问题。他的140多项创新项目，有效降低员工的劳动强度，解决了一个又一个难题。而更为创新工作室成员津津乐道的，是黄京生带头培训学习的那股"劲"。

"人是决定工作质量的关键因素。要想时刻不断创新，为企业提质增效作出贡献，就要坚持不断学习、培训、锤炼自我。"作为创新工作室带头人，黄京生对加强自身学习格外看重。在他的带头下，创新工作室根据班组员工培训需求，科学制定培训计划，采取多渠道、多层次，针对不同层次的员工，采取不同方式开展培训，保证所有人员都有机会得到适合有效的培训。在制定计划时，充分考虑到培训时间与生产任务的矛盾冲突，尽量将培训时间安排在生产任务较轻的中午或每周的全员大会的时间，做到内容精练，时间紧凑。

每年初，黄京生牵头制定培训计划，同时根据岗位新工艺、新设备随时开展岗位培训，实现培训规范合理有序进行。同时，立足岗位，理论与实际相结合,加强实际技术操作练兵,采取"实物平台""你来问我来答"等多种方式,提高岗位员工学习兴趣和热情,有效发挥教育培训在生产中的作用。

创新工作室的成员有各自工作,平常不能时刻聚在一起,这让"微课堂"为代表的"小而精"的培训成为创新工作室培训的主流。在这里,每一名员工都成为"小教员",利用自己的亲身经历进行经验分享。慢慢地,培训课程循序渐进,员工的培训兴趣不断提高,通过"微课堂"短平快的方式,还避免传授式课堂枯燥烦琐的弊端,营造出人人讲学习的良好氛围。

"这样的培训,让人人都能参与进来,循序渐进,不断提高培训兴趣。"朱丽说。由于创新工作室大部分是女工,而且年龄普遍偏大,在刚接触培训时有一些抵触和障碍。"但现在,人人都想活到老学到老,学起技能来,压根不输给年轻人。"

为了不断提高员工素质带好队伍,黄京生和班子成员积极发挥"传帮带"作用,为"弱势群体"成长搭建平台。一是建立激励机制,体现多劳多得。二是能干的、员工评价高的,在选拔技术骨干方面具有优先权。三是能力较弱或工作质量差的,采取勤沟通、多监督的方法,有针对性地对其进行帮助和指导。

此外,创新工作室还通过文化长廊、技术比赛等方式营造积极向上的学习氛围,培育素质过硬的岗位员工。

"我们转变培训观念,坚持缺啥补啥,把课堂搬到操作现场,大力加强人员业务技能交流和计算机应用水平培训。现在,工作室业务上人人都是负责人,操作上人人会用监控及报表软件,办公上人人都会用办公软件。"黄京生说,班组常年坚持接受质量管理教育培训,全员培训率和考试合格率达100%。

在黄京生的带领下，工作室也积极开展QC小组活动。黄京生号召岗位员工积极参与各项创新活动和提出合理化建议，纳入班组个人加分项并给予奖励，调动了广大岗位员工的积极性，也对创新生产工序提出意见和建议，把基层创新工作做好、做实，真正为油田生产保驾护航。

以沟通实现精益管理

"他是经验丰富的大师，是对创新充满热情的带头人，在生活中也是可以倾诉的大哥。"朱丽在评价黄京生时说。比起其他的带头人，黄京生更喜欢"聊天"，"往往在聊天中，事办成了，问题有头绪了，生活的困难和不开心也解决了"。

"重协调""重沟通"，是黄京生在十余年的团队管理中逐渐总结出来的经验。在实践中，他发现员工对说教非常反感，不说又起不到应有的效果。于是他开始摸索出一套方法：他每天赶在班车之前第一个到站，在员工到来后，通过察言观色就能了解员工的情绪和心情。

"如果发现员工情绪不对，我们会及时与员工沟通，了解情况，解决问题，让员工安心工作。"黄京生说。他将柔性的亲情管理融入刚性的制度管理之中，以亲情管理汇聚正能量，培育出具有凝聚力和执行力的员工队伍。除此之外，黄京生还有个"妙招儿"，那就是经常对工作进行思考总结，形成观点和认识，还十分认真地记录在本子上，方便创新工作室的定期沟通。

"他让整个团队都活跃起来，每个人都喜欢分享，喜欢沟通。"胡军说。久而久之，工作室的成员也学会了"在沟通中推进，在推进中沟通"，这既能及时展示业绩，又能保证工作不偏离方向。

多年来，黄京生不管处理任何事情，特别是涉及大家利益时，他都一定坚持公平公正的原则,让大家无话可说,无理可挑,以"公"字信服人。对待评选先进、奖金发放这些"敏感"工作,黄京生总是能够凭借着一双"鹰眼"挑选出"干得多、干得快、干得好"的员工,也总能用公正的事实服众。

"没有不合格的员工,只有不会带队伍的领导。"黄京生说,"我们以基层精细量化为导向,搭建员工利益分配、成长成才平台,切实提高员工自主管理能力和执行能力。"

在生产中,黄京生建立健全了各项规章制度、管理标准、工作标准、各种台账等管理基础工作,使班组管理分工明确,做到了人人熟知岗位职责,并有效落实。在此基础上,班组建立了量化考核标准,并严格执行班组业绩考核,作为员工月度绩效考核依据,提升班组成员的集体责任感和荣誉感。

黄京生为了保证班组日常工作管理的公平、公正、公开,增加管理的透明度,实行"积分制"改革,真正打破大锅饭,对优秀员工进行奖励,对违纪、违章员工进行处罚,并将奖励与处罚事项在公示栏进行告知公示,并把考勤、奖金、食堂等事项及时进行公布,做到绝对透明。有问题及时纠正,确保制度的严肃性。

"质量问题无小事,大家都是质监员",黄京生在日常工作中,强调无论工作大小、工作职务高低,在工作中都必须相互监督,相互提醒。每项工作开始前,班长首先进行人员划分,分到工作的负责人针对本次工作中可能出现的危险点和难点对工作班成员进行介绍,再由其他负责人进行补充,让每一名人员都清楚今天的工作内容。工作中质量监督过程细化到每一步,例如储油罐倒罐操作由一名成员完成后,都必须由另一名成员检查确保工作质量。工作结束后,再通过班长在现场工作过程中发现的安全质量问题或存在的安全质量隐患进行汇总分析,集思广益，尽量找出问题的症结所在，对难以立即解决的难点建立专项跟踪调查体制，运用PDCA循环进行处理，完成各项生产指标。

走进黄京生站的创新工作室，映入眼帘的是黄京生从废旧设备上拆下来收集的万余件"宝贝"——螺丝、零件、胶圈……一有时间，他就对废旧设备进行拆解，分类放好，以备应急之用。

利用"创客站长"的优势，黄京生在管理上打造了"创新、节约"型特色创新工作室，在节能降耗、提质增效方面下功夫，收集旧螺丝重新车扣再利用、自行修理坏闸门、坏设备节约维修费用、收集旧工服做拖布、探照灯安装定时器节约电能等一系列措施节约生产成本。

工余时间，黄京生组织工作室成员把废旧配电柜充分利用起来，把一些能够继续使用的配件拆下来简单维护保养后，作为维修备用件。一次，因外输泵配电柜开关保护器突然熔毁而停泵，外输罐位告急，作业区库房却找不到同型号的保护器，他们利用这个旧保护器进行更换，险情得到及时有效排除。还有一次，化验室洗样机的电机坏了，因疫情影响厂家来不了，迟迟不能维修换件。黄京生查找库房，自行采用废弃洗

● 黄京生正在阀池内监听通球器运行轨迹

样机上的旧电机，经过改造后装在洗样机上，洗样机又恢复了正常运转，仅这一项每年就节约维修、材料成本近万元。

从生活处着手，是黄京生的另一大"绝活"。每逢"三八"国际劳动妇女节，给女员工赠送小礼物是黄京生坚持了多年的习惯。一小盆多肉花、一束红玫瑰花让每一个接到礼物的女员工，倍感温馨与幸福。

黄京生说，从20年前来到西柳10转油站的那一刻起，他就把一腔责任和情愫倾注在这里。在他心里，大站就是他的"家"。"在一起共事多年，早已不是一般的同事，而是有事能解决，有难能帮助的朋友。"黄京生说。在他的牵头下，创新工作室建立了"互益家园"、帮扶小组等平台，为团结员工、解决员工实际困难发挥了重要的作用。不管是疫情期买菜送药还是员工生病住院看望，不管是红白事帮忙还是家里有困难无偿替班，暖了人心、增加了队伍凝聚力。

正是因为黄京生在点滴中关心关爱员工，化解了员工思想包袱，员工工作起来劲头更足了。不管是站上急难险重的工作，还是员工家里需要帮忙的事情，只要往微信群里发个消息，大家都会积极响应参加。

一年"十一"假期，站上自动取样器管线漏了要马上抢修，值班人员在微信群里发了一条消息，不到2分钟就有6名员工主动要求一同上站抢修。谈起这件事，黄京生颇为感动。"这充分说明，员工的工作热情和积极性被充分调动起来，工作中不分你我，形成了相互支持、相互帮助的和谐氛围。"他说。

黄京生常说，"工作可以有空闲时间，但是绝对没有空白时间。""闲不下来"的黄京生，正为他牵头的创新工作室默默奉献着全部的光和热；在黄京生创新工作室所有成员的一起努力下，工作室正不断攻克创新难题，专注自身学习，为华北油田的降本增效、创新创效贡献出自己的一份力量！

在"小改小革"中创新创效

——记华北油田第一采油厂陈彦军创新工作室

□ 毛 雨

在"小改小革"中创新创效
——记华北油田第一采油厂陈彦军创新工作室

这里活跃着一群穿着红色工服的身影：在培训报告厅汇报成果、交流经验；在研讨办公室探讨难题、擦碰火花；在实训操作间专注试验、钻研攻关……

这里诞生了撬动大发展的"小成果"：一条条"接地气"的建议聚焦基层难题，一个个"不经意"的项目服务一线生产，一项项"不起眼"的发明引领创效增值……

始建于2020年1月，正式揭牌于10月23日，陈彦军创新工作室的建成，为创新爱好者打造了交流平台和创新基地，推动创新活动从自发走向规范。几年来，陈彦军创新团队聚焦一线生产难题攻坚克难、紧跟数字化油田建设趋势精进技能，推动一系列"小改小革"落地开花，释放出提高生产效率和推动企业发展的巨大能量。

团队合作完成创新成果80余项，获得国家实用新型专利107项，发明专利3项……工作室内创新活力充分涌流、创新智慧竞相迸发、创新成果不断涌现。

他们的成就，挂满奖状的荣誉墙记录着；他们的奋斗，琳琅满目的展示柜见证着。

搭建平台汇聚创新力量

2022年，是创新工作室建成的第3个年头，但创新活动的进行远不止3年。

原来，创新工作室成立之前，石油工人中一些创新爱好者就自发组成了不少基层创新小组。工作时间，他们在各自岗位上辛勤劳作并收集生产难题。工作之余，出于对创新的兴趣和热情，他们聚集在一起交流讨论、钻研攻关、解决问题。

"它有点像群众性组织。每个人不是专职搞创新，而是分布在全厂各个工作岗位上。你看陈彦军，就特别喜欢创新工作，一直喜欢钻这一块儿。他在平时工作当中，会解决一些生产难题或者提出一些合理化建议。久而久之，他的周围就聚集了很多喜欢创新的人。"第一采油厂工会

● 陈彦军研制无触点电动阀控制线路

副主席贺丽伟见证了陈彦军创新工作室的起步、成立与发展。

这些创新小组较为零散，没有固定的组织和工作场所。时间久了，在进行创新研发、技术攻关时，难免面临资金紧俏、设备短缺、场地受限、人手不足等问题。

陈彦军对此深有感触："原先我在家做试验，一个小屋根本倒腾不开。尤其是搞远程控制等物联网相关项目时，要在一个屋发射信号，另一个屋接受调试，这就需要更大的场地。"

怎样为这些工人开展创新活动提供充足条件、营造良好氛围？

"我们厂领导找了一个离大家伙比较近的地方建了一个创新工作室，配备了办公设备、投影设施等，方便他们开展交流研讨和小型培训，也提供了车床和操作台等。有什么创新项目，在工作室里就可以进行试验和操作。"贺丽伟介绍。

就这样，陈彦军创新工作室应运而生，"硬件""软件"依次就位。

设置培训报告厅、研讨办公室、成果展示厅、实训操作间四个部分，既配备了自动化远程操控实训平台、液位检测试验平台、温度检测试验平台、低压检修平台这些"大件儿"，也配齐了计算机、切割机、操作台、角磨机等"小件儿"，还收藏了科技书籍和视频资料等供小组成员学习交流和查阅。

会员管理制度、日常工作制度、学习交流制度、成果转化推广应用制度等八项制度制定出台，工作室五年发展规划和年度创新工作计划起步实施，从技术交流到立项攻关，从资金申请到团队建设，都有了更加坚实的制度保障和更为清晰的规划。

喜欢钻研、爱好创新的工人可以利用业余时间来到他们的"创新基地"，进行技术交流和创新攻关。

"在生产中遇到问题之后,我们就想着去工作室,因为工作室的设备比较全,解决问题比较方便。"工作室成员蔡东经常跟着陈彦军攻克基层难题,"陈师傅懂的比较多,我们可以当面请教他。"

创新活动的开展从"业余"走向规范有序。每年初,公司会面向基层收集生产难题,把需要攻关的难题张榜,谁有本事谁就揭榜。工作室成员可以自发组成小团队、确定负责人,通过"揭榜挂帅",领走相应的项目进行攻关。每隔一段时间,他们会开会汇报项目推进情况,讨论研发过程中遇到的困难和问题,共同商量解决方案。

缺少资金的问题也解决了。一厂的教培中心根据工作室申报项目和课题经费预算情况进行审核,经厂主管领导同意后审批项目经费。这样一来,工人们搞前期研发就没有后顾之忧了。"现在单位出钱,之前都是自己花钱。"陈彦军表示。

搭建一个平台,把这些有知识、有技术、有能力、有担当的优秀人才汇集在一起,激励他们在各项创新实践活动中充分施展才能,并把成果直接有效地应用于一线生产环节,正是陈彦军创新工作室成立的初衷。如今,有了这样宽敞明亮、设施齐全、资源丰富的工作室,有了确保创新基地有效运转的制度规范,创新活动的开展更加"有模有样"。

"我工作之余有个地方能够为公司做点事,尽到一名高级技师的责任,感觉很有成就感。"尚晓娟说。

生产难题催生创新课题

"这是我一生中第一个专利!"回忆起20年前那项创新成果,陈彦军的语气里难掩骄傲。

2002年底,陈彦军所在的作业区偷盗现象严重。工人们常常一大

在"小改小革"中创新创效
——记华北油田第一采油厂陈彦军创新工作室

早上工时,发现变压器等电器设备被偷走了。这不仅对企业造成损失,也给施工作业带来麻烦。大家伙儿都急坏了:"可怎么办?"

陈彦军开始了初步探索。从遥控报警,到声光报警,再到有线电话报警,一个个方案被验证为不符合实际,依次被否定。最后,在手机店溜达的工夫,他发现了一种自带报警功能的手机,于是灵光一现,将解题思路对准手机报警。通过钻研和探索,实现了变压器一停电就自动拨打手机报警,一次可以同时拨打给好几个人。如此,一旦有人来偷变压器,工人们在家也可获知并立即赶往现场。

● 陈彦军研修油管流水线控制系统

可一系列问题接踵而至:手机报警器一触发就停不下来,电话一直响怎么办?手机最多续航三天,如何实现自动充电?一段时间后报警器不响了,是什么原因?

"我给咱做这个报警器呀,就是发现问题、解决问题,之后出了问题、继续解决问题。"正是在生产实践中涌现的一连串问题,不断推动着陈彦军改进技术、更新产品,让创新成果更好满足生产实践需要。经过多次升级换代,手机报警器这一成果顺利落地并得以推广,受到一线工人的广泛认可和厂领导的充分肯定,在2004年获得国家实用新型专利。

这只是创新活动与成果的冰山一角。多年来,陈彦军创新团队聚焦各类一线生产难点、直击工人生产作业痛点,将生产难题变为创新课题。一些创新项目来源于团队成员自己在生产过程中的发现,一些项目承接于集团公司的调研、收集和发布,都具有一定普遍性。各类"小改小革"创新活动的开展与落地,把工人们的"急难愁盼"变成"皆大欢喜"。

分离器量油的发明就是个生动典型的例子。

多年前,数字化油田建设还未启动,测量每天生产多少原油尚需要人工进行。量油的原理是,原油从油井中生产出来后通过输线管进入站内的分离器,站内工人用计时器记录原油进入分离器的时间,最后用公式将时间转化为对应的原油产量。

这一流程看似简单,操作起来却存在极大不便。

"员工一旦开始量油,饭不能吃了,厕所也不能去了,得在那儿看着。一个不留神后头冒罐儿,前面就白量了。"

"看液位的时候得去屋里,这屋里温度有六七十摄氏度,最低也有四五十摄氏度,进去一会儿就会出一身汗,很难长时间待着。"

员工的难点痛点就是创新的发力点。

如何提高原油测量的自动化水平,从而减轻员工的身心负担?陈彦军偶然间发现了一种具有启动和停止两个功能按键的秒表,他用干簧管将秒表的启动和停止两个按键分别与液位计

● 陈彦军安装测试野外防盗报警装置

的相应刻度相连，实现原油到达某一刻度时计时器自动启动，到达另一刻度自动停止。他又运用PLC编程技术将秒表的计时结果转化为原油产量，显示在触摸屏上。

"这下好了，员工可以随时去吃饭，也不用去高温室看液位了，大家伙儿高兴坏了。"陈彦军感慨。这一成果得到推广后，参加了河北省基层优秀创新产品展览，获得河北省优秀成果展演奖，在990项成果中排名第26。

每一项创新课题，都由生产难题催生；每一次创新突破，都经基层实践检验。

谈到为什么要创新，工作室核心骨干王振东用朴实的话语道出了真谛："发明那么多创新成果，就是想给自己、给工友减轻劳动强度，其实就是想办法省劲、提高效率。"

技术优势打造创新特色

"您平时有什么兴趣爱好吗？"

"编程！"陈彦军斩钉截铁。难以想象，这位54岁的石油工人，对编程技术充满热爱。他再次强调："我的兴趣就是编程！"

对编程技术的精通与运用，让陈彦军在创新活动中有了核心竞争力，也让助力数字化油田建设成为创新工作室的主攻方向。

"陈师傅带着笔记本电脑、拿着调试工具去了。他指挥我们进行远程调控，终于调试成功了。"在尚晓娟看来，"不知道怎么就实现"的操作，在陈彦军眼里，不过是写几个程序的事情。

运用物联网技术实现远程调控在陈彦军团队众多的创新成果中占有不小的分量，比如一种远程控制锁的发明。

● 陈彦军记录对比新节电法的结果数据

为了防止处在边缘地区的油井出现原油失窃，需要给阀门上锁。但每天下调度室拿钥匙去现场开锁关锁，再将钥匙送回调度室，给工人们带来额外的工作负担。

"这时，我的编程就发挥作用了。"陈彦军运用PLC编程，轻松实现手机模块—遥控器—控制锁的信号传感。如此一来，在调度室的值班员工通过手机就可以远程遥控阀门上的锁：在手机上拨号时分别触发遥控器的开、关两个按键，进而控制阀门锁的开合。

难题又来了，如何能在调度室就知道锁的开合状态？这又要靠PLC编程技术了。陈彦军通过安装传感器并编写程序，将锁的开合信号转化为手机上的断电和来电信号。靠着这么一项PLC编程技术，既可以远程操控锁的开关，又可以随时知道锁的开合状态。

"即便你人在北京，也可以通过手机App遥控咱们的锁，更可以知道阀门有没有锁上。"陈彦军半开玩笑地说着。技术的力量就是这么神奇！

据陈彦军介绍，参加工作后，他利用每天晚上的时间听网课，十年如一日自学编程。开始学习编程是源于一名电工对自动化的爱好，后来编程技术逐渐成为他钻研创新不可缺少的手段，更决定了如今创新工作室发明创造的主攻方向和特色领域。

"要说咱们工作室与别的工作室有什么区别，我想就是我们掌握着不一样的技术。比如我是搞自动化的，懂编程、懂物联网技术，产品创新与数字化油田建设的趋势相吻合。"正是以陈彦军为代表的工作室技术骨干不断适应新形势、掌握新技术，打造了创新工作室专攻自动化控制系统、推进数字化油田建设的独特优势。

"用了物联网技术，站在中控室，就可以在触控屏上看见液位、温度等参数，员工不用跑来跑去、爬上爬下，可以多躺一会儿、多休息一会儿。"多年来，工作室技术骨干协助采油一厂信息中心，完成厂直属各作业区数字化油田建设，实现从单井设备、集油输送、联合站处理全程的数字化监控。

在其他成员印象里，陈彦军总是背着一台笔记本电脑，哪里需要就在哪里停下。

爱迪生发明电灯的故事家喻户晓，但陈彦军对这一发明家的阐释让人耳目一新："爱迪生一生有上万个发明产品和专利，但他运用的技术只有12项。我只运用这一套编程技术，就可以用各式各样的发明创新解决成千上万的生产难题。"

这大概就是"大道至简""技术为王"吧。

创新创效释放发展动能

"咱们努力工作的目的就是让每个人的生活过得更加美好，美好的东西得通过价值来体现啊。所以我们要热爱工作、热爱企业，通过努力实现人生理想、创造更大价值。"

王振东是工作室的带头人之一，他从事难题攻关20多年，获得过近100项成果、专利。其中，国家级有五六项，省部级有几十项。这位资深的集团公司技能专家十分接地气地概括出创新的意义——创造价值。

他主导研制的井口取样阀就是创造价值的生动范本。

为了了解油井产油的含水量等各项指标，工人每天必须对原油进行取样检测。在井上取油样需要在主管线上支出一节管线，当取完样关上阀门后，这一小节管线内就会残留油液，被称为"死油段"。

问题来了——

夏天，为了取到最标准的油液，再次取样时需要对管线进行放空。一个油井每次要放1.5升左右原油，一个厂有2000多口油井，计算下来一天就要放三四千斤。显然，一来会导致极大的能源浪费，二来会造成严重的环境污染。

到了冬天，情况更加复杂。这一"死油段"里的水油混合物在低温中容易冻住，取样时就需要进行化冻疏通。疏通方法是要么用热水浇、要么用热火烤，这样既浪费能源又带来安全隐患。

"这对我们生产作业造成很大影响，还会给公司带来损失，给环境带来压力。"王振东以为生产减负、为公司创效、为国家节能为出发点，开始思考与探索："能不能发明一个取样阀，不用放空就能取到最标准的油样？"

他通过查阅相关资料，沿着将阀门直接连接在主管线上的思路，设计出一种防冻堵取样阀。这个取样阀安装在国家标准规定的取油样最标准的主管线1/3~2/3位置，取样阀内部通过阀芯和引流管的巧妙设计，实现阀门打开时，油样通过阀芯流出，阀门关闭时，所有油液被推入主管线。

"有了它，无论是冬天还是夏天，只要油井正常生产，就不会出现冻堵现象。"这项研究始于2015年，如今已研制出第六代成果，获得了国家发明专利，也获得了中国石油集团公司创新成果一等奖。

小小取样阀，在公司内各采油厂推广500多台，杜绝了冬季取样冻堵的问题。这项发明在降低员工劳动强度的同时，大大减少了资源浪费和环境污染，已为公司创效300余万元。

不起眼的小发明，一瞬间的创新灵感，往往能成为创造价值、撬动发展的巨大能量。

● 陈彦军讲解三菱FX2NPLC程序算法

输液管和润滑器，似乎没有什么关联。王振东却灵活利用输液管发明出为公司一年节约几十万元的柱塞泵润滑器。

灵感迸发就在一次输液经历中。当时，王振东的心头正萦绕着注水站柱塞易受腐蚀、更换频繁的难题。二次采油产出的原油需要进行水油分离，分离出的污水中含有硫化氢等腐蚀性较强的杂质。当将污水经过柱塞泵回注到地下时，会对柱塞造成腐蚀，用于密封柱塞泵的盘根在过度摩擦中容易产生高温乃至被烧坏。因此，让盘根保持光滑冷却成为解决这个问题的突破口。

输液器滴管的原理打开了王振东对盘根滴注润滑油的思路。通过对输液管进行创新性改造，他发明出了可以24小时运转的柱塞泵润滑器，又在柱塞底下加了一个回收盒实现润滑剂循环利用。成果落地后，盘根从每个月更换一次到10个月不用更换，柱塞从一个季度换一次到好几年不用换。这一发明直接减轻了工人们频繁更换盘根、柱塞的麻烦，更重要的是，极大降低了生产成本、减少了资源浪费。

体现价值、创造价值，就是他们创新的动力与意义所在。

"我们的工作没啥高大上的。咱们自己用心努力,既能为企业创造价值,也能实现自己的价值,还能给国家创造财富。这样的工作就很有意义,是吧?"王振东说。

单打独斗不如百花齐放

尚晓娟作为为数不多的女工人之一,分享起自己从基层队长到高级技师的从业经历时,强调了团队激励对她成长成才的重要作用。

"我到了一个圈子或者领域里,受身边人的影响和激励,自然而然就一步一步向上走。"

起初,领导鼓励她积极报名参加公司组织的技能竞赛和培训活动。在几次竞赛中,尽管没有获得较好的名次,但她将其视作锻炼提升、交流学习的机会;在公司内部举办的封闭培训中,她充分利用培训资源精进技能、增强本领。一点一滴的积累,成为她后来通过一次次技能等级考试、成长为优秀高级技师的坚实基础。

加入创新工作室之后,尚晓娟积极参加工作室内举办的交流、培训、竞赛等活动。尚晓娟精通变更工艺流程技术,但在自动化方面存在

● 陈彦军讲解数字化元器件的结构原理　　● 陈彦军讲解数字化元器件在生产中的应用

技术短板。在她看来,创新工作室是一个实现技术互补的绝佳平台。

"陈师傅的技术优势在自动化方面,我们有难题的时候,经常求助于他。我特别愿意向工作室的前辈请教,用好身边的资源。"尚晓娟很乐意通过这个平台取长补短。

像尚晓娟这样在工作室中参与创新活动、积累技术技能、获得事业发展的工人还有很多。3年来,工作室创新团队不断扩容提质:工作室成员带徒87人,其中5人取得高级技师资格,10人取得技师任职资格,20人取得高级工任职资格。团队百花齐放,创新氛围浓厚,贺丽伟认为:"这与他们的团队建设制度机制有关。"

考评制度激发创新动力——

每年年底,公司会对工作室的技师进行重新考评,主要根据他们的创新成果发明、合理化建议提出、技能竞赛成绩、授课情况、师带徒情况等打分。分数没有达到合格要求的要重新进行评审,这就从制度层面倒逼创新活动的持续开展和创新能力的不断提升。

"如果分低了,自己也不好意思,所以大家都积极向上。带着技师的标签,就有一份责任和压力,就促使自己积极去思考、去创新、去实现。"尚晓娟说。

"师带徒"传承技艺匠心——

每年,工作室都会举办"师带徒"签字仪式,每一名师傅可以带两名徒弟。发挥"传帮带"的作用,推动不少中级工成长为高级工,高级工成长为技师。

同时,传帮带并非只在名义上的师徒之间进行。工作室的"老将"都十分乐意向"新兵"传授经验,"新兵"也积极主动向"老将"请教问题。

"比如陈师傅就不是我签约的师傅,但他教给我的东西还是比较多的。我们都愿意在业余时间去工作室和师傅们交流，遇到生产中的问题后，我们也经常去向老师傅们请教。"蔡东说。

"这个平台汇聚了各路人才，精通哪一方面的都有。自己哪方面有需求，就去寻找哪方面的师傅专家去学习、去请教。"尚晓娟说。

技能培训促进百花齐放——

在培训方式上，工作室每月开展一次员工技术交流，每季度开展一次创新能力提升培训，每周都有员工夜校，每年开展一次技师大讲堂。

在培训内容上，数字化培训是当前工作室的重点任务。2020年，陈彦军推出了一个数字化油田模拟培训系统，带领成员学习数据采集、无线传输以及自动控制等各种模块，让每一名成员尽快地掌握、使用数字化设备。

大大小小的培训竞赛接连不断，让创新工作室充盈着生机、迸发着活力。

学习交流促进能力提升——

工作室采取"走出去、请进来"的方式，每年至少组织一次集团级技术交流、一次公司级技术交流。

"技师下基层"将培训讲座、创新成果送到基层，为一线工人答疑解惑，把创新成果推广开来。

团队成员参与"技能中国行"等交流活动，走进新疆油田、大庆油田等集团公司，在交流互鉴中实现技术互补。

"看到创新工作室里摆的那些证书和大家一起搞的创新项目、产品，身在其中自然而然就会有创新欲望。"尚晓娟感慨道。

这也呼应了王振东所说："在一个工作室或者一个集体里，咱们得讲究百花齐放，更多体现大家的集体力量。"

在"小改小革"中创新创效
——记华北油田第一采油厂陈彦军创新工作室

工作室的灯亮到几点?

记者采访陈彦军,是在工作日的晚上。其间他接了2个电话,都是处理工作上的事情。

"忙肯定是忙的""徒弟问我事儿,徒弟也在工作""这个假期我报名了三个大赛,一个集团公司创新方法大赛,两个河北省创新方法大赛,还得好好干活儿"……

创新工作室没有固定的作息管理时间,大家伙一闲下来,或者下班没事了就来到工作室碰碰头、讨论讨论问题、交流交流工作。自从有了工作室,陈彦军仿佛有了第二个家。

"以前我住得远,经常在工作室吃住。一个问题没有研究完就不想走,尤其是弄不明白的时候。一看中午12点了还没弄明白,买个馒头、吃点小米稀饭得了。一看晚上12点了,干脆不走了,弄个帐篷直接住在办公室。"陈彦军的生活很简单,在工作室与家之间两点一线。

在他人看来,陈彦军团队对创新的热爱达到了上瘾的程度。

"创新工作室晚上经常亮着灯。特别集中有活动的时候,灯会亮到后半夜。"贺丽伟与工人们交流较多,

● 陈彦军讲解新研制的高低压线路检测装置

对工作室的情况也格外关注，"他们对创新研究好像会上瘾一样。跟他们接触你就会充满正能量，这种钻研精神是能够感染人的！"

"陈师傅有一个很大的特点，就是一个难题如果不攻克的话，他就会一干干到很晚。晚上11点多，我们都坚持不住回家了，最后剩下他一个人还在工作室干。"蔡东对陈彦军的评价是"兢兢业业、不知疲倦"。

在陈彦军自己看来，一旦喜欢上一件工作、一项事业，根本不会觉得累。即便熬夜到12点，也不觉得自己在完成任务，而是在解决问题。

2022年国庆假期间，王振东仍在岗位上工作。在同事眼中，他是集团公司技能专家，他却觉得自己只是一名普普通通的工人。"是工人就得好好工作，只有辛勤付出才会有相应回报。"

王振东说："不要当老了回忆过去的时候，什么值得回忆的东西都没有。我现在起码可以说，我通过努力，曾经披红戴花站在领奖台上，感觉还是挺光荣的。"

这让人想起《钢铁是怎样炼成的》中的经典名句："人的一生应当这样度过：当你回首往事时，不因虚度年华而悔恨，也不因碌碌无为而羞愧。"

这个团队的创新故事以及创新精神，就是对"不虚度年华、不碌碌无为"的生动践行与完美诠释。创新工作室里上演的一幕幕，都成为劳模精神、劳动精神、工匠精神的时代印记。

打造特色创新阵地
——记华北油田第一采油厂陈彦军创新工作室

毛 雨

陈彦军创新工作室坐落于河北省沧州市任丘市会战南道，2020年1月建成，当年10月23日正式揭牌，当时名为"采油一厂创新工作室"，2021年更名为"陈彦军创新工作室"。它的前身为"采油一厂一线职工创新小组"。

多年来，陈彦军创新工作室以弘扬"诚信、责任、创新、奉献"精神为重点，抓住"创新"这一主题深入开展各种"小改小革"创新，不仅让优秀人才在各项创新实践中充分施展才能，更为解决生产难题、推动企业发展贡献了创新源动力。

团队合作完成创新成果80余项，获得国家实用新型专利107项，发明专利3项……近3年，工作室重点推广的创新成果在公司内各采油厂大力推广，获得公司认可、经受基层实践检验，均取得了较好的社会效益和经济效益。

搭建平台，把难题变课题

生产的难点和痛点就是创新的发力点。陈彦军团队利用创新工作室这个平台，把有知识、有技术、有能力、有担当的优秀人才汇集在一起，将创新攻关瞄准生产之需、提效之要，不断促进基层生产创效提效。

创新工作室每年在教培中心督导下开展2次技术难题征集活动,组织基层上报突发难题。经工作室初审后,厂专家评审组审批、确定攻关课题,进行备案和资金申请。接下来,把难题分配给各个攻关小组。在组长的带领下,各小组集思广益、组织实施,既要各负其责又要合作攻关。每隔一段时间,工作室会对攻关课题进行复核,各小组汇报项目推进情况,每月不少于2次会议、活动,保证创新活动不间断。

这些项目源于一线、用于一线。当项目完成后,组长负责整理全部活动资料及创新成果,由工作室验收,并进行完善推广,应用到基层。

各项课题顺利落地,离不开工作室充足齐全的硬件设备和周密规范的规章制度。

工作室内设有培训报告厅、研讨办公室、成果展示厅、实训操作间等四个部分,占地440平方米。大件设备、小件用具应有尽有,为成员进行试验和研发提供了坚实基础;计算机、网络系统、书籍和视频等资

● 陈彦军维修油井数据采集系统

源丰富多样，为小组成员学习交流和查阅资料提供了方便。

为使创新基地有效运行，创新团队制定了《创新团队会员管理制度》《创新团队日常工作制度》《创新团队学习交流制度》等八项制度，还制定了工作室五年发展规划，每年根据创新工作要求制定年度创新工作计划。在经费管理上，项目立项后，厂教培中心根据课题经费预算情况进行审核，经厂主管领导同意后审批项目经费。

近3年，陈彦军工作室共解决集团公司级一线生产难题4项、公司级一线生产难题10项、企业级一线突发生产难题300项，开展创新项目67项，取得国家级创新成果等5项、省部级创新成果30项、地市级创新成果32项，项目投入30万元，创效900万元。

精进技能，化优点为亮点

作为工作室的领衔人，陈彦军专攻自动化控制系统，能够熟练运用PLC编程技术。这成为他在各项创新活动中高效解决问题的"绝招"。

陈彦军在节电领域有自己独特的方法，通过创新将原有的温度控制管线电加热的方法，改为压力控制管线电加热，实现一台管线长度为1千米、功率为50千瓦的管线电加热日节电800千瓦时。这种方法的推广，为工厂年节电50余万千瓦时。此外，"远程控制锁""游梁式抽油机节能拖动系统""应用人机互动技术实现储油罐安全运行装置"等创新技术全面推广，创造了较好的效益。

这种技术优势逐渐产生辐射作用，打造成工作室的创新亮点和特色。工作室技术骨干协助采油一厂信息中心，完成厂直属各作业区数字化油田建设，实现从单井设备、集油输送、联合站处理全程的数字化监控。

带动工作室成员掌握核心技术，才能为数字化油田建设贡献更大力量。2020年，陈彦军推出数字化油田模拟培训系统，带领工作室成员学习数据采集、无线传输以及自动控制等各种模块。他们依据所控制的设备对可编程逻辑控制器进行程序编写、修改调试，并根据故障代码快速判断故障原因，依据组态界面发出的报警指示，做到既快又准地查明问题原因、及时处理问题。

目前，工作室主要任务是积极开展数字化培训，争取让每名员工尽快掌握、使用数字化设备，同时协助采油一厂信息中心，完善物联网自动控制系统。

比学赶超，促新兵成强兵

工作室人员结构以技师、高级技师为主，现有集团公司技能专家、公司技能专家、首席技师、特级技师、高级技师、技师和技术骨干共90人。创新氛围日渐浓厚，创新团队百花齐放，凸现着创新团队建设取得的成果。

技师考核制度倒逼创新能力提升。每年年底，教培中心对技师们进行重新考评，根据他们的创新成果发明、合理化建议提出、技能竞赛成绩、授课情况、师带徒情况等进行打分，从制度层面激发创新动力。

师带徒活动发挥传帮带功能。创新工作室的核心骨干积极配合"新兵"，耐心传授和分享知识经验，做好专业技术带头人，激发全体员工的学习创造热情。3年来，工作室成员带徒87人，其中5人取得高级技师资格，10人取得技师任职资格，20人取高级工任职资格。

培训活动营造良好学习氛围。创新工作室每月开展一次员工技术交流,每季度开展一次创新能力提升培训,每周都有员工夜校,每年开展一次技师大讲堂,从中选出优秀课件,下基层授课,将培训讲座、创新成果送到基层。

交流活动助力技术互补互鉴。创新工作室加强部门与行业、学术团体及培训机构的联系,每年至少组织一次集团级技术交流、一次公司级技术交流,采取走出去、请进来的方式,打响招牌、开阔眼界、拓展技能。积极组织开展技术创新实践,撰写技术论文,发布和推广研究成果、实践经验、先进工艺和操作方法。

在创新工作室全体成员的共同努力下,在公司、厂领导及教培中心的全面支持、关心下,不同工种员工的基本素质和知识技能得到全面提高。截至目前,工作室已培养出首席技师6人,公司金牌工人2人、公司能工巧匠1人,公司技术能手1人,其中1人获得河北省"能工巧匠",1人获得河北省五一劳动奖章。

厚植创新沃土
澎湃发展动能

——记华北油田第一采油厂曹树祥创新工作室

□ 王东丽 任朝阳 郭 慧

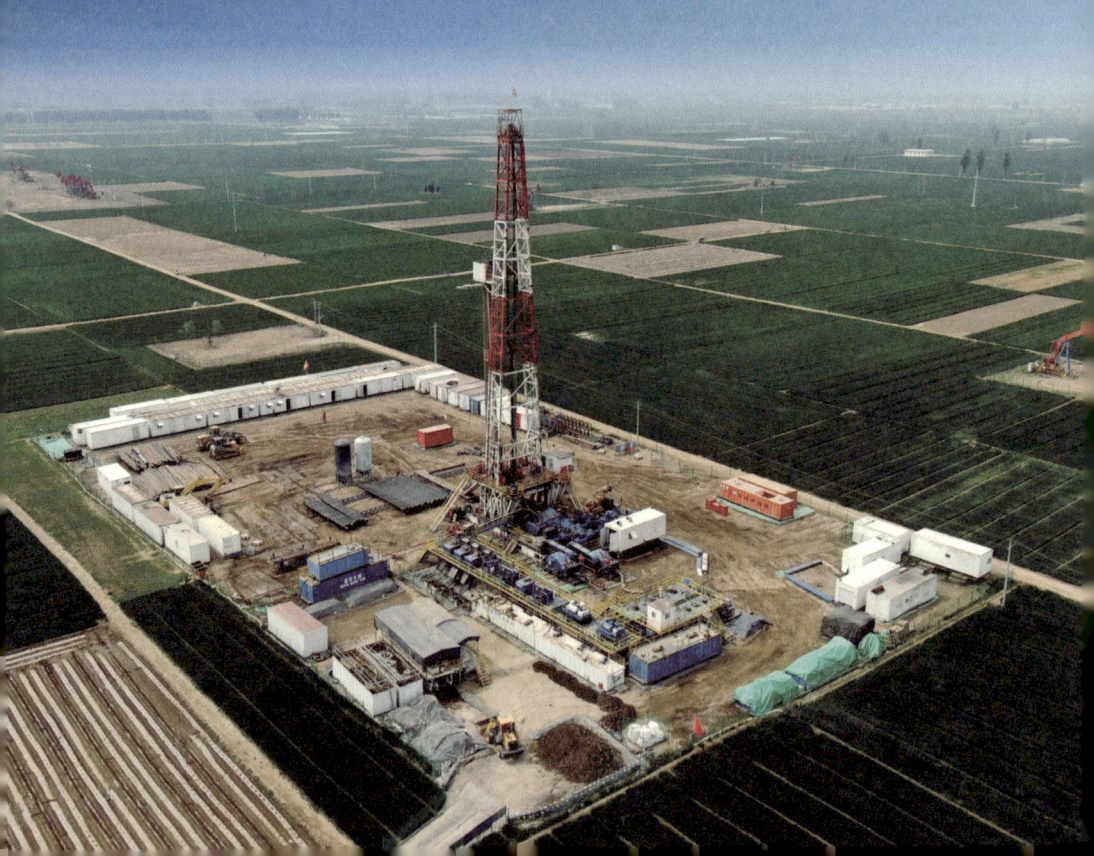

厚植创新沃土　澎湃发展动能
——记华北油田第一采油厂曹树祥创新工作室

先后完成创新项目140余项，荣获油田公司及以上创新成果奖15项，获得国家实用新型专利33项……一个个令人振奋的数字是曹树祥创新工作室在创新道路上奋勇前行收获的累累硕果。

惟创新者进，惟创新者强，惟创新者胜。多年来，曹树祥创新工作室充分发扬敬业奉献、刻苦钻研、开拓创新、团队争先、拼搏进取的精神，不断应变求变，主动适应新时代发展需求，围绕节能降耗、技术革新、人才培养等生产实际，开展了大量创新创效活动，创新人才、创新成果层出不穷，为华北油田公司和中国石油事业作出了重要贡献。

凭借敢打硬仗、能攻难关的优良作风，曹树祥创新工作室赢得华北油田公司标杆五型班组、全国五一劳动奖等荣誉称号，是华北油田第一个以个人名义命名的优秀班组。

赓续创新之火

打磨、气割、焊接……焊花闪烁,"滋滋"冒着青烟,抢险人员专注地进行着抢险工作。这是曹树祥创新工作室的工作常态。

曹树祥创新工作室(下称"工作室")位于中国石油华北油田分公司第一采油厂任丘采油作业区任南项目组,创建于2002年,又名"曹树祥班"。作为维护抢修的"铁裁缝",该工作室担负着作业区200多口油水井、设备及管网抢险维修、监控安装维护以及油井测试等任务。

2002年,任南工区深入贯彻油田公司"精细管理、全员创新"经营理念,针对油田开发后期生产管理、成本控制难度加大的实际困难,积极寻求新思路新办法,组建了"五小科技攻关小组"。

● 张洪涛为废旧卡箍头除锈再利用

厚植创新沃土　澎湃发展动能
——记华北油田第一采油厂曹树祥创新工作室

时任维修站二班班长的曹树祥紧密贴近原油生产实际，坚持不懈创新技术，解决油气生产中的疑难问题，发明了近四十项"五小"科技创新成果，为企业节省了大量生产成本，被员工们称为"土发明家"，被推选为"五小科技攻关小组"组长。

"随着企业发展，新情况、新问题不断涌现，需要打破固有思维束缚，积极探索工作中的新方法，灵活运用实践经验，推动技术工艺创新，帮助企业降本增效。"曹树祥说。

在维修工岗位上摸爬滚打了30多个春秋的曹树祥，始终把说明书当成教材，把施工现场当成课堂，把设备故障当成课题，走到哪儿学到哪儿，直至对相关设备和零配件的性能、用途等做到"一口清"。他经常一遍又一遍地用手感觉和尺子测量各种设备和零配件的长度、宽度、直径、壁厚等，直至对相关设备和零配件做到"一摸准"……经过多年的磨砺，曹树祥不但能维修各种型号的抽油机、注水泵、电机等采油设备，而且练就一身"看出事故苗头""听出事故隐患"等绝活儿，在注、采、输设备维修和解决原油生产"疑难杂症"方面积累了丰富经验。

近年来，作为"创新创效小组"顾问，曹树祥解决了120多个（次）生产现场"疑难杂症"，带动操作员工搞创新并参与、指导"五小"科技创新成果126项，其中17项获国家实用新型发明专利，为企业创造效益3000多万元，成为领导和员工公认的"维修大拿""工人发明家"。

2007年5月，曹树祥被中国石油天然气集团公司列为"中国石油·榜样"，并将他所在的班组命名为"曹树祥班"。"五小科技攻关小组"也被更名为"曹树祥创新工作室"。同年，曹树祥创新工作室被油田公司命名为"华北油田企业精神教育基地"。2010年被评为河北省劳模和工匠人才创新工作室。

2016年6月，曹树祥光荣退休，工作室带头人由其徒弟张洪涛接任。张洪涛，出生在任四井边的南站大院，耳濡目染赋予了他"三老四严，苦干实干"的石油本色。

"洪涛是一个上进的小伙子，业务本领强，脑子也很灵活，遇到问题不退缩，遇到麻烦不掉头，敢想敢做。"提起徒弟张洪涛，老班长曹树祥连连称赞。

"师徒不仅是专业技能的传承，更是精神的传递。虽然师傅已经退休，但是他持之以恒的创新精神和精益求精的工匠精神永远激励着我们，时刻提醒我们要不畏困难、敢于创新，为中国石油事业发展贡献力量。"张洪涛说。

目前，该创新工作室共有成员25人，平均年龄48岁，担负着华北油田采油一厂输油作业区233台（套）注采输设备、279口油水井，1座联合站、19座计量站、3座注水站的维修抢险任务，点多、面广，维修抢险任务十分繁重。

"维修保障是我们的主要任务，各个环节都必须精细认真，可能一个小小的过失，就会给生产造成损失。班组质量管理的优劣、工作标准的高低，员工技能的好坏，直接关系着生产质量。"为此，张洪涛不断强化成员们的质量意识，让全体人员牢固树立"安全第一，质量为本"的工作理念，坚持以高技能人才培养为根本、技术创新为驱动，着力打造一支技术过硬、业务过硬的维修抢险队伍。

工作中，该工作室形成了一种默契：照着老班长曹树祥的样子做，干工作实实在在，掺不得一点水分，真正做到了闻"油"而动，救井如救火。"饭可以少吃，觉可以少睡，活儿干不好不行。"这是老班长曹树祥常说的一句话，也是彭勃对工作室的第一印象，更是他不断前进的座右铭。

为了油井正常生产，不管是寒冬酷暑，还是白天深夜，只要井站和

厚植创新沃土　澎湃发展动能
——记华北油田第一采油厂曹树祥创新工作室

管线上有情况，工作室成员就会像战士听到冲锋号那样，在最短的时间内赶到现场，及时排除生产故障。

"创新是引领发展的第一动力，通过技术创新为企业创造更大的效益是我应尽的责任。"张洪涛说。在维修抢险工作中，各种设备的电路整改成为工作的"重中之重"。在整改过程中，因没有样板，存在具体整改概念模糊等问题。为此，他带领维修站员工走在问题查找整改的最前沿，多方询问，在别厂打样本的基础上，结合作业区实际，创新思路，加班加点对各单井变压器、电机接地进行了规范整改。面对任务重、时间紧的困难，他把大家安排成两组，一组整改地线，一组对标梳理接线电路……在2022年6—8月间，他们"白加黑""5+2"没日没夜忙碌不停，共整改不规范管线200余米，主动帮助采油站查找问题200余条，帮助各采油站共计整改电路600余处，规范了采油站站内用电线路，为作业区基础建设作出了突出贡献。

抢险是工作室的日常工作，工作之余，成员们常修理损坏的抽油机中尾轴，拆轴承的传统方法是一边用气焊烤壳体，一边用大锤砸轴端面，三四个人一天时间也修不完一个，费时费力，有时还会损坏壳体和轴，使中尾轴彻底报废。张洪涛和工作室成员一边想一边干，创新研制成功了抽油机中尾轴拆装专用装置。"该工具使工作效率提高了5倍以上，原来需要3到4个人，一天时间也就拆装一套中尾轴，使用专修工具后，两个人每天可拆装3到4套中尾轴，劳动强度大大降低。"工作室成员说。

为了降低生产成本，工作室没少在设备维护上动心思，坚持"'小病'不出岗位，'大病'不出作业区，能用的不换、能修的不弃"，最大限度控制生产成本。近年来，工作室解决各类生产难题近百项，对作业区40余套废旧抽油机中尾轴进行"体检"，成员们利用工余时间维修曲柄销子、中尾轴80余套,维修高压注水阀门30余个,节约生产成本50余万元。

构筑创新人才高地

创新发展,关键在人。曹树祥身上所表现出的高贵品质和时代特色,正是新时期劳模精神的具体体现,是推动企业健康发展、和谐稳定的强大动力。劳模精神引领下的创新工作室,不仅是员工进行技术创新、技术攻关、技术协作和发明创造的场所,也是培养爱岗敬业、技术精湛的员工队伍的课堂。

"一枝独秀不是春,百花齐放春满园。工作室发展离不开'新鲜血液'的注入,需要大力培育和带动更多青年人参与技术创新,实现个人提升与企业发展的良性循环。"张洪涛介绍说,工作室不断拓展"传帮带"的范围,并与员工的技能培训、思想教育等工作紧密结合起来,提升广大员工艰苦奋斗、开拓创新的职业素质。同时,培养员工严谨细致、精益求精的工作作风,增强所有成员的创新意识,将工作室打造为传承榜样精神的新基地、提质增效的主阵地和培养人才的重要场地,为企业发展提供强有力的人才支撑。

近年来,工作室创新学习模式,打造"学习型"班组。班组结合工作实际,坚持以工作现场为课堂,老员工边操作,边讲解要点,按照"干什么学什么;缺什么补什么;练什么精什么"的原则,用"以老带新,以新促老"的工作方式做好新老交替"传、帮、带",努力培养员工一专多能能力。

根据工作性质和员工特长,工作室因地制宜、因人制宜,在原有基础上新增5个特长兴趣小组——电力运行小组、设备设施小组、地质工

厚植创新沃土　澎湃发展动能
——记华北油田第一采油厂曹树祥创新工作室

程小组、修旧利废小组和自动化维护小组,在项目组范围内广泛吸收有志人才,采取"向书本学、向实践学,互帮互学"等方式,努力培养一专多能复合型人才。

● 张洪涛维修更换坏掉的传感器模块

"滴水只有放进大海里才永远不会干涸,一个人只有当他把自己和集体事业融合在一起的时候才能最有力量。"作为工作室负责人的张洪涛深知其中的道理。在不断提高自身本领的同时,他与多名员工结成师徒对子,毫无保留地将自己多年摸索总结的经验倾囊相授。"年龄大、底子薄不可怕,可怕的是不学习,不改变自己。"张洪涛说。如今,他带出了3位采油技师。

"师傅经常放弃休息时间,和我们一起加班加点,手把手教授我们各种操作技能。每次实际操作训练,他总是在自己操作、讲解完后,再要求我们动手操作,并用手机录像操作过程,通过回放操作过程指出错误,让我们更直观地知道该怎么改进。"张洪涛的徒弟彭勃说。

同时,工作室制定科学合理的培训计划,使个人自觉主动开展工作日志记录工作,对每人每日的工作量进行详细记录,定期通过班组讨论的方式总结工作中的"小经验",解决遇到的"小问题",极大地提升了工作效率。通过"忙时自主培训、闲时集中培训"的方式,班组每名员工培训课时也由原来人均24个课时提高到36个课时，个人岗位技能水平也得到了极大的提高，做到了"人人参与培训，人人有所提高"。

传承和创新一直在持续。面对繁杂的工作内容和设备维修中不断出现的新情况、新问题，工作室员工形成了自觉向老师傅学习、向说明书学习、向专业教材学习、向实践学习的良好氛围。"80后"电焊工彭勃经过几年的摔打磨炼，如今，无论多么艰巨的任务、多么难度大的电焊活都不在话下。

为激发员工学习积极性，工作室开展了以"岗位互学、师徒授学、攻关促学"为主的多种形式的实践活动，为员工搭建了学习交流提高的平台，将岗位练兵和岗位劳动竞赛作为促进生产的有力抓手。

"从备战到参赛不仅检验了我的专业本领、创新能力，更磨砺了我的意志，对我来说是综合素养的升华。"彭勃说。2022年，他一路过关斩将，荣获2022年油田公司第十六届职业技能竞赛个人第三名、第四届全国油气开发专业职业技能竞赛团队银奖。

如今，工作室已涌现出公司技能专家2人、公司金牌工人1人、公司能工巧匠1人、公司首席技师2人，同时辐射带动厂内88名技师参与其中。通过在实践中不断学习和摸索，工作室全部人员都持有三种以上操作证，每个人至少掌握两种的技能，既能协同配合又能单兵作战，大大提高了班组应对各种维修问题的能力。

工作室高效运转离不开完备的制度和机制。曹树祥创新工作室始终以制度为准绳，坚持对相应规章制度、流程文件进行改进，做到责任、规程落实到每一个人、每一台设备、每一个业务环节，持续提升工作室的创新力、执行力。

维修操作本来没有较完整的程序，但工作室成员从不打无准备之仗,从不盲目蛮干,每一套工序都有一套自己制定的标准规范。用员工自己的话说,就是:班前讲安全,脑中添根弦;班中查安全,操作少危险;班后比安全,警钟常回旋。

针对外输线补漏、换毛辫子、吊装移动物体、更换变压器等7项常见施工项目,成员们和有关人员共同制定《施工作业关键环节监督卡》,对每一个施工项目划分出工作顺序、步骤,对每个工作步骤所存在的风险因素进行识别、梳理和风险评估,把事前消项变成了施工过程中全过程重点监督。后来,采油一厂把《施工作业关键环节监督卡》纳入QHSE补充体系文件中。

张洪涛说,多年来的严格要求使全体员工在设备保养上做到了"四懂",即懂原理、懂构造、懂性能、懂用途;在设备应用上做到了"三会",即会操作使用、会维护保养、会排除简单故障;在设备维护上做到了"三勤",即勤检查、勤擦扫、勤保养;在设备管理上始终坚持"三好",即用好、管好、养好。"设备管理项目作为员工的重要考核指标,与经济效益直接挂钩,极大地调动了班组员工的工作积极性。人人心中有责任,使班组的设备完好率达到99%以上,大大提高了设备的使用效率,从而有效降低了企业设备运行成本。"张洪涛说。

为调动班组员工工作积极性和主动性,激发员工创新潜能,工作室创新评价激励机制。"对职工的好点子、好创意给予表彰奖励,让大多数员工从不敢创、不会创到人人创、抢着创,点燃职工技改动能。"张洪涛说,在工作中,员工如果提出切合实际的合理化建议被班组采纳的,按规定对其进行奖励;对技术含量高、效果显著且具有推广价值的建议及项目,及时推荐评比奖励;修旧利废达到可使用条件的,视难易程度每件予以原值2%～15%的奖励。另外,对员工的绩效采取多项指标综合考核,员工技术操作证的增加和学历的提高均是岗位绩效工资的加分项,以此鼓励员工不断提升自身综合素质。

"建立多种形式的激励机制,有效提升了班组员工的工作积极性和创新能力,大力营造了爱岗敬业、敢于担当、善于思考、开拓创新的工作氛围。"张洪涛说。

创新成果层出不穷

走进曹树祥创新工作室,映入眼帘的是摆放整齐的废旧流程、老旧闸门、粗细不等的毛辫子等。

"废旧流程、老旧闸门、螺丝垫片等都是班组成员从不同抢险现场收回来的,通过精挑细选,确认具备'返岗'条件的才能被'请'到创新工作室。"张洪涛说,15年来,仅通过修复各种闸门、卡箍、法兰,每年就可节约材料费40余万元。

随着油田进入后期开发,任南作业区个别油井泵挂负荷增大和套管上窜现象陡增,抽油机毛辫子的用量也随之加大,工作室把挖潜增效的目光落到废旧毛辫子堆上。每当遇到阴雨天气,无法进入井场的空闲时间,员工们便亮出拿手绝活——在废旧毛辫子和钢丝绳堆里精挑细选,将每根长达12.5米的废毛辫子两

● 张洪涛为了节约成本维修损坏的传感器

厚植创新沃土　澎湃发展动能
——记华北油田第一采油厂曹树祥创新工作室

头损坏的部分去掉，再根据实际情况制作成更适应生产需要的毛辫子。为了增加毛辫子的抗拉强度，他们还打破常规，创新思路，将毛辫子直径由原来的28毫米增大到32毫米，进一步延长了毛辫子的使用寿命。

"制作毛辫子是我们工作室的'家传'手艺，自己做的毛辫子不仅用着顺手，还能节约材料成本。"工作室成员张石峰说。

如今，工作室制作的手工毛辫子已经走出任南项目组，开始在采油一厂范围内推广应用。据统计，20年来，该工作室共制作各种型号毛辫子4000余条，累计为企业节约外购资金720余万元。

创新是动能转换的"核心引擎"。"具有突出技术创新能力，善于解决复杂工程问题。"工作室的员工们是这样说的，更是这样做的：年年都有革新成果，人人都是"能工巧匠"，是这个工作室的真实写照。

现在，油田采油生产中99%以上是抽油机生产，而多年来抽油机更换皮带时，需拆装电机导轨固定螺栓和顶丝来移动电机，不但费时费力，而且操作极不方便，存在着较大的安全风险。

"以前更换抽油机传动皮带时，需要两三个人一起操作，将电机松开前移进行更换，费时又费力。而且，皮带运行一段时间后会拉长松弛，导致工作效率降低。"张洪涛说。

针对上述问题，张洪涛和工作室成员一起反复研究试验，创新设计了一种助力式抽油机电机底座。"设计的新型电机底座是将电机安装在一个带有滑轨的平台上，电机可以轻松前移和后退。这样一来，一个人就可以轻松地更换皮带，在日常生产时，也可以随时方便地调整皮带的松紧度。"张洪涛说，这一发明方便员工操作的同时，也可以有效地延长皮带使用寿命，进一步提高抽油机的工作效率。2018年2月，此项发明获得实用新型专利证书。目前，此项发明已在采油一厂全面推广，应用效果显著。

工作室负责的"三低井"具有低温、低产、低含水、高黏度的原油物性,导致输油管线穿孔泄漏频繁。为此,工作室成员们创新"打补丁""揳木楔""穿套袖"等输油管线带压运行状态下的补漏工艺,不但提高了工效,而且避免了补漏时大面积临时停井停产。同时,他们还对70口油井创造性实施了高温井串联低温井的"穿连裆裤"输油法,有效提高了"三低井"开采效果,先后解决了双驴头抽油机毛辫子打扭、油水井套管上窜、井口严重不对中、抽油机基础严重松动等大量生产"疑难杂症"。

"技术革新不仅能提升生产效率,还能提升安全系数,为安全高效生产奠定基础。"工作室成员张亚图说。在一线工作近30年的他,解决了多项生产难题,是名副其实的多面手,也是工作室小有名气的"智多星"。

在他眼里,"曹树祥"不单单是一面旗帜,更是他努力奋斗的目标。2018年秋,任十五站部分使用可拆卸式悬绳器的油井经常出现因卡、碰,致使悬绳器挡板螺丝断裂而停井。张亚图提出,将可拆卸式悬绳器更换成固定式悬绳器,经试验,果然避免了悬绳器挡板螺丝断裂,提高了开井时率。

由于地层原因产生的应力导致套管上窜,极易拉裂,甚至拉断井口管线。频繁地改井口降套,极大影响到了原油生产。经过几天的反复琢磨,张亚图和其他成员将一段高压耐油、耐高温的胶管两端改装成卡箍连接,做成软连接,代替管线装在回压闸门与采油树之间,从而彻底解决了问题。在作业区多口井已安装使用,达到预期效果。

随着油田开发至中后期,油井含水逐渐上升,地质变化造成井口偏磨,老式的井口盘根盒不能很好地起到密封作用,导致偏磨造成光杆使

厚植创新沃土　澎湃发展动能
——记华北油田第一采油厂曹树祥创新工作室

用寿命降低。

班组人员看在眼里,急在心里,查资料、寻办法,齐心协力反复实验,创新研制了一种油井光杆自密封防喷纠偏装置,即一种新型的盘根盒。"此盘根盒改变以前老盘根盒一层密封的模式,采取了两层密封,很好地解决了含水高不好密封的问题。并且,加装了井口扶正装置,使得光杆在运行时始终保持对中不偏磨,增加光杆使用寿命。"张洪涛说,当光杆断脱时,装置在弹簧的作用下迅速密封井口防止喷油事故发生。目前,此装置已在部分油井使用,效果明显。

还有一次,任三采油站员工在调抽油机平衡时,由于该井平衡块年久未动,固定螺丝锈蚀粘连,无论是火烤、锤砸、垫铁撬动,平衡块纹丝不动,稳如泰山。工作室成员接到命令,立即赶来,在传统方法未能奏效后,他们想到了新型工具——微动液压千斤顶和空心液压千斤顶,果然,微动液压千斤顶在狭小位置发挥了巨大作用,使工作顺利完成。

近年来,工作室完成创新项目140余项,荣获油田公司及以上创新成果奖15项,获得国家实用新型专利33项,创造经济效益3000余万元。

工作室的发展,需要优秀人才的不断接替,也需要优良作风的传承。"在今后的工作中,我们要向工作室老一代石油人学习各种维修技术和操作技能,在扎实学好技术的同时,更要学习他们身上刻苦钻研、精益求精、开拓创新的精神,积极参与创新创效创优活动,为工作室和企业发展贡献力量。"工作室成员纷纷表示。

相聚成火,散落成星。从一颗种子到模范土壤,工作室薪火相传,勇于开拓、不断进取,全面激活创新创造"一池春水",持续为企业高质量发展增添新动能。

探索无止境,创新不停步。"面对新时代新战略新要求,我将和工作室所有成员一起在传承中创新，推动工作室智慧化、高效化发展，将工作室打造为技术创新、人才创新的'黄金地'，为企业跨越式发展和经济社会高质量发展作出新的更大贡献。"张洪涛说。

厚植创新沃土　澎湃发展动能
——记华北油田第一采油厂曹树祥创新工作室

"全链条"发力澎湃创新动能
——记华北油田第一采油厂曹树祥创新工作室

王东丽　任朝阳　郭　慧

创新是引领发展的第一动力。近年来，华北油田公司全力推进创新工作室建设，打造创新人才队伍，大力开展科技攻关及创新创效活动，为企业发展持续增添动能。

位于第一采油厂输油作业区的曹树祥创新工作室始终坚持创新驱动发展，从人才培养、日常管理、精神传承等环节全面发力，努力打造一支技能过硬、技术创新、安全高效的质量班组。

科学育人，积蓄力量

抽油机毛辫子防扭装置、抽油机驴头固定装置、抽油机底座打耳朵和压杠子固定法、助力式抽油机电机底座……曹树祥创新工作室取得的每一项创新成果、创新技术都离不开创新人才队伍的支撑。

"设备维护保养人员过硬的业务本领和技术创新能力是保障设备连续正常运行、提高企业效益的重要因素。"工作室负责人张洪涛说，为提升成员们的技术水平，培养创新思维、激发创新潜能，工作室制定了《输油作业区维修站HSE教育培训制度》，使得人才培训和工作室管理有了"标尺"。

"培训制度是为了加强培训工作的针对性和实效性，进一步提升

●张洪涛检查维修旧监控柜，方便再次利用

员工的综合素质，不断满足企业生产经营的需求。"张洪涛介绍说，按照该制度要求，培训内容包括HSE通用安全知识、本岗位基本技能操作、生产受控管理流程以及HSE知识、方法和工具运用四个方面。每月至少开展1次HSE培训、安排一次安全知识考试，每年安排1~2次操作技能考试。培训结束后，还要根据培训进度及考试成绩进行培训阶段效果评估和员工HSE能力评估。另外，根据实际工作中遇到的问题，开展针对性的教育培训。

"新员工、转岗及脱岗6个月以上的员工，必须参加安全教育，而且培训时间不少于32学时，没有接受培训或培训不合格的一律不准上岗。"张洪涛说，通过教育培训切实提高员工安全责任意识和应对突发事件的反应和处置能力，为企业安全生产提供有力支撑。

"通过教育培训，我更加深刻意识到自己岗位责任之重、技术创新之紧迫，这促使我不敢停歇，时刻向前。同时，大家在课堂上交流分享的创新方法、创新思路对我干好本职工作很有启发，让自身的潜能不断被挖掘出来。"在工作室培养和自身努力下，成员张亚图熟练掌握电焊、熔化焊接、热切割等多项技能，成为工作室的"多面手"和"智多星"。

月创一新
功不唐捐

——记华北油田第二采油厂靳占忠
石油井下作业创新工作室

周凌云　林晓洁　罗　玲

一步提高效率，成员们设计了一种新型电机底座，将电机安装在带有滑轨的平台上，实现了电机轻松前移和后退，既方便更换和调整皮带，又可以有效延长皮带使用寿命，进而提升抽油机效率。目前此项目已在采油一厂全面推广。

●张洪涛测量旧流量计法兰选配合适法兰盘，方便维修后流量计再次使用

"我们时刻铭记'来时路'之艰辛，强化'脚下路'之责任，薪火相传，坚守初心，向着更高更远目标前进。"张洪涛说。

第一采油厂原任丘采油作业区任南项目组党总支书记任朝阳表示，48年来，华北油田创业者们立足思想解放和行动自觉，凝结出了以探索创新、科学实践、乐观奋斗为内容的任四井精神，创造出了宝贵的精神财富。而以曹树祥为精神内核的创新工作室，正是立足实际，扎根沃土、传承创新，为企业发展注入了强劲动力。

"面对新的发展特点和时代要求，要将能源的饭碗牢牢端在自己手中，需要千千万万个曹树祥式创新团队共同努力，踔厉奋发、勇毅前行，带动辐射更多的创新力量，推动创新工作实现跨越式发展，助力公司发展愿景实现。"任朝阳说。

家工作上相互帮助，生活上相互关心，情感上相互关怀，利益上相互谦让，不是一家人，胜似一家人。"工作室成员彭勃说。

作为作业区的主力生产班组，曹树祥创新工作室在打造"质量信得过班组"的生产实践过程中，格外注重汇聚充溢创新精神的集体智慧，实施全员参与、全过程创建、全方位打造，实现了"5个100%"的好成绩：即工作完成率100%，质量考核合格率100%，产品服务一次合格率100%，班组成员参与改进活动100%，班组全员培训率100%；实现了4项指标为零的好效果：即产品服务不合格率为零，年质量安全事故为零，基层服务单位投诉为零，年环境污染为零。

薪火传承，创新不止

时光荏苒，岁月更替，可曹树祥创新工作室的传统一直不变，逢新员工入职，第一堂课准少不了老员工对新员工传授的班风"抢险如打仗，救井如救火！饭可以不吃，觉可以不睡，工作干不好不行"。

近年来，工作室通过"教育培训""师带徒"等多种方式培养人才，营造互相学习、共同进步的浓厚氛围，培养优秀技术人才。

"想让工作室更好地传承下去，就要发挥好'传帮带'作用，培养出更多的创新人才。"张洪涛说，作为班长，他坚持以身作则，毫无保留地与同事们分享自己的经验和心得，带动更多同事成长成才。

工作室成立以来，始终坚持创新成果来自工作，又服务于工作，新材料、新品种更新迭代，新工艺、新技术层出不穷，创新创造能力日益提升。就拿工作室更换抽油机皮带技术来说，最初设计制作了更换抽油机皮带伸拉器，取消了电机底座固定螺丝，在原电机轨道上加了两条纵向滑轨，利用丝杠使电机前后移动，从而更换电机皮带。为了进

厚植创新沃土　澎湃发展动能
——记华北油田第一采油厂曹树祥创新工作室

没有规矩，不成方圆。标准规范管理才能保障工作室稳定有序运转。为了更安全快捷地完成作业区抢险任务，工作室制定了《机械设备使用维护管理细则》《焊接管理制度》《库房管理制度》等制度，使员工在操作过程中有据可依、有章可循。同时，生产任务实行生产任务单制度，进一步规范生产管理，保证生产现场人员行为可控、在控，防止人员责任事故发生，保证安全生产管理工作有序进行。

集智创新，聚力攻关

"个人与集体融合在一起，就能汇聚成创新驱动发展的磅礴力量。"曹树祥创新工作室的所有成员深谙其中的道理，并且坚持至今。

"虽然班组成员们年龄差距很大，大家却处得像一家的兄弟。无论哪一个成员碰到了难题、遇到了困难，大家都会心照不宣地坐在一起，相互商讨解决对策，齐心协力去帮忙。"张洪涛说，融洽的环境使得这个团队既能协同配合，又能单兵作战，具有了超强的凝聚力和战斗力，良好的团队精神在生产工作中发挥了强大的作用，彰显了石油人团结、奋进的优良传统。

一直以来，工作室团队把急需破解的重点、难点技术瓶颈作为攻关课题，通过团队合作集中解决难题。由于地层原因产生的应力导致套管上窜，极易拉裂，甚至拉断井口管线。频繁地改井口降套，极大影响到了原油生产。成员们经过几天的反复琢磨，决定将一段高压耐油、耐高温的胶管两端改装成卡箍连接，做成软连接，代替管线装在回压闸门与采油树之间，彻底解决了问题。

"不让任何一个人带着情绪、背着思想包袱去工作，始终以良好的精神状态投入生产工作中"是工作室成员之间形成的一种默契。"大

月创一新　功不唐捐
——记华北油田第二采油厂靳占忠石油井下作业创新工作室

创新融入他们的血液——

自2006年工作室成立起，连续多年达到月创一新的优异成绩，这里的月创一新单指授权专利数量，其他创新成果和各种合理化建议等都不统计在内。"你甭管其他，只管创新，你把问题解决了，就像给企业搬掉几块绊脚石。"工作室创建人靳占忠的名言激励着每个人，他们孜孜以求，用智慧、用创新改变施工条件、施工环境和施工方法，努力让井下作业工的苦、脏、累成为历史，提高施工效率、增加经济效益、减轻劳动强度。

荣誉铭刻着他们的汗水——

数年来工作室载誉无数。2012年工作室获评河北省十佳创新团队，2009年、2011年、2012年、2015年4次荣获"全国优秀质量小组"荣誉称号，2019年获评中国能源化学地质工会表现突出的劳模和工匠人才创新工作室。他们硕果累累，创新荣获省部级奖项19项，企业级奖项56项，获得国家实用新型专利授权147项，发明专利授权16项。工作室创建人靳占忠2010年获评全国劳动模范，孙连会2018年获全国五一劳动奖章、2019年获评国务院政府特殊津贴专家。

每一份亮丽成绩的背后，都凝结着奋斗的足迹和辛勤的耕耘。

创新是梦想的传承

● 2010年全国劳动模范靳占忠上井施工

2013年8月28日,是孙连会铭记于心的日子。

这一天,河北省总工会领导参观创新工作室,工作午餐竟拿出生日蛋糕。因为第二天,师傅靳占忠就退休了。

当靳占忠一口气吹掉生日蛋糕上的蜡烛后,河北省总工会的领导问他许了什么愿,靳占忠饱含深情地说:"中国有个大梦,我们团队有个小梦,那就是通过创新,让井下作业这个企业内最艰难苦险也最光荣的工种,在油田生产中能一年比一年质量更高些、效益更高些、安全性更高些、环保及健康水平更高些。"他表示,今天,虽然他退休了,这个梦在今天只是一个节点,绝不是终点,"我坚信徒弟们胸怀梦想、苦干实干,梦想一定都成真!"

闻言于此,孙连会更觉肩上责任重大,"师傅退休了,但创新团队还有我,还有黄树等骨干,团队工作室名不换、门不关、人不散、梦不断,大家立足生产现场、解决实际问题的宗旨一直没有变。"

靳占忠石油井下作业创新工作室的创建人为曾获得全国劳动模范、中国石油榜样、河北省金牌工人等各种称号的靳占忠。

月创一新　功不唐捐
——记华北油田第二采油厂靳占忠石油井下作业创新工作室

1978年春天，25岁的靳占忠带着首长"保持军人本色，建功石油工业"的嘱咐，从中央警卫团"8341"部队转业到华北油田，成为华北油田公司第二采油厂作业大队的一名工具工。

多年来，靳占忠秉承军人素养，发扬铁人精神，紧盯企业生产难题，刻苦学习，不断钻研，他革新创造的11项成果获国家专利，40项技改成果获奖，100多项合理化建议被采纳，为企业直接或间接创效上亿元。他先后荣获全国劳动模范、全国优秀革新能手、河北省劳动模范、河北省首届"十大金牌工人"、中国石油天然气集团公司"技能专家"、中国石油榜样等荣誉。他在技术创新中，还特别注重传承引领，经他的手带出的26位徒弟全部获得工人技师以上资格，10多个徒弟拥有创新成果等级奖，17人27次在各级技能比赛中获奖。有5个徒弟分别被集团公司、华北油田公司聘为技能专家。

靳占忠的徒弟中，最为知名的是号称"油井大夫"的孙连会。每一口井都有自己的脾气、性格。油井"闹病"，症状虽同，但病因差之毫厘、失之千里，孙连会总能精准地凭借经验、技术、眼光去判断，琢磨如何改进修井工具对症下药，根治油井"疑难杂症"。孙连会几乎平均每月申报一项专利，独立或带领团队完成210项发明创造、极具经济价值的175项创新成果申报中国石油股份有限公司职务专利，推广应用于油田生产实际。

孙连会和靳占忠的师徒关系源于2002年。2002年，孙连会从外面施工回到采油厂。有一天，和他一个大队的靳占忠师傅上井检修小队液压钳。工闲之余，孙连会将自己从办公室转岗回操作工岗位但手生技疏的困惑说给了靳占忠。

听完孙连会的一番倾诉，靳占忠掐灭了烟头，目不转睛地盯着孙连会说："为啥光想到逃避呢？难道咱们自己就没有办法来改变吗？"孙连会听后为之一振，自己在技术岗徘徊不前是因没有目标、态度散漫，不选择逃避，就要有所改变。孙连会幡然醒悟，身边有这样好的师傅，这不正是我学习的榜样吗？

于是，孙连会拜了靳占忠为师，他决心不能再等下去，要重新开始。他跟着靳占忠师傅逐渐走上创新技改之路，从解决自己身边的苦、累、脏、险入手，让技术革新改变原定的人生方向，用创新创造未来，并逐渐形成了自己的理念和风格，先后获得全国五一劳动奖章、国务院政府特殊津贴专家、河北省首届大工匠等荣誉。

2013年靳占忠退休后，以孙连会及中石油技能专家黄树等为核心的创新骨干，薪火相传，继续扛起创新创效旗帜，瞄准一线，发扬团队精神，用集体的智慧，破解生产难题。

目前工作室成员主要以作业大队的集团公司技能专家、华北油田公司技能专家、高级技师、技师和部分工程师、助理工程师、技术员以及近几年新参加工作的硕士研究生、大学生等新生力量组成。其中集团公司技能专家3人、企业技能专家2人、高级技师5人、技师及工程师18人。学历层次有硕士、本科、专科、技校。

尽管学历不同、岗位不同、层次不同、水平不同，但工作室成员都来自生产一线，通过发现问题、建议方案、工具制作、现场试验、优化提高、总结交流等方式各展所长，分工合作，使团队的创新数量和质量不断攀升新的高度。

创新是解题的妙方

对于创新工作室的成员来说，创新并非难事。大家都认为：创新不分大小，发现问题就是创新的开始，重复的故障就是攻关的方向。

月创一新　功不唐捐
——记华北油田第二采油厂靳占忠石油井下作业创新工作室

● 靳占忠和徒弟孙连会带领团队室外调研

——创新是紧贴生产的解题药方。修井作业现场采油又脏又累、劳动强度大、伤害风险高是多年痼疾。"起管一地一身油和水、夏天油汗冲进肚脐眼、冬天黑盔黑甲只牙白"。这句话是修井工的真实写照。修井工一年四季、没日没夜地维修一口油井，一般要连续起下油管、杆400多根。一根油管90多公斤，抽油杆也有30公斤。这些十来米长的钢铁，需要作业工"人拉肩扛"。员工满身油污，是名副其实的"黑人"。

此外，现场使用的油管每根重近200斤，作业工单班下管三四百根，频繁的高强度操作使作业工每天班上施工速度无保障，班后腰部持续酸痛，天长日久积劳成疾。几个都不到40岁的年轻班长，竟然每年都要住院好几次，为此，他们的妻子经常去队上、厂里吵闹要调动。

修井工的状态是常态，可只能一直是这样的工作状态吗？孙连会开动脑筋，想起靳师傅说的"难道咱们自己就没有办法来改变吗？"，必须改变！牵牛牵牛鼻，解题抓重点。

对于修井作业来说，起带液油管，污染是最严重的，油管上口又是重中之重。上提便会溢流，油水像下雨一样飞流直下，国内同行业还没有专用工具可借鉴。

"怎么办？只能靠自己了！"孙连会对自己说。2005年，他用油管护丝改装了一种"油管堵头"，2007年升级为"轻便丝堵"，2008年又研制"油管控流器"，使空中溢流的控制效果逐渐向好。

到了2014年，"创新是有路子，空想不成。"孙连会决心用头脑风暴，和同事们坐在一块儿开始想。最后把每个人的想法汇集成图，逐一分析可行性、操作性，先解决从无到有的问题。

到了2014年3月，经过数轮讨论分析，孙连会大致搭起了这个装置的蓝图。

接下来，就要落到实物，检验效果了。此时，孙连会从废油管上锯下一个丝扣，花5元钱买了两个水暖弯头。这些毫无关联的物件听得人一

● 靳占忠和徒弟孙连会为创新团队研制井口封隔器

月创一新　功不唐捐
——记华北油田第二采油厂靳占忠石油井下作业创新工作室

头雾水。

其实，里面另有奥妙。孙连会准备做类似一个倒U形的物件，两个水暖弯头接起来，中间放个小球。在起油管时，管内油气压力推着小球堵住出口，防止油气喷漏。油管起出来后，受油管内吸力，小球再返回去，使油气顺利排出。这个创新物美价廉，到外边车间做一个类似物品，至少需要500元钱，而孙连会的创新则是一根锯条加俩弯头就完成。

● 靳占忠维修油管钳

可是，让人闹心的是，创新装置在井上实验了几次，效果时好时坏。因为每口井的地质条件、自身状况都不一样，有的井很顺利，但有的井效果就很差。

一连十多天，孙连会逮到机会就往油井跑。实验做了十几次，琢磨了十几天，不稳定的状况依然无解。万般无奈之际，有一天，孙连会拿着装置，前后左右地看，突然想到，如果把装置放平，让球在里边左右移动，肯定比现在上下移动省力。

一窍通、百窍通。按照这个思路，孙连会立即改装，将之前竖起来的U形通道放平，方便小球根据管内压力左右移动，计算好球体大小，确保小球别挡住排气孔。

2014年6月，改进完善的"油管控流防污罩"成功问世，并获得2015年中国石油集团公司年度成果一等奖。

紧接着，孙连会相继完成了《消减井下作业施工中的污染源》《消减抽油杆起下作业中的污染源》等多个课题，攻克了环保起下管、杆作键难点，获得集团公司4个一等奖及"全国优秀质量管理小组"称号。这也创造了华北油田的一个获奖纪录，至今未破。

年底，孙连会从即将退休的项目经理手里接过"远程电控井口无人操作装置"主研重担。项目的起源在于，油管卸扣提起时，管内油气混合物飞流直泻。最开始只能靠员工向外推送油管，使管内液体排向污液储集筒再回流油套环空。员工双手泡在油水中，特别是冬季，野外寒风呼啸，感觉冰凉刺骨。

之前，虽然艰苦，但有职工操作两瓣控流器完成这项工作。而要搞井口无人操作，又如何让两瓣控流器达到"如臂使指"的效果呢？需要2组液压系统，可项目先装的液压泵站只有一组，得靠一组液压系统完成2个动作，让两瓣控流器自动就位。

方案制定了好几个，但要么太复杂、要么成本过高，全都不理想。

时光荏苒，2016年春节到了。回家过年的孙连会，心里一直惦记这个未了的难题。他苦思冥想中，酒不香菜无味。初五傍晚，偶见侄女正解一道长方形变化平行四边形的数学小题，灵机一动，平移四方体组合两瓣控流器的方案突现脑际，做一个类似平行四边形的系统，电控液压缸带动四方平移总成左右移动，四方平移总成带动组合臂左右移动，组合臂再带动控流筒左右移动、合围、分离，不就成了。一个液压缸就解决问题了。

孙连会抑制不住笑了出来，兴奋得犹如"范进中举"，两手连拍着响、满嘴连叫着"有了，有了"，立马给项目经理打手机，方案得到了首肯，凌晨2点迫不及待地画出草图，大年初七便与大家展开了详细的论证，元宵节还没过完已经画出了样品加工图，半月后成品加工完毕，3月现场试验。

最终专家认为，采油二厂的这一系列井口无人操作系统完全符合

月创一新　功不唐捐
——记华北油田第二采油厂靳占忠石油井下作业创新工作室

起下油管井口无人操控项目要求，降低了劳动强度，避免了油水混合物对环境和职工健康的损害，这一系统还被中国工程院院士韩大匡等专家鉴定为"这项技术为世界修井行业井口无

● 靳占忠研究液压钳扭矩阀

人操作的先进水平！"更让人欢欣鼓舞的是，采油二厂、油田公司，甚至国内其他油田的工友们评价道"作业工，有干头了，赶快推广吧，再也不怕腰酸腿疼了，再也不怕单吊环高空落物、液压钳咬手了，终于可以不转岗也能退休了"。

2017年，雄安新区成立。采油二厂岔河集地区油田位于新区核心地带有400多口油井，环保要求高，高度重视清洁生产，华北油田公司质量安全部门领导调研时发现作业工不再一身油和水，连地面也都看不到油污了，对这项工作给予充分肯定。

2017年8月28日，集团公司副总经理侯总到雄安新区检查指导工作，在采油二厂岔71-72井仔细观看了绿色环保作业操作过程后指出：该工艺从源头上治理作业环保风险，技术可行，经济有效，明确要求华北油田公司年内全面推广。2018年这项技术在华北油田公司井下作业全覆盖，仅此一项每年为公司创造经济效益2400万元。

——创新是明知山有虎、偏向虎山行的执着。2011年，孙连会作为骨干之一与作业队几个革新迷开始琢磨井口无人操作系统。

最开始外界对这个创新并不看好，因为孙连会等人最高学历才是技校，这个系统需要的机械、液压、电路知识基础他们没几个人能搞明

白。曾经有一家企业找科研单位帮忙，花了近2000万元才研制出类似的系统。可是，孙连会等一帮技校学生、工人出身的革新迷决定"一条路走到黑"。

迈开了第一步孙连会发现，这条路似乎并没想象中这样艰难：项目初期，他主要负责液控油管钳就位装置和机械臂可调式基座的研制，起早贪黑一个半月制成液控油管钳就位装置和机械臂可调式基座样品，合格。

项目中期合成试验，发现推拉机械手的吊环控制功能不达标，他又参与了这个子项目的紧急攻关。8天里制作样品3套，三伏天，大中午，操作修井机实验300余次，最终对比出了最佳方案，确保了项目按计划继续进行，当年9月中旬实现井口无人操作、90秒起下一根油管的目标。

——创新是解决小问题的炽热情怀。孙连会制作的"摔出来"的革新工具，安全简便提效，让小操作不再酿成伤害。因为生产作业每天周而复始的惯性操作，而往往就是小操作的不慎也会酿成大伤害，甚至给个人和家庭带来无法挽回的损失和伤痛。

管钳是修井现场最常用的工具，20世纪90年代初，孙连会所在的作业队在井上对蜡卡杆柱实施倒扣，绷足了劲的管钳在一个手套油滑

● 孙连会带领团队攻关研讨机械手　　● 孙连会带领团队现场探讨防喷盒制作

月创一新　功不唐捐
——记华北油田第二采油厂靳占忠石油井下作业创新工作室

的职工手里失控了,管钳快速反转,一个本该前途无量的大学生成为盲人。

特别让孙连会心有余悸的是,2004年夜班的那次"摔倒"。那天起油管,孙连会担任场地工拉排油管。起出的油管在滑道上

● 孙连会带领团队研究防滑油管钳

下放,需场地工借助管钳卡住油管后拉,简单得不能再简单的操作了。前200根没事,可就是到了半夜最后那一根沉砂管,管钳突然滑脱了,"噔噔噔",他连续倒退四五步仰面八叉摔倒在地,坐起来,自己还庆幸,没伤腰没碰头。但天亮以后再一看,离他昨天摔倒的地方20厘米,就有一块报废水泥柱正好躺在那儿,上面立着好几根钉子粗的钢筋,后果不堪设想。

就是这次刻骨铭心的"摔倒",让孙连会深切体会到"安全无小事,安全工作必须先要有安全工具"。他开始琢磨,能否研制一种可以防摔跌、省成本、简单、轻便的专用拉管工具?2006年无牙、套环式拉管工具初步成型,一经试用,他和同事就爱不释手。这套工具成本只是普通管钳的1/5左右,寿命却是10倍以上,2007年全大队推广后,年节约成本可达10万元以上。

创新是无悔的选择

"一个人成功不叫啥,大伙都成功那才叫成功。"2013年靳占忠退休后,他朴实的理念在创新工作室延续了下来。作为创新团队的核心成

员，孙连会耳濡目染，感受到个人创新固然重要，但更重要的是分享、传承、引领、带动，让石油精神在更多的青年人身上得到传承和发扬。

以孙连会及中石油技能专家黄树等为核心的创新骨干，薪火相传，继续扛起创新创效旗帜。他们坚持"心系一线、精钻细研、破解难题、默默奉献"的创新精神，树立"一切为了生产，一切服务一线"的观念，瞄准一线，立足岗位创新，发扬团队精神，用集体的智慧，破解生产难题，为企业的发展贡献力量。

言传无所留，身教无所厌，是创新工作室核心成员带徒弟的原则，他们会将所知所学所感无保留地传授给徒弟。一个作业工要有一流的能力、一流的业绩、一流的贡献。这是创新工作室核心成员对自己的要求，也是对徒弟的要求。

现在，孙连会已经是集团级专家，帮助指导45人逐步成为技术能

● 孙连会给大家讲解新研制的环保作业装置

手、创新骨干。其中杨振涛、陈辉、王铁峰3人成为油田公司技能专家，马靖国、王延军等8人成为公司技术能手或高级技师。

早前，小他8岁的杨振涛是孙连会的师傅，现在孙连会是杨振涛的师傅。"连会身上有一种精神，敢创新、能创新，这是我要学习的。之前我比他早进步一点，现在他远远超过了我，他就是我的师傅。"杨振涛说。两人互为师徒的故事已成佳话。

一枝独秀不是春，百花齐放春满园。目前工作室成员集团公司技能专家3人、企业技能专家3人、高级技师5人、技师及工程师18人。学历层次有硕士、本科、专科、技校。这些人都来自生产一线，发现问题、建议方案、工具制作、现场试验、优化提高、总结交流等，各展所长，分工合作，使工作室的创新数量和质量不断攀升新的高度，目前已达到每年创新12项以上，实现平均"月创一新"。

"为啥光想到逃避呢？难道咱们自己就没有办法来改变吗？"靳占忠的这句名言，成就了创新工作室多年的奋力前行、多年的探索不止。

忆昔抚今，孙连会感慨万千："今天，我们也可以像靳师傅当年那样充满自信地向家人、向师傅、向工友、向领导说：我创新，我无悔！"

厚培沃土　激发活力

——"靳占忠石油井下作业创新工作室"的制度机制详解

周凌云　林晓洁　罗　玲

以全国劳动模范、中国石油榜样、河北省金牌工人靳占忠命名的"石油井下作业创新工作室"成立于2006年，共由井下作业、工具工等工种的38名成员组成，主要任务和职责是瞄准井下作业一线需要，发挥团队优势，攻坚克难、创新创效，努力解决各项生产难题。

2010年，为更好地发挥创新引领、协同攻坚作用，在华北油田公司的大力支持下，通过力量整合，对原有工作室进行了大规模整修、扩建，成立了功能完备、设施齐全、具有多种用途的"靳占忠石油井下作业创新工作室"。

工作室团队坚持"心系一线、精钻细研、破解难题、默默奉献"的创新精神，树立"一切为了生产，一切服务一线"的观念，瞄准一线，立足岗位创

● 孙连会现场操作修井机

月创一新　功不唐捐
——记华北油田第二采油厂靳占忠石油井下作业创新工作室

新，发扬团队精神，用集体的智慧，破解生产难题，为企业的发展贡献力量。创新工作室秉承目标，团队每年至少要研究5个课题，完成创新成果不少于3项，至少有2项成果推广应用。

"靳占忠石油井下作业创新工作室"在靳占忠退休后，不断延续，并且发展壮大，完备的制度和规范的运行至关重要。

保驾护航　注重激励

激情管一时，制度和机制管长远。通过建立工作室制度和机制，能发挥团队作用，搭建高技能人才研讨交流平台，以

● 孙连会现场试验油套环控控流装置

解决生产实际问题为目的、提高操作员工技术素质为宗旨，集中精力、发挥特长、突出重点、强化创新、加速成果转化。

没有规矩不成方圆，为了推动创新创效工作有重点、有目标、有方向、有计划地开展，华北油田公司第二采油厂成立了组织机构，有了以1名副厂长和工会主席任组长，工会副主席、科技信息中心主任为副组长的领导机构。

工作室的日常管理运行井井有条，《日常管理工作制度》《学习交流制度》《项目管理制度》《成果转化及推广应用制度》《加工经费及使用管理制度》《创新团队队员管理制度》等制度门类齐全。

保驾护航不可或缺。为了规范员工岗位、创新工作机制促运行,采油厂充分考虑团队人员的实际,把专业技术人员与操作员工区别对待。专业技术人员侧重于"高、精、尖"的创新,鼓励操作员工立足岗位,针对现场实际难题开展攻关。把员工合理化建议、QC小组活动及员工技术创新创效活动进行整合优化。厂工会修订完善了《第二采油厂员工创新管理办法》,大力支持创新团队从申请立项、项目审批、资金计划、加工制作到成果评审及成果推广应用,统一规范管理。做到年初评审立项,季度督导检查,年终成果评审,确保每项创新成果选题有带头人引领、有制度作保障、有资金作支撑,促进项目落地开花结果。

● 孙连会在现场给大家讲解精益求精不差厘米

激励机制尤为关键。为加大员工岗位创新奖励力度促转化,采油厂设立年度操作员工岗位创新奖励基金,加大奖励力度。同时,降低准入"门槛",大力倡导员工立足岗位,针对生产难题、安全环保、节能降耗、减轻劳动强度等开展攻关,鼓励员工开动脑筋,多提简便、实用、好用的"金点子"、小窍门。根据创新成果的创效情况、普及率及社会效益,进行评比奖励,使岗位创新在促进企业创造效益的同时,让持续搞创新的员工得实惠。通过一次次小项目的成功,激发员工对大项目、长期项目的热情。

月创一新　功不唐捐
——记华北油田第二采油厂靳占忠石油井下作业创新工作室

同时，采油厂增强员工岗位荣誉感促创新中长期规划，把员工岗位创新作为年度厂劳模和各项先进的评比重要条件之一，同等条件优先考虑；每年一次员工岗位创新成果展示会，邀请公司、厂领导及相关部门参加，由创新人员现场演示；每季度一次现场观摩交流，创新骨干相互交流，共同协调解决创新过程中遇到的问题，保证创新成果按计划进度实施。

运行规范　方式灵活

工作室所有创新项目来源于生产实际、紧贴生产实际。工作室每年年初都会针对质量、安全、环保、健康方面征集工作难题，并把生产一线作为重点加以倾斜，尤其对上级特别指令、广大员工特别关注的一些急难问题更是不等不靠特事特办。

工作室严格执行《日常管理工作制度》《学习交流制度》《项目管理制度》《成果转化及推广应用制度》《加工经费及使用管理制度》《创新团队队员管理制度》，严格按制度办事、行事，不依法合规的一律不干。

由于工作室是自愿的群众组织，队员在完成本职

● 孙连会在现场研发抽油杆刮油装置

工作的前提下参加活动，主要利用业余时间。如确因项目需要占用工作时间，由"技术创新办公室"负责协调相关事宜。

工作室日常实行会员轮流值班制度，河北省大工匠孙连会、中石油技能专家黄树、黄祥以及各组长负责工作室日常管理、参观接待以及员工反映的技术难题和生产中存在的问题，并做好记录；每季度组织召开一次队员大会，内容包括：技术难题分析、前期项目进展情况及下一阶段重点工作部署；年底完成全年的工作总结、发布创新成果、部署明年创新项目和计划。

土壤肥沃，创新自然层出不穷。工作室攻关方式多种多样，以"抱团创新"、协作攻坚的同时，也鼓励和赞同"单打独斗"；提倡"全面统筹"也不禁止"专业单项"；倾向"联合攻关"也鼓励"自发创新"。这样因地制宜、机动灵活的攻关方式，使工作室的创新能力大大增强。

追逐梦想　硕果累累

该工作室2011年被省总工会命名为"靳占忠石油井下作业创新工作室"，并先后被确定为"中国石油天然气集团有限公司石油精神教育基地""华北油田公司石油精神教育基地""华北油田青少年爱国主义教育基地"。

近三年来工作室承担的公司科技项目有"绿色高效井下作业配套工艺""修井现场油管输送机的研制"，厂级科技项目有"环保检泵作业技术的研究和应用""油井热洗参数采集技术研究""井下作业双人应急抢喷技术研究与应用""隐患井井口及井筒处理技术研究"；承担的集团级QC项目有"研制油管上口自动控流装置""消减压洗井作业中的污染源""研制油管井口控流装置"等。项目资金有保障，目前均已完成并通过验收。

有梦想才有希望，有梦想才有未来。靳占忠石油井下作业创新工作室这个团队努力用智慧、用执着、用拼搏追逐他们的梦想，努力让作业的脏、累、苦、险成为过去和历史。

在修旧中创新
在利废中创效

——记华北油田第二采油厂闻伟采油创新工作室

□ 周凌云　林晓洁　余秀英　罗　玲

在修旧中创新 在利废中创效
——记华北油田第二采油厂闻伟采油创新工作室

"好多人觉得创新这个事'高大上',觉得难,其实不然。生产中的问题很多是突如其来的,而解决这个问题的过程就是一次创新的诞生。"华北油田公司采油二厂闻伟的话朴实无华,却生动诠释了他所在创新工作室的内核。

成立于2016年的"闻伟采油创新工作室",现有团队成员98名,主要来自采油、采气、集输、电力等多个工种生产一线技术骨干。工作室自成立以来,以一线安全、质量、效益为着眼点,对原油开采中遇到的难题进行攻关,立足岗位解决生产实际问题。

"我们在生产工作中,会遇到各种各样的问题,这就需要我们生产一线的岗位员工采取相应办法来解决。这个过程中有思维创新、有技术革新。创新工作由于其研究性质,很多工作本身就具有探索性。"创新工作室成员的共识是,通过工作室的团队合作,不断进行总结、提炼、整理创新方法,使工作效率倍增,也吸引了更多的员工参与进来。"工作室是个大平台,让每一名员工都能真正成为创新主人翁。"

创新理念在创新工作室已经深入人心，特别在闻伟身上演绎得淋漓尽致——2022年12月，中国能源化学地质工会隆重推出第八季"大国工匠"80人，闻伟成为华北油田首位获此殊荣的员工。他在一线从事采油生产29年，以技术创新服务生产，解决各类难题620余项，完成科研、创新、科技论文及合理化建议260余项，推广应用成果21项，获得国家专利95件，其中发明专利9件，成果应用为企业创造经济效益6300余万元。他先后荣获河北省能工巧匠、河北省五一劳动奖章、河北工匠年度人物等荣誉称号，在首届中国创新方法大赛河北赛区决赛暨第二届河北创新方法大赛中，闻伟等人展示的创新成果荣获大赛银奖。

在领头羊闻伟的带动下，创新工作室被赋予更高使命，突出创新，降本增效，为企业发展再添新动力。努力耕耘必会硕果累累——工作室的17项成果得到推广应用，经济效益显著；2018年9月被河北省总工会命名为"闻伟采油创新工作室"、工人先锋号；工作室现有创新成果实物52件，创新成果260多项，发表国家级、省级刊物论文26篇。

在修旧中创新　在利废中创效
——记华北油田第二采油厂闻伟采油创新工作室

创新是初心的坚守

红色安全帽下是黝黑的脸颊和坚毅的眼神，有着3年军旅生涯的闻伟，至今保留着军人的作风，他干活拼命，能吃苦、不怕累，敢啃"硬骨头"，他对创新的痴迷由来已久。

采油行业最辛苦的就是维修。1993年，闻伟从部队转业，被分配到华北油田采油二厂零散井作业区的维修班。

周围一片荒芜，厂房很简陋，要坐着拖拉机去井站上维修……刚到作业区时，闻伟心里仍为如此艰苦的工作环境咯噔一下。

不仅如此，维修班负责的是站队生产井的维修与养护，每天要接触原油泥水，一身油一身泥，只有牙是白色的。

● 闻伟参加首届中国创新方法大赛总决赛现场

在"磕头机"24小时运转的过程中,油井随时都可能"生病",一旦没及时"医治",将严重影响油田产量。这也意味着,作为"油田医生"的维修工时刻不能离岗,处于24小时待命状态。

在如此艰苦的环境中工作,闻伟每天忙于埋头苦干。但是上班没几个月,一件事情让闻伟陷入沉思。某天,有一台抽油机出现异响,闻伟主动请缨去修理,结果蹲了一个上午查找原因也不知症结所在,未曾想师傅来了后,只在一个螺丝上拧了几圈,异响就神奇消除了。

"新时代的技能人才,不仅要埋头苦干,更要会抬头创新。"闻伟认识到,一名技术工人最重要的飞跃,是在做好本职工作的基础上,敢于和善于进行创新。

于是,闻伟的业余时间开始充实而忙碌,除了看书学习技能,就是钻研修理收音机、录音机、电视机、冰箱、洗衣机、汽车等,凡是看到电器设备,他都跃跃欲试地想动手钻研维修。渐渐地,他对各种设备的零

● 闻伟向创新团队介绍成果应用方法

部件结构、原理有了深刻的理解,十八般武艺样样精通的他为走向创新之路打下坚实基础。

维修班常见的活,都是既辛苦又危险。比如,一次赶上下大雨,一处井站发生了故障。维修班接到通知,立即开车拉上装备赶往现场。井站在偏远地区,路不好走,雨天车开不进去,闻伟他们四五个人就一起将氧气瓶、乙炔瓶、电焊机等抬进去进行抢修,完事再抬回车上。等他们维修完跑到车上,都被雨水浇透了,冷得浑身发抖,一人一个"大花脸"。

再比如,某年冬天,寒风凛冽,需要站到控油平台上检修机器,其他同事在上面站了几分钟就冻得受不了了,而闻伟足足干了近两个小时。他的双手很干很粗糙,裂的都是大口子……

如此种种,让闻伟开始沉下心琢磨:如果能研制出既省时又省力的工具,大家工作起来是不是就不用这么辛苦呢?于是,他把关注点瞄准了维修班日常工作的改良上。

抽油机上有个装置叫曲柄销子,是关键件也易损坏,换曲柄销子是维修班一项日常工作。这项工作耗费大量的人力与时间。

以前,一个曲柄销子坏了,5个维修员排好队,一个一个地站到减速箱上,抡起18磅的大铁锤砸销子,左右手倒着砸,四五个小时才能换好一个销子。到吃饭的时候,胳膊、手都感觉不是自己的了,手不停地抖,连筷子都拿不住,用勺子吃饭,碰得盘碗叮当响。

闻伟决心改变现状。于是,他在业余时间查找资料,反复试验,最终成功研究出抽油机曲柄销子专用撞击扳手,用这个工具两人就能换好一个曲柄销子,最多的时候一天能换四个。

闻伟的创新脚步停不下来。给抽油机加润滑油,在外人看来是一件再普通不过的工作。但保养抽油机的一个中尾轴,至少需要用加润滑油的枪往里加20枪,一枪需要打1500到2000次,就像给自行车打气一样，用手上下用力加压。工人们曾经一天给四口井做过保养，而一口井多的时候有4个点需要加润滑油。等做完保养工作，他们的手都抬不起来，下梯子时手和木头一样，没有知觉。

基于此，闻伟又绞尽脑汁，他研制了电动润滑油枪，工人们再给抽油机做保养，就轻松多了。

作业区的油井多为单人驻站值守，当发生盘根渗漏，加之井口偏的情况时，无法一个人更换盘根，必须寻求维修班协助，每次加盘根都需花费一个小时。闻伟经过3个多月时间研究，新型加盘根器"诞生"了，单井员工独自一人仅需15分钟就可以完成加盘根操作。

……

如此种种创新，让闻伟信心倍增，然而，创新的道路从来不是一帆风顺，新型火花塞的研发是闻伟技术创新最曲折的回忆。

给瓦斯发动机点火用的火花塞特别容易坏，发电站一年需要更换100余根火花塞，每根成本在800元左右。这个问题引起了闻伟的关注：能否研制一种可拆卸、可修复式的火花塞呢？

说干就干。闻伟开着自己的车跑到北京买了10多种火花塞。回来后，他又琢磨火花塞导电杆的绝缘问题，先后选用20多种绝缘层材料试用。原以为研制出的火花塞，就可以成功应用了，结果试验装机后，运转5分钟就不打火了。

闻伟不轻易服输，他坚信在创新的路上，只有坚持不懈，才能看到曙光。

那段时间，他是上班时琢磨，下班时也在琢磨。他的车上装满了各种铁料、工具。灵感来了，就停下车，在后备箱里开始鼓捣。闻伟家车库都被他改成了"实验室"，下班一回家，他就钻到车库里搞研究。

一天晚饭过后，同事们在小区里遛弯儿，路过闻伟家车库，听见里

在修旧中创新 在利废中创效
——记华北油田第二采油厂闻伟采油创新工作室

面有电焊机焊东西的声音,五六个同事愣是没喊开他车库的门。最后一个同事怕发生危险,将总电闸关上,闻伟这才跑出来问怎么回事。原来,他一直还在研究瓦斯发动机点火用的火花塞。

● 闻伟在测量成果改进绘制图纸

可是天不遂人愿,这项装置连续研究了一年半的时间,闻伟去北京请教专家20多次,结果仍是一次次试验失败。

在这期间,平时很支持他的妻子也不乐意了,有一天也发牢骚说:"还过不过日子了?别人上班挣钱,你上班搭钱。一年花8万块钱买回一堆破烂。"

看到生气的妻子,闻伟也沮丧苦闷,难道真的该放弃了吗?转念一想,他仍不愿轻易放弃,开弓没有回头箭。他决心像钉钉子一样,继续把每一步研发过程钉实。

天道酬勤,最终,在经历无数次失败打击后,闻伟终于研制出可拆、可更换火花塞头的新型火花塞,成本只需要20多元。一年下来,100余根火花塞为公司节省7万多元钱。这项创新成果获得了国家实用新型专利。

多年来,闻伟每年有近330天的时间不是忙在采油维修的岗位上,就是在创新成果的研发改进中,累了就和衣而眠,饿了就对付一口。这种心无旁骛的专心使他美名远扬,他的手机号被单位各部门设置成呼叫快捷键,大家都认为他是生产一线权威的采油"全科医生",相信

"只要闻伟在,就没有修不了的设备故障"。

创新是众智的汇聚

2016年11月,以他的名字命名的"闻伟采油创新工作室"挂牌成立。

"我们在生产工作中,会遇到各种各样的问题,这就需要我们生产一线的岗位员工采取相应办法来解决。这个过程中有思维创新、有技术革新。创新工作由于其研究性质,很多工作本身就具有探索性,需要通过团队合作,不断进行总结,提炼、整理创新方法,使工作效率倍增。创新工作室是个大平台,让每一名员工都能真正成为创新主人翁。"闻伟诠释道。

"融智创新,精益求精,提升技能,培育英才"创新工作室秉承这样的理念,旨在推陈出新,由繁变简,创新出的成果既要减轻工人的劳动强度,还要绿色环保、节能降耗、提质增效。所以,创新工作室立足解决生产实际问题,注重创新成果的转化,通过发挥技术专家在技能和精神方面的动力,以"传、帮、带"的形式,充分发挥每一位技师、生产骨干的特长,保护

● 闻伟在给骨干成员讲解利用液压拆卸曲柄销子及移动平衡块装置

在修旧中创新 在利废中创效
——记华北油田第二采油厂闻伟采油创新工作室

创新思维方面的萤火虫之光，思想上集思广益，并鼓励大家付诸行动，搭建培育人才、推进创新的专业平台。

工作室人员由集团、公司两级专家、首席技师、高级技师等组成，工种包括采油采气、输油输气、电气焊、电工、维修等工种，覆盖面比较齐全。一批创新能力强的技术骨干纷纷加入。

● 闻伟在家中调试自动化创新成果

闻伟对团队成员开展专业技术培训，他每年授课120学时以上，课程讲解透彻到位，深受学员好评。开展课堂授课的方式帮助骨干技术能力得到提升。除了"师带徒"以外，还定期组织技术交流、攻关研讨等多种形式的活动，有目的、有计划、有步骤地传播先进的创新方法和工作理念，以此促使工作室成员保持思想的多元化，提高创新创效的能力，增强研发团队的活力，形成蓬勃向上的创新氛围。除此，工作室还开展技术帮扶工作，帮助基层站队解决问题；开展厂级、工区级之间的交流活动，获取相关的困难问题；通过项目的合作与应用，有效地助推工作高效开展。

具体而言，工作室每年从年初即开始分类立项，责任分解到小组成员。根据一线员工反馈的质量问题和现场生产实际，制订质量创新技术攻关项目，明确项目负责人、项目小组成员和项目时间节点要求。为了保证攻关项目按节点、要求完成，班组建立、健全质量整改项目管理规定，有效推进项目攻关工作。定期开展攻关项目进度的检查，通过项目进程趋势图分析、过程控制节点图管控和阶段性成果发布等形式，对项目完成情况进行跟进和考核。

除此，工作室每季度组织召开一次成员沟通会，不定期进行技术攻关研讨，每年底进行一次全年工作总结，开展难题攻关，发布创新成果，推广研究成果和经验，组织成员开展技术设计和技术创新并撰写技术论文，布置来年规划。

创新总要与时俱进，跟上时代的步伐。从2016年开始，闻伟创新工作室逐渐向数字化、智能化创新跃迁，在闻伟的带领下，大家积极学习模块的结构原理及编程，希望通过提高知识储备，让企业花最少的钱创造最大的效益。

创新工作室成员王芳回忆起一个创新项目的缘由。以前，零散井地理位置偏远，缺乏有效的监督，地方不法分子破坏严重，原油储运管理难度大，王芳作为小站工人，发现原油储罐各项参数依靠员工巡检录取，发现问题滞后，岗位员工每天需要巡检8次，上罐检尺2~5次，巡检一次6~10公里，每天在48个拉油点之间奔波，"我们队基本上都是50岁以上的老工人，劳动强度着实不小、工作效率低，并且防盗锁的开启与关闭需要到现场专车专人开锁，工作量大，恶劣天气拉油安全系数低"。

"原油储罐智能监控报警系统"就是在这样的环境下产生的，这个系统由液位远程控制、温度远程控制、远程防盗控制、系统续航能力四大部分组成，创新工作室进行过上千次的艰辛试验。

"在一起聊天时，我们是三句不离老本行，一开口就是研究项目的事儿。"王芳回忆道，闻伟经常在半夜11点多了还给创新工作室成员打电话，探讨遇到的技术问题。

辛勤付出终有回报。最终，创新系统实现了实时检测、参数报警、

在修旧中创新 在利废中创效
——记华北油田第二采油厂闻伟采油创新工作室

防盗控制、远程控制等功能,在华北油田采油二厂推广应用48套,年创经济效益118.4万元。智能系统的应用为智慧油田提供了新思路,并站上的工作人员都说创新工作室干了件大好事。这个系统可以通过手机远程监控,实时了解油田工况,特别实用便捷。

●闻伟在砂轮上磨车床刀具

智能化、数字化的创新点子不断涌现。针对作业区拉油站点逐年增加的情况,创新工作室通过应用智能模块、PLC等电子元件,完成了"用于拉油鹤管阀门的远程防盗控制系统"的研发。

那段时间,闻伟每天在值班点和苏55集中拉油站之间来回奔波,精心调试远程防盗控制器的编程。为了满足每一个回执信息的灵敏度,仅阀门开关角度,他就反复调试了80多次,最终创新成功。应用这套系统,可以实现防盗箱开关、鹤管阀门角度变化、打开时间等每一步操作都有实时信息反馈,解决了偏远井拉油点拉油成本高、防盗性差的问题。

"没用这个锁之前,为了防止盗油,三名员工两台皮卡车一直跟着油罐车跑,从早上6点多一直忙到晚上7点多。用了这个锁,大家现在只需要用手机在办公室进行监控。"闻伟感慨道。该系统陆续在48个拉油点推广应用,年创效160万元。

"计量站无人值守"是另一个创新项目。以前,部分油井与值班室供电线路不一致,导致油井停电不能及时发现,同时,抽油机运行参数

● 闻伟在调试研发的新成果

不能及时掌握，因故障而导致停井的现象时有发生，依靠人工巡井发现故障停井存在滞后问题。此外，以前为防止原油储罐丢油，需专车跟车开锁拉油，且每年需要大量运输车费，单井原油储罐地理位置偏远，没有监控系统，必须依靠巡检来发现问题。

研发的这套系统分为井场控制端和手机端两部分，手机端用于显示油井和大罐的参数及操作，控制端安装在油井现场，用于对油井和大罐的直接控制，支持维修和维护的设计方式便于一线员工操作。手机App软件支持安卓系统，手机界面显示油井和大量的状态参数，远程操作启、停井及开锁、关锁功能等，手机端和现场端控制柜通过4GLTE网络进行信息交互。"解决了油井皮带烧断导致电机空转问题，减少了用电的支出，提高了油井生产效率，边远井原油防盗问题，消减了井场污染隐患，提高了安全生产系数，实时远传拉油井点主要运行参数，使各级生产、管理人员随时准确、全方位地掌握油井的生产状况，为稳定老油田单井产量提供有力的技术保障。"参与项目的创新工作室成员王芳感慨地说。目前，这个创新系统已推广10套，创造经济效益93.2万元。

"抽油机智能远程监控系统"是创新工作室值得称道的亮点成绩之一。这个系统由控制模块、4G传输模块、不间断电源、霍尔传感器等组成，解决油井发生故障不易被发现问题，通过手机远程实时监控抽油机的参数及状态,如抽油机的来电、停电、故障停机、皮带烧断。采用该系统皮带烧断后电机自动停。此外,还可通过手机远程实时监控抽油机的上下冲程的电流,并计算出平衡率。此项目获得了国家实用新型专利,并发表了论文,2020年上半年在采油二厂霸77井、苏12-6井、苏53井等16口井推广应用,创效43.02万元。

"瓦斯发动机余热回收及消音一体装置"的创新同样解决了实际问题。以前,瓦斯发动机存在噪声大、尾气温度高、易造成烫伤等问题,实施创新装置后噪声从220分贝降到75.8分贝,尾气经过水换热,温度从760摄氏度降到120摄氏度,利用余热可以给天然气管线伴热、值班房取暖、原油储罐加温等。此项目分别在采油二厂苏37-7井、苏37-8井、苏37-9井等10口双动力井推广应用,创效61.62万元。

创新工作室的创新来源,经常聚焦在普适性问题上。闻伟他们经常思考,传统油管完井方式如何有效降本提效?以前,采油过程中,由于管线下沉、油井作业等原因使一部分油井井口偏斜而导致盘根磨损严重。尤其是当油井供液不足间歇出液,特别是不出液时段,直接导致盘根严重干磨,频繁更换盘根不仅增加了工作量及成本支出,也会影响开井时率和油田产量。

后来,创新工作室研发了多功能防偏磨盘根盒,可减少因井口偏斜导致的光杆与盘根的重度摩擦,延长使用寿命。

这种多功能盘根盒主要由注油孔、储油腔、O形圈、弹簧、防喷球、压帽、齿轮、齿条等部件组成,具有润滑、调偏、扶正、快速更换盘根等功能。

在使用时,操作者从注油孔加入黄油,抽油杆在往复运动过程中,表面被均匀地涂抹上一层油脂,抽油杆上行时,刮油器将黄油刮回储油腔。抽油杆上的油脂起到了很好的润滑和降温作用,减少对盘根的磨损,延长使用寿命;当井口偏斜时,通过调节偏心体压帽,转动盘根盒本体至适当位置,可实现最大调偏12毫米,有效减少盘根磨损;当盘根因磨损不能很好密封时,可在不停机状态下旋转调节装置,调节齿条挤压盘根直至再次密封,延长加盘根周期。盘根损坏严重不可调时,卸掉压帽并旋转调节装置,调节齿条挤出盘根,可轻松地完成更换盘根操作。

目前,多功能盘根盒应用于采油二厂各作业区,应用100套。产品具有易操作、适用性好、成本低等优点,在井口不对中或间歇出油的油井应用后,开井时率提高5%,抽油杆损坏率降低70%,更换盘根频率降低65%,减少了因盘根磨损导致频繁漏油的现象。年增油117吨,创效超25万元。

创新永无止境。2022年,闻伟又联合工程技术研究所技术人员开展第三代抽油机井口固定装置研发工作,从提高技术精度和扩大适用范围两方面对前期设计进行深度改进并试验成功。该装置主要采用安

● 闻伟与团队共同研究快速更换盘根

装表套稳固装置的方式实现对套管的固定，工艺投资费用小、治理周期短且不损伤套管。在随后开展的对套管上窜井集中隐患治理工作中，通过对69口井安装使用，节省治理资金400多万元。

"闻伟采油创新工作室"创立至今，硕果累累——工作室已吸纳技术骨干8人、集团专家1人、企业专家8人、首席技师11人。工作室共有实物38件，创新成果67项，其中15项成果推广应用。获得国家专利98件，发明专利5项，实用新型专利93件，累计创效3100万元。

闻伟带领的"闻伟QC小组"在河北省也屡斩佳绩：2018年"油田工况手机远程监控系统"项目获河北省质量管理小组一等奖，2019年"用于拉油鹤管阀门的远程防盗控制系统"项目获河北省质量管理小组二等奖，2020年"单井储罐智能监控报警系统"获河北省质量管理小组成果一等奖……

创新是代代的传承

"一个人技术再好，只能给企业贡献一部分力量，但若把大家都带起来了，影响力就大了。"闻伟认为，企业技能人才如此紧缺，应该通过创新工作室把多年积累的经验贡献出来，手把手培养技术人才，让人才不断往前走。

在"师带徒"的基础上，闻伟结合工作室团队成员各自优势，把找课题、各类成果申报、协调加工等各项工作划分到责任人，落实到具体事，形成闭环的运行模式。他组织创新工作室成员利用业余时间商讨项目进展、成果存在的问题，到现场研究课题、推广试验。

在作业区，创新工作室组织青年骨干开展"青年大讲堂"活动，闻伟结合每一项成果的创新由来、具体操作步骤、转化应用生产后取得的

● 闻伟在调试油田工况用手机远程监控系统

效益等，向技术人员仔细讲解，进行演示。

在闻伟的带领下，一大批技术骨干纷纷参与到以课题攻关为活动载体的自主创新工作中来。他们收集汇总各作业区目前存在的生产难题，通过不断开展专业技术分析、诊断、改进，来解决现场问题，形成了集体攻关、集体创新的良好氛围。

创新工作室成员陶帅对此深有感触，他第一次参加采油二厂科研项目，提出注水泵方面的新想法，"作为新手的我遇到了很多困难与问题，如何去填写相关材料，如何去选型及选件，如何去申报资金，如何做到安全可靠，怎样去把项目做好呢？"陶帅说，他及时联系了闻伟，详细与闻伟沟通后，通过闻伟的讲解和分析，他们一起合作、一起创作，最终促成这个项目顺利完成。

陶帅坦言，他以前在创新的道路上，思路比较闭塞，"我以前工作是以创新制作工具为主，现在的方向是向自动化仪器仪表转型，提高站内自动化水平，这就是通过闻伟创新工作室给我的平台，认识团队中很多精英、很多志同道合的人，他们在以后创新的道路上给予了我很多帮助。"

创新工作室的各种培训也让陶帅受益匪浅，他本身是集输专业的，在自身专业技能得到提高的同时也能学到别的专业相关知识，"比如，我积极参加了工作室举办的各种培训，参加了电工节能班的培训，学习如何调整电机的接线方式、减少电能的损耗，为公司节能方面作出贡献。"

在修旧中创新 在利废中创效
——记华北油田第二采油厂闻伟采油创新工作室

王芳的飞速成长也离不开创新工作室的帮助。加入创新工作室之初，王芳只是一名普通工人，2020年7月，她参加了闻伟创新工作室组织的集体公司技术交流活动，收获满满的她于当年完成了初级技师考试，"创新工作室是我人生道路上的一盏明灯。"

创新工作室成员唐永辉是闻伟的徒弟，在闻伟的悉心引领下，他成长为首席技师，"我也有了自己的徒弟王海珍，她也是创新工作室成员，闻老师毫无保留地把自己的经验和技能传授给我，让我也当上师傅。我把学到的东西悉数分享给别人，我的徒弟参加采油工职业技能竞赛还荣获采油工一等奖。"

创新工作室给予大家的不仅是技能的提升，更是精神的洗礼。王芳回忆起她作为创新工作室成员参与的"原油储罐智能监控报警系统"项目的研发，她无数次和闻伟跑现场、测参数、录取资料、记下遇到的问题、反复研究、不断探索，"闻伟用行动一点点感染着我，我不仅学到了很多知识和技能，创新让我们工人得到很多实实在在的好处，此外，闻伟身上的精益求精的大国工匠精神，始终激励着我。"

2022年，由于反复变化的疫情，生产一线面临人员力量不足、部分工作无法开展的问题，闻伟带领创新工作室又开始攻坚解决具体问题。

长期从事一线设备维修，闻伟熟知抽油机调平衡工作，从中他也发现了新的创新点。调平衡常规操作有三种方法：一是由几名员工站在减速箱上来回晃动、移动平衡块；二是利用

● 闻伟在维修液下池泵电机部分

摇把调节平衡块；三是利用吊车移动平衡块。在闻伟看来，三种方法均有弊端：第一种方法安全系数低，操作风险大，极易发生人身伤害；第二种方法需要操作平台，不易实现；第三种方法需要利用吊车，成本过高。

能否研发出一种完美的调平衡装置呢？闻伟请教了专业人士，深入学习工程流体力学相关知识，决定利用液压原理实现机械功能的轻巧化、科学化和最大化。经反复试验改进，2022年初，闻伟带领团队进行液压拆装抽油机平衡块螺栓及调节平衡装置研发成功。运用该新型装置，只需2人、用时30分钟，不用抡大锤就可以快速完成调节平衡操作，与此前相比，节省时间、人力且安全易行。

2022年，油田公司将"节电1亿元工程"确定为年度"十大重点工程"之一。面对严峻的节电降耗形势，闻伟再次迎难而上。

4月末，闻伟发起线上节电增效技术交流活动，与来自油田公司11家单位的65名高级技师、首席技师、技能专家齐聚一堂探讨技术节电措施。闻伟与团队成员一起整理汇总各工作室深度节电探索先进技术和关键措施，通过共享，助力各工作室打通基层节电工作中涉及的重点、难点、痛点问题，为生产一线有效节电发挥出智库作用。

同时，闻伟紧锣密鼓地在电加热杆、管道保温防冻装置、原油储罐加热装置等8类设备设施中进行节电技术改造。以优化油井当前工作制度为切入点，以满足其生产技术要求为前提，闻伟通过监测油井回压的实时变化，设定出油井管道保温防冻装置最佳加温时间，使一口油井月节电可达540千瓦时。针对原油储罐电加热杆，闻伟通过安装微电脑时控开关来提前设定电加热杆开启和关闭时间，起到了既节约电量又降低员工劳动强度的作用，实施后月节电达到650千瓦时。

2022年，为获得技术创新的高阶突破，闻伟又开展第三代抽油机井口固定装置研发工作，从提高技术精度和扩大适用范围两方面对前

在修旧中创新　在利废中创效
——记华北油田第二采油厂闻伟采油创新工作室

期设计进行了深度改进并试验成功。该装置主要采用安装表套稳固装置的方式实现对套管的固定，工艺投资费用小、治理周期短且不损伤套管，与常规降套工艺相比治理周期大幅减少。在随后开展的对套管上窜井集中隐患治理工作中，闻伟全程参与井口固定装置的安装和调试工作，确保装置安装符合安全及生产技术要求。通过对69口井安装使用，累计减少原油损失450.45吨，节省治理资金497.1万元。

● 闻伟在现场试验抽油机曲柄销子撞击扳手

......

又到夜幕降临时，吃罢晚饭后，厂区的家属院广场热闹起来，人们兴高采烈地跳广场舞、打篮球、练太极……石油工人们在结束了白天的繁重工作后，尽情地享受着生活的愉悦。

而此时的闻伟，又钻进了他的车库里践行他的创新梦想，这里是他精心打造的第二工作室，也是属于他自己的小天地。

下一步，闻伟将带领创新工作室继续在智慧油田建设上寻找突破点，"希望通过我们的努力，让一线兄弟姐妹的工作轻松一些，也希望能吸引更多创新爱好者参与到创新工作室中，带动更多人实施创新工作，帮助更多普通员工成长为技能专家，享受创新乐趣，促成大家在平凡岗位践行大国工匠梦想，用创新和使命书写精彩人生。"

让创新活力竞相迸发

——记华北油田第三采油厂冉俊义创新工作室

□ 颜 珺

让创新活力竞相迸发
——记华北油田第三采油厂冉俊义创新工作室

在华北油田公司第三采油厂的创新工作室里，陈列着数十张国家专利证书。宽敞明亮的展示厅里，"深入一线、立足本职、开拓创新、提质增效"几个大字格外醒目。

2016年，冉俊义创新工作室成立。主要负责厂技术革新、节能降耗和降本增效工作，打造知识型、技术型、创造型人才队伍。

自成立之日起，工作室始终以习近平总书记"要进一步夯实创新的基础，加快科技成果转化，加快培育新兴产业，锲而不舍、久久为功"的重要指示精神为行动指南。一批"从0到1"的原创成果竞相涌现，成立第二年，就凭借突出的创新成果获得河北省"劳模和工匠人才创新工作室"和河北省"工人先锋号"的称号。

从"量油标定车"到"防冻式收气阀"再到"密闭加药装置"，以解决现场难点问题为出发点，坚持深入基层、贴近一线，开展创新攻关活动，取得显著成效，创新工作室是专业发展的"助推器"；从"合理化建议"征集到"金点子"落地实施，着重将形成的专利、技术等转化到生产经营实际应用中，创新工作室是技术创新的"转换器"；从"金牌工人"到"技能专家"再到"五一奖章"获得者，逐渐成为职工发明创造大舞台、能工巧匠的摇篮，创新工作室是人才培养的"孵化器"。

创新是"比拼赛"　　需要未雨绸缪的远见

"从来不打没有准备的仗"是冉俊义经常挂在嘴边的一句话。创新，就是一场做足准备的仗，让他真正意识到这一点的正是技能等级证备考的那段经历。

2000年初，冉俊义在报纸上看到了技师证公开考试的相关报道。"这是一个信号，意味着我们国家开始注重技能人才的培养，对技能工人将来的发展是十分有利的。"

当冉俊义信心满满准备报名参加考试时，才发现仅有初中学历的他，在报考条件上就遇到第一个坎儿——高中文凭才可报名。于是，他主动参加了厂里组织的文化课培训，铆足了劲儿想要补齐自身短板，为提升学历做准备。

"白天认真工作，晚上学习文化。"获得同等学历证书以后，他又开始学习专业知识。"当时没有人教专业课，问了很多同事才借来两本教材。一本白天在作业区休息时看，一本晚上带回去在家看，有时候外面太吵看不进去书，我就开始动手抄。"

无论日常工作多么繁忙，他始终不忘拓展业务知识，不断学习《电焊工》《现代焊接》等各种相关书籍和理论知识，对各项业务知识都有了详

● 冉俊义（原带头人）在生产现场进行焊接作业

细的了解。每天晚上他像过筛子似的认真学习每个知识要点，同时细心观察焊接过程中每一个细小变化并做好记录，仔细进行分析比对。终于在把书抄到第三遍时，冉俊义已经熟练掌握了每个专业名词的含义。

然而光有理论知识还不行，技师证的考试分为理论和实操两个部分。冉俊义心里清楚：想学好电焊，必须先把基本功练好。

士因习而勇，能因练而精。作为电焊工出身的冉俊义，深知这一点。为了练好基本功，冉俊义白天在单位认真学，晚上回到家还拿着铁钳夹上一支毛笔，在地上、墙上练运弧，练手、胳膊和眼的配合，为了练好腿上的基本功，他吃饭时总是蹲在地上，有时候晚上做梦还梦到在练焊接时的动作。

功夫不负有心人，冉俊义熟练地掌握了各种焊接技法，成为远近闻名的"金牌焊工"。他坚持高标准、严要求，对自己所焊的每一道焊口都认真负责，确保焊一道合格一道，决不允许出现质量问题。25年来，他累计完成焊口3万余道，焊口一次受检合格率和优良率达96%以上，被誉为"信得过焊工""免检焊工"。

没有条件，创造条件也要上。凭借着这股子拼劲儿，在备考第三年一次性通过了技师证的理论和实操考试。

"真正的创新就是从拿到技师证那一年开始的。"2003年，技师证像一把钥匙，开启了冉俊义的创新之路。

备考技师证的经历让他意识到：创新，不是无源之水、无本之木。看似是新的，其实是从"旧"中来。对旧技术的熟稔，加上立足于岗位的创新思考，二者碰撞的电光石火间，才能产生更先进的技术、更先进的方法——"冉式焊接法"就是这样诞生的。

传统的新管圆周焊涵盖平焊、横焊、立焊及仰焊，由于作业空间的局限性，仰焊最难把握。"冉式焊接法"反其道行之，先在焊材一边割开天窗，从管材内部进行爬坡焊，最后再平焊外部天窗，操作简单易行，焊接成功率大幅提高。

"总有'看不惯'的地方，就会总有想创新的地方。"多年来，在创新发明的道路上，善于观察、爱动脑筋的冉俊义，总能从生产上遇到的困难中获取灵感，从而制定一个个创新目标，创造出多项技术革新成果。

从2003年至2010年，他带领团队共研制各类创新成果12项，获得国家专利5项，累计节约和创造经济效益5000多万元，创造了施工安全、优质、环保等领域难以评估的社会价值。因此，他也被评为河北省百名能工巧匠、河北省燕赵金牌技师、集团公司技能专家等。

这些成果，为成立创新工作室打下了基础。

一系列的创新成果，很快让河北省科技厅注意到了他。于是，在省总工会和集团的大力支持下，冉俊义创新工作室获批创建，成为采油三厂第一个创新工作室。

工作室成立的第二年，冉俊义和他的团队就接到了一个棘手的任务。长期以来，华北油田大部分抽油井套管天然气无法有效回收是一个"老大难"问题。然而，在领导将任务交给了一向爱啃"硬骨头"的冉俊义之后，仅仅用了三天，冉俊义就带领工作室交出了解决方案。

传统装置在一定程度上回收了套管天然气，但存在冬季容易冻堵的现象，给日常检修工作带来诸多不便。部分采油单位甚至会将套管天然气直接放入大气层，不仅白白浪费了天然气资源，还存在火灾安全隐患，也造成了环境污染。

"接到任务后，为了想方案两天两夜没吃好饭没睡好觉。"冉俊义化压力为动力，带领工作室小组成员深入现场分析研究，掏出小本子

让创新活力竞相迸发
——记华北油田第三采油厂冉俊义创新工作室

在纸上记着画着,然后来到作业区创新工作室找出绘图板画草图。起初他是想在外部供热上下功夫,但是到井上试验了几次都不太理想。

"创新慢了不行,但急功近利、违背规律的创新也要不得。

● 张文超(现带头人)在一线解难题活动中调试设备

尤其是技术创新绝非易事,没有速成捷径,定力、毅力和耐心缺一不可。"在冉俊义的感染下,工作室的每位员工都清醒认识到这一点。

不能就这么放弃,他干活休息都在想:如果外部没有可以利用的热源,是不是可以利用油井自身的液量做热源来保温,这样既保证了油井供热,也提升了天然气利用效率。顺着这个思路,终于在第三天他画出了"防冻式收气阀"的设计草图,领导看后十分满意,当即决定量产,并在全厂进行推广。

看似寻常最奇崛,成如容易却艰辛。灵感并不是从天上掉下来的,其实早在任务下达的三个月前,冉俊义就已经注意到了这个问题。"在外人看来,也许这个思路很简单,可能都算不上创新,但是能拿出这个设计草图,绝不是这三两天的功夫。"从那个时候起,冉俊义就一直在思考改进方案,正是这样的日积月累,才奠定了后来收气阀设计上的成功。

"防冻式收气阀"当年创效2000万元,在河北省科技质量评比中获得了省特等质量科技成果奖,同时冉俊义创新工作室QC小组获得了全国优秀质量管理小组，得到了公司安全环保处、工程技术部、科技信息处和规划计划处四单位的认可。第二年，安全质量环保处下拨资金400万元，继续在全公司推广526套。除了经济效益，此项创新在提升安全系数、减少环境污染方面具有长远的、不可估量的社会效益。

技术创新，绝非一朝一夕之事，冉俊义做足了准备。春华秋实，机会总会青睐有准备的人。无论是提前三年备考技师证，还是提前三个月思考解决方案，冉俊义带领整个工作室能够一直想在前面、做在前面，靠的就是未雨绸缪的远见和敢为人先的决心。

创新是"突围赛" 需要敢闯敢试的勇气

说起创新方法大赛，创新工作室成员张凯的话一下子多了起来。"每年一度的创新方法大赛，总是最让人期待的，公司领导和冉师傅都特别注重各种创新比赛，尤其是大家团结协作，通过不断地备赛参赛去发现问题，像闯关一样克服重重困难，最终获奖那一刻特别振奋人心。"从一名集输工成长为公司的首席技师，张凯在一次次参赛中受益匪浅。

以赛促创，是冉俊义创新工作室保持创新的秘诀。比赛为员工创造了交流技术、展示技能的平台，真正实现了以赛促学、以赛促训、以赛促建，激发员工刻苦学习、练好本领的主动性，对全员技能素质整体上台阶起到了良好的促进作用。

工作室内展示了采油三厂获得的87项国家专利以及15项重要创新成果等。2018年"研制套管天然气回收防冻装置"获河北省特等质量科技成果、2018年QC小组获全国优秀质量管理小组、2019年"研制油井井口带压添加药剂装置"获河北省质量管理小组活动二等成果、

让创新活力竞相迸发
——记华北油田第三采油厂冉俊义创新工作室

2020年"降低抽油井集油管线回压加药装置的研制"获华北油田公司质量管理小组一等奖、2021年"抽油井井口降压装置"在河北省创新大赛中获得了一等奖……

"这些就是最好的证明，是荣誉，也是激励我们下一次创新的动力。"张凯说。

除了参与国家级和省级的大赛，工作室还在单位内部常态化开展"金点子""五小发明"等创新方法征集比赛，引导职工聚焦现场难题，将问题变课题。

"近两年，我们创新的脚步从未停止过。"刚刚参加完一场"一线难题"线上研讨会的公司技术专家段卫英说。

"间38井应用新研制的油井回压降压装置后，回压从3.0兆帕降到了1.5兆帕。""这个装置结构简单，操作方便，解决了大问题！"采油三厂河间作业区生产微信群里热闹了起来。

为确保八里庄油田、河间油田的油井冷输系统正常运行，该厂河间作业区充分利用数字化设施，密切监测单井运行情况。经过一段时间的运行、监测、分析，技术人员发现，冷输运行后，由于管线距离长、无伴热，加药的同时不能加水冲洗，使外输管线回压过高，易导致管线泄漏、分离器不能量油等情况出现。

如何调控油温、

● 张文超在一线解难题活动中调试设备

控制回压，彻底消除这些"疑难杂症"呢？河一联合站大班员工、集团公司技能专家冉俊义主动请缨，带领一班喜爱发明创新的"牛人"开启了研究之路。传统的单井集油管线降压的方法是通过套管在井筒内添加药剂，再用清水将药剂冲洗到井底，此种方法药剂用量大、见效慢；如果通过热洗车洗井使集油管线降压，在操作过程中，井口又会受高温影响，套管易上窜，清除的蜡块也易堵塞管线。

传统的方法存在弊端，创新改变势在必行。"可以研制一个在井口直接给管线加药降低回压的装置，保证集油管线清蜡降压。"冉俊义提议道。"药方"一经开出，大家立刻分头行动。有绘制图纸的，有计算数据的，有制作配件焊接安装的……经过反复研究、试验，油井回压降压装置终于研制出来，并首次在西275-6井成功应用。

目前，此装置已经在河间作业区西47-32井等5口油井投入使用，有效解决了集油管线回压高等生产难题，减少了热洗车使用次数，提高了开井时率，预计年可节约成本70余万元。

"每次的研讨会都是一场头脑风暴。你发现一个难题，我提供一个思路，他提供一个更好的思路，大家集思广益，许多'合理化建议''金点子'都是在这一过程中产生的。"段卫英说。

2018年"关于应用新移动式井口房的建议"获金点子征集活动一等奖、2019年"防盗式压变保护装置的研制与应用"获合理化建议成果一等奖、2020年"维护维修抽油机曲柄销子操作平台的研制与实施"获合理化建议二等奖、2020年"防滑托千斤顶的研制与应用"获金点子征集活动二等奖……每月一次的线上研讨会，在现场"疑难杂症"攻关中发挥了"突击队"作用，着力解决生产难题，取得了实实在在的效益。

心心在一艺，其艺必工；心心在一职，其职必举。近年来，充分发挥主观能动性，沉下心、放开眼，脑力全开，把"想法"变成"办法"，在修旧利废、降本增效、创新创效等工作中，冉俊义创新工作室之所以能够像一匹快马脱颖而出，最核心的因素就是敢于创新、敢为人先。通过技能竞赛，工作室促进岗位练兵、岗位成才，提升现场管理水平，切实将"三基"工作落到实处，营造"比、学、赶、帮、超"的工作氛围，培养了一批会操作、会设备维护维修，懂信息技能、通人工智能技术的复合型技能人才，加快了油田数字化转型。疫情防控期间依托线上练兵软件，鼓励员工积极学习理论知识，并与集团公司22家单位"隔空较量"。通过天天练、周周赛的形式，营造全员学技能、提素质、促成长的良好氛围，助力操作员工练就扎实的基本功，队伍整体素质显著提升。

创新是"接力赛" 需要薪火相传的延续

"五一奖章""河北十大工匠"获得者刘美红、华北油田"金牌工人"张文超、公司"能工巧匠"杨红……这些人都有一个共同的名字：冉俊义的徒弟。创新工作室不仅创造了经济效益，还成为技能人才的摇篮，在人才培养方面发挥了重要作用。

"好学肯钻的年轻人，都是我的徒弟。"冉俊义一直坚持参加作业区组织的员工培训活动并且每周至少讲课2小时，"只要是员工愿意听、愿意学，我就会不厌其烦地进行讲解，把自己知道的、体会到的传授给大家。"

在担任作业区培训教师期间，他毫无保留地把自己掌握的知识和经验传授给员工，并把多年来的学习体会和创新心得与大家交流，不断激发起员工学习业务知识的动力和热情。同时，他积极学习培训技巧，转变培训方式，根据员工在生产现场经常遇到的问题撰写

• 张文超主持创新工作室交流活动

培训材料,通过把培训现场延伸到岗位的方式,把原来枯燥无味的课堂文字讲解变为生动、实际的互动教学模式,增强了员工的学习兴趣和培训效果。

一枝独秀不是春,万花争春才娇艳。多年来,在创新工作室开展"以师带徒"的活动中,冉俊义始终用一份责任和爱去指导帮助,带出了一批生产上不可缺少的创新人才。

在"师带徒"活动中,他根据所带"徒弟"的基本技能情况,制定详细的学习目标、计划和措施,制定科学合理的"学习套餐",并结合不同的学习阶段适时进行调整提高,真正做到因地制宜、因材施教。

在他的带动影响下,河间作业区员工的技术素质有了明显提高,作业区员工多次在厂技术对抗赛中成绩名列前茅。经过多年的努力,现在共培养出采油技师5名、集输技师2名、采油测试技师2名、电气焊技师1名。

提起徒弟,"最为突出的是刘美红,他是我的徒弟更是我的好兄弟,看到他发展越来越好,我是真心为他感到高兴。"冉俊义自豪地说。刘美红先后获得了河北省"十大工匠""金牌工人""五一奖章"。其中,全国"五一奖章",是第三采油厂成立以来的员工获得的最大殊荣。如今,他本人也有了创新工作室,与冉俊义创新工作室一同携手打造三厂品牌。

让创新活力竞相迸发
——记华北油田第三采油厂冉俊义创新工作室

"冉师傅永远是吃苦在先,任劳任怨,最宝贵的一点是特别无私。对我们,师傅从来都是毫无保留地传授经验;对兄弟单位,也会无偿将发明专利进行分享。"提到师傅,段卫英充满敬畏地说。

创新骨干们三五成群,或边观摩边拍照记录,或拿起工具揣摩交流原理,或探讨研究其中创新玄机,这一幕在冉俊义创新工作室成果展览间时常上演。

一次,采油五厂的技术骨干来到工作室交流学习。冉俊义从基本情况、运营管理、作用发挥、下步计划等四个方面进行创新工作室的介绍。油田公司技能专家许杰、张勇等5名采油、集输技师分别分享了各自的创新成果。

"我们双方就三相分离器腐蚀问题、闲置油井防跑冒、井下清洁环保作业等生产中遇到的各类难题进行了深入交流探讨,大家深刻意识到将技术革新转变为油田发展生产力的重要性。"一名参与交流学习的采油五厂技术骨干总结道。

融洽而热烈的气氛彰显了创新创效的强大吸引力,碰撞出了智慧的火花和创新的灵感。

"我们以后要增加这样的交流学习,立足岗位,创造出更多能实实在在解决生产难题的成果,把成果推广应用了,这才是我们创新的初衷!"在参观完冉俊义创新工作室后,采油五厂技能专家苏国庆如是说。

这些正是冉俊义创新工作室对内交流学习,对外协同创新的一个缩影。

近年来,为促进员工知识结构和技能水平不断提升,创新工作室还同教培中心联合筹划,按季度组织开展练兵活动,采取"专家课堂""技师一线行"等多种形式,坚持将业务理论学习贯穿于练兵活动的始终，专门抽调经验丰富的技能专家、高级技师组成授课小组，通过集中教、单个帮，围绕计算机知识、制图技巧、管路安装等方面内容进行详细讲解和现场示范。截至2022年，共为一线授课13场，累计300余人参加学习，使员工综合素质不断提升。

创新你追我赶、竞争激烈的公开赛，更是一棒接一棒的"接力赛"。一棒接着一棒跑，一年接着一年干。创新工作室以传承技术、培养人才为己任，坚持依岗选才、按岗育才，以建立专家型、骨干型、稀缺型的人才梯队培养模式为载体，为技能人才实践锻炼、技术交流等搭建平台，通过导师带徒、员工培训、技能竞赛、技术攻关，培养出大批技能人才、青年工匠。这背后，正是"咬定创新不放松""板凳甘坐十年冷"的传承。

下一步，工作室将继续深化技能人才队伍建设，跑好技能创新这场"马拉松"。持续依托培训基地、钉钉等平台开展"线上+线下"培训，将日常培训和重点培训相结合，加强实操练习，抓训练、强基础，积极实施导师带徒、职业技能竞赛、数字化培训等人才培养措施，扩充数字化油田学习内容，为油田高质量发展和数字化油田建设提供坚强的人才保障。

创新无止境，追求无止境。冉俊义是个永不歇脚的人。谈到未来规划，59岁的冉俊义很坦然，"虽然马上退休，但这并不影响我创新的脚步。今年，我想带着工作室的年轻人一起，加快'密闭加药装置'的研发，尽量在明年把这项技术应用并推广出去，为三厂贡献全部的力量。"

创新精神已经融入了冉俊义和创新工作室每位员工的血脉，也融入了采油三厂高质量发展的脉搏。未来，工作室将为采油三厂员工快速成才、技术交流、成果推广应用及反馈继续搭建平台，为有效激发员工的创新热情和创造活力添柴加薪。

让创新活力竞相迸发
——记华北油田第三采油厂冉俊义创新工作室

加快管理创新　培育肥沃土壤
——解密冉俊义创新工作室的创新管理体系

颜　珺

一粒种子,只有遇到合适的土壤才能生根发芽。"要把创新工作当作一项系统工程,形成自上而下的创新管理体系,才能充分发挥员工的创造性,为企业带来更大的效益。"华北油田第三采油厂教育培训中心培训业务负责人刘丽红表示。

创新工作室是职工技术技能创新与管理创新相结合的重要平台。冉俊义创新工作室屡获佳绩,与完备的组织结构密不可分。为此,华北油田公司第三采油厂专门为创新工作室成立了组织机构,由党委书记任名誉会长,副厂长、党委副书记为副会长,人事科长、办公室主任为秘书长,冉俊义作为负责人。下设"科学技术小组、合理化建议小组、员工基础创新小组、QC创新申报

● 张文超带队参加河北省创新大赛决赛

小组、专利立项申报小组、新技术推广小组、论文审核申报小组及青工培训小组"8个技术小组和12个技能创新小组，现有集团公司技能专家1人（冉俊义），公司技能专家12名，首席技师5名（现为集团公司特级技师）。

加强顶层设计　鼓励全员创新

"如果说技术创新决定着生产单位的年产品任务的完成和日产品的质量保证，那么管理创新则决定着员工的精气神，反映着整个团队的整体素质、整体形象。"冉俊义表示。在教培中心的推动下，工作室坚持落实落细《第三采油厂高技能人才管理办法》《第三采油厂高技能人才考核细则》《第三采油厂高技能人才师带徒目标》等制度，从顶层

● 张文超为勘探和炼化专家讲解创新成果

设计上拉开了一场鼓励全员创新的序幕。

清晰的评选和聘任条件，使创新工作室的工作井井有条。工作室把参评人员政治标准放在首位，选拔出政治思想觉悟高、德才兼备、有团队协作精神、具有良好的职业道德和精湛的技术技能、在工作中能够切实发挥骨干带头作用的人员。对聘任的人员，在工作任务、技艺传承、技术成果等方面做了明确的要求。

此外，工作室密切关注技能专家的工作、学习等情况，一直执行专家例会制度。技能专家对本单位技师小组活动情况、现场解决生产难题情况、操作规程修订与执行情况、带徒进展情况等方面进行汇报。对生产过程中出现的难题，探讨解决问题的办法和途径，以降本增效为突破口，以问题为导向，解决生产难点热点问题。

为充分做好"传帮带"工作，在人才考核上，对分值进行了修改，创新增加了否决项。通过对徒弟进行测试考核，检验"师带徒"培养计划目标完成情况，对基本功、技能提升、岗位规范及创新创效方面做了细化的说明，要求涵盖学习目标、阶段性计划、有实施方案、有解决过程及完成情况等方面。坚持"学、带、练"三位一体，广泛推进各层级岗位练兵、技能竞赛活动，将生产现场作为学堂、考场，号召员工在干中学、在学中练、在练中比、在比中创。确保师徒协议落到实处，促进师徒共同提高，最大限度地发挥高技能人才作用。

完善激励机制　让创新才智充分涌流

企业高质量发展靠什么？冉俊义创新工作室给出的答案是：让员工在企业提质增效中"唱主角"，充分挖掘群众智慧，全力培育全员创新精神，以此源源不断激发企业高质量发展的活力和动力，让

● 张文超在工作室交流活动中讲解创新成果

"金点子"实实在在转化成了企业增效的"金豆子"。

一直以来，华北油田高度重视创新工作室的工作，形成职工创新智慧竞相迸发、创造潜能充分释放、创新成果大量涌现的良好局面。

员工是企业财富的创造者，更是企业提质增效发展的源泉。创新工作室加大员工岗位创新奖励力度促转化，设立年度创新奖励基金，根据创新成果的创效情况、普及率及社会效益，进行评比奖励，并把员工岗位创新作为年度厂劳模和各项先进的评比重要条件之一，同等条件优先考虑。

工作室将打造一支素质好、能创新的员工队伍作为发展重任。强化激励机制，在经费、成果评审、表彰奖励、职称晋级等方面全力支持，让生产一线、科研岗位、管理岗位热衷于创新的员工脱颖而出，也让善于创新、能出效益的人受到应有的褒奖。创新创效正在成为员工成长成才的一条新路，员工参与创新的积极性和主动性不断增强。

近年来，多形式平台成为员工创新成果脱颖而出的重要载体。工作室以"金点子"活动为抓手，通过全面开展QC成果、五小成果、企业管理创新成果征集等活动，为员工搭桥引路，让生产一线的能工巧

让创新活力竞相迸发
——记华北油田第三采油厂冉俊义创新工作室

匠和善于钻研、擅长攻关的"小诸葛"身手得以展露。充分调动与激发了员工的积极性和创造力,实现了创新活动与生产经营的深度融合、同频共振。

同时,工作室通过新媒体、形势任务宣讲等载体,大力宣传创新对企业高质量发展的价值和意义,促使创新理念深入人心,参与创新的员工越来越多。采取"走出去,请进来"的方式,通过参观成果展、送外培训及请院校教授和厂商技术人员为员工现场授课等举措,进一步提高了各岗位员工的综合素质和创新能力。通过坚持树立典型、宣传先进、加强交流,进一步增强了员工创新工作的辐射力和带动力,通过创客经验分享、成果现场展示会等,及时将先进经验、成功典型宣传开来,"劳动光荣、创造伟大"已蔚然成风。

让创意变项目，让项目变成果，让成果变效益

——记华北油田第三采油厂刘美红创新工作室

□ 周小平　易先密

让创意变项目，让项目变成果，让成果变效益
——记华北油田第三采油厂刘美红创新工作室

创新，是发展的第一动力。习近平总书记说：要勇于创新，做创新发展的探索者、组织者、引领者。

当创新成为新时代的最强音，员工技术创新也进入了新时代。在中国石油天然气股份有限公司华北油田公司第三采油厂多年发展历程中，员工技术创新活动始终坚持"服务企业发展，服务员工成才"宗旨，传承弘扬劳模精神、工匠精神，以实干加巧干的朴素科学精神，不断推动技术创新和管理提升。

2005年，刘美红创新工作室应运而生，它逐渐成为促进一线技能创新人才发挥聪明才智、推进智慧油田建设的重要载体和平台。该平台将有知识、有技术、有胆识、有能力的优秀人才汇集在一起，以弘扬"诚信、责任、创新、奉献"核心价值观为重点，抓住"创新"这一主题，深入开展"五小"创新活动，让一线优秀人才在各项创新实践活动中充分施展才能，并有效地直接作用于生产环节。

近年来，创新工作室逐步涌现出许杰、何世浩、芦定丰、姚兴凯等一批金牌工人、能工巧匠、创新明星，完成创新成果160多项，发明专利5项，实用新型127项。

从实践痛点中萌生创新灵感

大众创业、万众创新的时代，石油企业也不例外，完成原油生产任务，保障国家能源稳定是重中之重。创新可以带来经济效益，可以改善落后工艺，还可以消除生产中可能出现的安全隐患。

创新的灵感从哪儿来？

一次，刘美红带着工人去更换一条抽油机皮带。以往，工人在更换皮带或调整皮带松紧时，会直接将皮带挂在大小皮带轮上启抽，这种做法不但会损伤皮带、缩短皮带使用寿命，而且会对电机轴、轴承造成一定损害，给生产带来安全隐患。"可是，抽油机的电机固定螺栓因防盗都被焊死了，不这样做根本没法更换。"为了延长皮带的使用寿命，同时确保抽油机安全运行，刘美红经过无数次试验，最终成功研制出一种快速更换、调整皮带的装置。

"创新灵感，要从实践痛点中来。"这是刘美红常常对徒弟们说的一句话，作为创新工作室的领衔人物，刘美红对油田一线有着难以割舍的特殊感情，扎根基层35年来，他的目光总是瞄向工友们认为最苦最累的活，想方设法为大家排忧

● 刘美红在整修无线示功仪

解难。"我的创新成果也来源于这里。"刘美红说。

1987年,刘美红从技校毕业踏上了"石油工人"之路,入行以来,他不断钻研学习,攻坚克难,开启"创新探索之门",从一名学徒工成长为行业中的佼佼者。2013年被命名为第四届"河北省能工巧匠"、河北省设备管理维修技术能手、河北省招标评审专家,2018年被授予"河北大工匠"荣誉称号,2019年被评为河北省"金牌工人"并荣获河北省五一劳动奖章,刘美红创新工作室也被评为河北省劳模和工匠人才创新工作室,2021年荣获全国五一劳动奖章。荣誉背后,是不忘初心的坚守。

"石油行业不是一门只会苦干的粗活,石油工人要想干出水平,技术的提升很重要。"怎么才能把活干得更巧、更快?这个想法让刘美红开始了革新之路。

俗话说,努力做事只能把事情做对,用心做事才能把事情做好。在日常工作中,刘美红不仅做到认真执行规定、规范、要求,更是把规章和规律有机地结合起来,灵活地加以变通运用,创新优化。在岗位上,每次每口井计量标定完时,哪口井、什么问题、怎么解决的,他都会分门别类详细记录下来,这样在下一次的计量标定时遇到同样问题就容易解决了,因为记录多了,总结多了,也使得他在技术方面找到了创新点。

2004年底,由于工作需要,刘美红从中国石油华北油田分公司第三采油厂输油工区调到饶阳采油工区。当时,饶阳采油工区有油井127口,集输管线8条。有一段时间,不法分子在集输管线上装阀门钻孔盗油猖獗,再加上集输管线老化造成的腐蚀,严重影响了工区的正常生产和管理。

停井、停输、泄压、焊补,这是当时普遍采用的方法。"平均焊补一处漏点需要三四个小时,有时候工人们一天要堵好几处,忙起来连饭都顾不上吃。"刘美红说，想要缩短工作时间，就得彻底改变原有的工作方法。"不停井、不泄压，直接焊补是否可行呢？"刘美红把想法告诉工友们，大家都觉得有些不可思议。如果不停井、不泄压，就意味着原油会源源不断地从漏点泄漏出来，不但污染环境，还会增加燃爆的隐患。没有一个人觉得这个办法靠谱。那段时间，刘美红连吃饭睡觉都在琢磨这件事。他连续十几天没有回家，多次深入现场琢磨研究，最终研制出了"集输管线带压补漏工具"，实现了输油管线带压补漏，避免了停井泄压影响产量。就这样，他把大家不敢想的事变成了一件人人夸赞的事。

在采油生产现场，岗位员工更换前毛辫子操作时存在安全隐患，为了解决这一痛点，姚兴凯将该"问题"带到创新工作室，最终通过研制一种特制的毛辫子提升接头来解决。

"创新要长期扎根现场，善于观察，有机会就能'灵机一动'。"作为创新工作室的骨干，许杰认为，随着油田生产模式向数字化转型，创新工作室的主要任务就是要解决采油、集输相关的数字化设备故障、生产难题、提高数字化运维效率。所以，生产一线是创新灵感的最好来源。

交流碰撞推动创新项目落地

创新是企业发展的不竭动力。作为企业创新的重要阵地——职工创新工作室，鼓励了更多一线职工和班组参与到创新工作中来，研发出诸多与生产紧密联系的创新成果。创新工作室也成为创新成果转化应用的平台。

"在采油生产现场，工人更换前毛辫子操作时还存在不少问

让创意变项目，让项目变成果，让成果变效益
——记华北油田第三采油厂刘美红创新工作室

题。"2022年年初，53岁的老员工姚兴凯，在更换抽油机"毛辫子"时突发奇想，想要设计一个工具减少更换时的人力。他将自己的"奇想"带到创新工作室例行讨论会上。

● 刘美红讲解抽油机连杆拆卸工具

"从驴头上拆下的废毛辫子从高空扔下来，会砸坏井口的设备。"当姚兴凯抛出问题，大家在会议上跟着响应起来。

"由于是高空作业，基本上会有较大的心理压力，的确存在很大安全隐患。""钢筋制作一个整体呈L状的不规则圆环，你们看怎么样？"……讨论会上，创新工作室的工友们你一句，我一句，一场激烈的"头脑风暴"就这样开始了。

这一讨论，思路越来越宽了，办法是否可行，实践出真知。当方案出现分歧，各方制作出来工具，用数据说话。

最终，根据大家伙意见，姚兴凯研制出一种特制的毛辫子提升接头工具。因其成本低廉，效率极高，该创新方案被厂里采纳。目前，该方法已经在饶阳采油作业区进行了推广，大大缓解了岗位操作员工操作中的心理压力，节省了体力、缩短了操作时间，同时也消除了废毛辫子下落时砸坏井口设备的风险。

"每次遇到技术难题，我们就在一起讨论，点子多了，方法就多，最后再一起实践，解决问题。"姚兴凯说，每次想到新点子，他都会第一

时间带入工作室,与创新工作室成员们一起"碰撞",然后满怀期待地去探索实践,最终促成问题的解决,并推广应用于实践。

像这样集中讨论—给出方案—解决问题的模式,已成为刘美红创新工作室行之有效的工作模式。

"我们通过经常性开展布谷鸟群、微信群等技术讨论交流,激发团队成员主动学习的积极性,为科学有效地开展技改创新活动提供重要保障。"何世浩是创新工作室的成员之一,在他看来,创新工作室的成员来自各个岗位,大家平常有各自的工作,不能时刻聚在一起,这让"微课堂"为代表的"小而精"的培训成为创新工作室培训的主流。在这里,每一名员工都成为"小教员",利用自己的亲身经历进行经验分享,人人都参与进来。

●刘美红在对创新成果进行尺寸测量

"多年来,大家已经习惯在生产一线中发现问题,找寻创新灵感;在工作外讨论问题,探索落地实施的可能性。创新工作室的成立,给我们一线工作人员提供了一个技术创新、破解生产难题的平台,在实践中面临的很多生产难题,在这里也迎刃而解。"在何世浩看来,团队的力量永远大于个人的力量。有交流、有思想的碰撞,必定会有升华。所以他格外珍惜每次交流碰撞的机会,总是提前准备,带着"问题"入会。

让创意变项目，让项目变成果，让成果变效益
——记华北油田第三采油厂刘美红创新工作室

充电蓄能提升团队创新实力

"人是决定工作质量的关键因素。要想不断创新，为企业提质增效作出贡献，团队所有成员就要坚持不断学习、培训，锤炼自我。"作为创新工作室带头人，刘美红常常打趣地和徒弟们说，后浪推前浪，前浪不努力就会被狠狠拍在沙滩上。为此，他不断提升自我，研究新教学、新方法。

白净的脸庞、鼻梁上架着一副金丝框眼镜，刘美红儒雅得像一名学者，如果不是身上那身红色工装，很难让人把他和一个常年在野外维修输油管道、油井的员工联系起来。

"师傅不仅有钻劲，对工作更是精益求精，54岁了还坚持学习，带着我们一起搞创新、搞发明。"刘美红的徒弟们都敬佩不已。作为创新工作室的带头人，刘美红一直坚持学习，从不懈怠。看书是他唯一的爱好，他涉猎面极广泛，就连女儿读大学时自动化方面的课本，他都看得不亦乐乎，并从中琢磨出关于"抽油机动态监护"的技术创新。

除加强自身学习，刘美红格外看重团队成员整体能力提升。在他的带头下，工作室根据班组员工培训需求，科学制定培训计划，针对不同层次的员工，采取不同的方式开展培训，保证所有人员都有机会得到适合有效的培训。多年来，他的"数字化运维模拟法""互动教学法""专利申请操作分解法"教学法，深受学员们的喜爱。

要坚持培训学习，同时也要跟上时代所需，在信息高速发展的今天，在大数据时代，数据为王，数据是开发的金矿，唯有发挥基础数据，"全、准、及时、应用"的功能，才能为后期生产决策、能源开发、能耗分析等提供可靠数据。饶阳工区作为采油三厂第一个数字化油田试点

工区。从单井设备、集油输送、联合站处理全程数字化监控,每个点的压力和流量都实时地反映到数控中心,为各层级人员掌握第一手资料提供准确数据。

为了数字化油田的正常运行,为了使员工尽快地掌握、使用数字化设备。创新工作室利用油井改注更换下来的智能柜组建了一个数字化油田模拟培训系统,可以对智能柜内的各种模块进行学习、故障设置、故障判断等操作,根据故障原因把各种数据模块的正常参数和不正常参数吃稳吃透,让大家根据数据控制中心发出来的报警指示,能做到快、准找出报警故障点,做到及时处理,在这里让大家把数字化油田软、硬件的参数、性能、维修技巧尽快熟悉起来,使这里成为员工学习、培训数字化操作、数字化软、硬件的平台。

通过此培训模拟系统平台,累计检测并修复压力变送器207个,处理并修复无线示功仪故障125台次,修复RTU控制柜故障426次,培训数字化油田运维员工200多人次,使得工区数字化运维完好率指标由46%提高到95%。

面对近年来石油价格的跌宕起伏和数字化油田建设的新形势新要求,创新工作室坚持不懈钻研专业技术,工友们利用业余时间阅读学习采油工程、通信信息等百余本专业书籍,查找相关资料,记录读书笔记和心得体会,积累了丰富的专业理论知识。

充电蓄能,提升创新实力

在刘美红创新工作室,既有个人学习的交流制度,也有集体学习交流制度。在个人学习交流方面,要主动围绕工作中遇到的问题,阅读有关理论书籍和文章,每季度至少阅读一本技术书籍和四篇技术论文;每

让创意变项目，让项目变成果，让成果变效益
——记华北油田第三采油厂刘美红创新工作室

名技师每年需按要求上交一份创新成果论文，并用于网络交流学习；发挥网络交流平台的作用，经常在技师交流群中与其他技师进行交流。

● 刘美红在工作中进行巡检

集体学习交流方面，每季度至少进行一次集中学习交流活动。围绕要解决的问题，在每次开展攻关前，组织小组成员学习有关的理论、方法和经验，帮助小组成员明确研究方向、找到方法和理论支撑。

这些年来，在刘美红的带头下，创新工作室的技能优势得到了有效发挥，突破了一项又一项技术瓶颈，创新出一个又一个的技术成果，解决了生产中的一个个难题，真正用实际行动践行了"工匠精神"，为数字化油田建设不断"添砖加瓦"。

创新成果转化，为企业降本增效

创新的目的是创造。创新成果的生命力在于转化为现实生产力。

推广是展示工作室创新成果价值的重要形式。

"我们每年都参加华北油田公司创新成果现场经验交流会，优选出的创新成果会在华北油田公司推广使用。"刘美红说。

此前，采油工区部分油井管线老化腐蚀，管线穿孔漏失严重。在刘美红的带领下，工作室创新研制出了"集输管线带压补漏工具"，可实现输油管线带压补漏，避免停井泄压影响产量。仅2005年，该项技术就获得直接经济效益780.5万元。

华北油田各采油厂主要以抽油机开采为主，为了在抽油机正常生产时录取井下数据，部分抽油机井安装了偏心井口，便于使用测井电缆将仪器下入井内预定层位录取数据。电缆马笼头的作用是连接测井电缆和下井仪器并进行信号传输，同时承受下井电缆和仪器的拉力和负荷。原有马笼头采用铜制中空圆柱体铠装锥套，容易造成仪器落井事故。为解决这一难题，创新工作室召开会议运用TRIZ创新方法对问题进行分析，经过大家的讨论，决定使用40条发明原理中的套装原理来进行解决，研制出新型铠装锥套，可有效避免测井电缆从锥套中拉脱从而导致仪器落井事故的发生。该成果已经在生产测井中成功推广应用，年节约仪器购置费用约69万元，并获国家实用新型专利。

采油生产现场更换抽油机皮带、调整皮带松紧时，需携带多种工具，需2名以上人员共同耗时30分钟以上才能完成，如果遇到电机螺栓焊死，还会对电机轴承、底座造成损害，存在安全隐患突出、效率不高的问题。创新工作室经过反复多次试验，成功研制了"快速更换调整皮带装置"，该成果得到推广应用，每年创效达300多万元。

针对压力变送器在野外工作环境下传感器测量孔易堵塞，油井生产数据不能

● 刘美红在进行难题公关

实时回传中控室、影响生产运行正常监测的情况，在刘美红的带领下，创新工作室组织攻关研制出防冻堵引压短节装置，有效解决了传感器堵塞故障问题。该装置作为2020年创新创效产品已在华北油田公司各单位广泛推广使用。

随着油田自动化正在逐步推进实施，但是抽油机在运行过程中会因为过载，导致抽油机停止运行。操作员工在巡查过程中发现过载停机后的抽油机会自行启动，这一安全隐患的存在极大地威胁着操作员工的生命安全，也存在损坏抽油机的安全风险。为彻底地消除这一安全隐患，创新工作室许杰等成员对抽油机RTU配电柜电路进行了研究，找到了原电路设计的缺陷并进行整改，使这一安全隐患得到了消除，保障了操作员工的生命安全和抽油机安全、平稳运行，为企业安全生产奠定了坚实的基础，同时节约成本156万元。

抽油井测试资料是油田开发中必不可少的重要资料之一。示功图反映了抽油泵的工作情况，通过分析，可以了解油井动态及抽油装置的各项参数选择得是否合理。不过，此前，测功图时常存在系列问题，不仅影响单井时率，传感器受到震动，还容易滑、脱，造成设备的损坏或人的伤害。于是，创新工作室2009年研制了微型千斤顶，2010年在全厂范围内推广使用。

在刘美红创新工作室，创新驱动企业降本增效的案例不胜枚举。创新工作室自2005年成立以来，完成创新成果160多项，发明专利5项，实用新型专利127项。

"经过17年的探索实践，刘美红创新工作室充分发挥了劳模的映射作用和头雁效应，已成为聚焦企业重点工作、创新创效的新引擎，解决难题的智慧库，培养人才的蓄水池。"采油三厂党委常务副书记张三忠如此评价，在他看来，一个好的创新工作室，应该成为企业生产的攻关团队、人才培养的孵化器和团队合作的方向标,最重要的是"让创意变项目,让项目变成果,让成果变效益"。

"传帮带",夯实技能人才梯队

20世纪60年代,在举世闻名的大庆石油会战中,诞生了"大庆精神"。时至今日,爱国、创业、求实、奉献的"大庆精神"内核,依然激励着一代又一代石油工人。

"要干一行,爱一行,精一行。"刘美红坦言,石油工人的工作非常艰苦,每天都是在荒郊野外作业,在风吹日晒中坚守,"但这种环境,也锻炼出了无惧无畏的攀登精神"。他总说,石油工人要像工匠精雕细琢那样,具有敬业、精益、专注、创新的"工匠精神",这也是其创新工作室的精神内核。

一个人技能再高,毕竟力量有限,把经验总结出来,传授出去,带动大家共同提高。传承是推进团队发展壮大的坚实保障。创新工作室成立的初衷,亦是希望通过组织"师带徒"活动,发挥技师的"传帮带"作用。

刘美红的脾气是出了名的好,说话慢条斯理,总是笑眯眯的,脸上一团和气。"可这人真要发起脾气来也凶着呢。"徒弟亓子赫回忆,有一次,师傅带着他和几个同事一起出去作业,有个同事在拧光杆方卡子螺栓的时候,下意识把手搭在了方卡子和悬绳器之间的光杆上,师傅二话没说,一把把他的手拍了下来。"这是严重违规你不知道吗?""有多少人因为光杆上面方卡子松动被砸断了手指你知道吗?"一连串的质问让那名职工愣在原地。"我从来没见师傅这么严肃过。"亓子赫说。后来,大家干活时都会特别小心,很少再有违规操作的行为了。不过,

让创意变项目，让项目变成果，让成果变效益
——记华北油田第三采油厂刘美红创新工作室

不管刘美红有多么"矛盾"，在对待徒弟上却始终如一。近些年，华北油田实行"大工种"，一专多能的刘美红受到职工的追捧，"徒弟"遍布采油区的各个班组。

● 刘美红在进行专业知识学习

一直以来，他以创新工作室为阵地，把所掌握的工作经验和专业知识，毫无保留地进行分享，鼓励并组织技术骨干，积极参加成果发布会、展示会、技术交流会，为基层员工搭建起创新平台、提供展示自我的机会。

自打刘美红创新工作室成立以来，何世浩就是工作室的一员。"这17年来，收获很多，每次总能及时解决生产中遇到的难题，不仅提高了个人解决问题的能力，增强了自己的创新意识，同时也提高了团队协作能力。"作为刘美红的徒弟，何世浩继承了师傅吃苦耐劳，以身作则，勇于创新的精神。

"一个人的作用，就如一架机器上的一颗螺丝钉。螺丝钉虽小，其作用是不可估量的。"这是刚上班时，师傅送给何世浩的一句话，今年是他工作的第32个年头，这句话一直牢牢被他记在心上，让他更加懂得了要耐得住寂寞，值好每一班岗的意义所在。如今的他，已成长为一名采油测试高级技师、油田公司采油测试技能专家。拥有的创新成果获国家实用新型专利12项、省部级成果5项、公司级成果12项，发表论文10

篇。他带过的6个徒弟中,2人成为技师,1人被评为油田公司技术能手,3人成为高级工。

2015年,许杰荣获河北省设备维修技术能手。同年获得华北油田首届金牌工人,2017年荣获河北省第六届能工巧匠,2018年11月荣获华北油田十大杰出青年。姚兴凯2018年通过高级技师考试,孙育文2018年通过技师考试,芦定丰2019年被评为公司技术能手,刘美红荣获中华人民共和国劳动部二级技师、中华人民共和国劳动部一级技师任职资格……创新工作室逐渐成为企业培育技能人才的"摇篮"。

截至2022年年底,创新工作室共有27人,人员结构以技师(高级技师)为主,辅以少量专业技术和管理人员。先后培养出公司技能专家、高级技师3人;华北油田公司级技术能手1人,金牌工人、能工巧匠2人,其中2人获得河北省"能工巧匠""金牌工人""2018河北大工匠"荣誉称号。获国家发明专利5项,实用新型专利87项,完成创新项目160多项,27项获得省部级以上奖励。刘美红的徒弟大多已成为创新技术能手、技术带头人,拥有多个科技项目、技术成果,其中多项成果在油田公司推广应用,集众智、汇众力效果充分彰显。

"通过创新工作室这个平台,同时也增加了企业文化的穿透力和影响力,促进企业文化落地。"采油三厂党委常务副书记张三忠说,创新工作室把有知识、有技术、有胆识、有能力的优秀人才汇集在一起,以弘扬"诚信、责任、创新、奉献"核心价值观为重点,抓住"创新"这一主题,深入开展"五小"创新活动,让一线优秀人才在各项创新实践活动中充分施展才能,并有效地直接作用于生产环节。

多年来,传承、创新、发展,让刘美红创新工作室的精神内核不断迸发新的活力、产生新的动力,刘美红团队已经真正成为厂内干部职工创新创效的"梦之队"。

让创意变项目，让项目变成果，让成果变效益
——记华北油田第三采油厂刘美红创新工作室

优化创新工作室制度，厚植"创新土壤"

培育创新"土壤"，还需要富有活力的体制、机制作支撑。为调动广大职工投身技术创新的积极性、主动性和创造性，刘美红创新工作室早在创建之初，就制定了系列规章制度。

八项制度护航，保障规范有效开展各项工作

刘美红创新工作室从建立之日起，就秉承"攻坚克难，勇于登攀，让创意变项目，让项目变成果，让成果变效益"的理念，以解决采油、集输相关的数字化设备故障、生产难题、提高数字化运维效率为主攻方向，制定了《创新团队会员管理制度》《创新团队日常工作制度》《创新团队学习交流制度》《创新团队成果转化及推广应用制度》《创新团队项目管理制度》《创新团队课题经费及使用管理制度》《创新团队操作室使用管理制度》《创新团队工作室安全预案》共八项制度。同时制定有工作室五年发展规划。

为充实壮

● 刘美红在判断离心泵故障

大创新队伍，工作室积极吸纳基层人才，壮大创新队伍，推行会员制度。取得技师职业资格证书的员工，获得华北油田公司技术能手、厂技术能手、厂级劳动模范等称号的优秀技能人才，绩效考核为优秀员工的高级工及技术能力突出的管理及专业技术人员，两年内有革新小成果或被采纳的合理化建议的其他员工等均可申请入会。入会后，除可参加创新工作室举办的各项活动和取得相关资料外，还可优先推荐上报创新成果，并大力推广。

同时，会员还须履行相关义务，比如执行创新团队决议，完成创新团队交办的任务，每个会员每年必须至少参加一个项目；新项目在没有发布之前，不得向外透漏项目的设计思路和相关技术内容。

会员连续2个年度内不履行会员义务并经多次警示仍无效的，经创新工作室领导小组研究后，可劝其退会，直至取消会籍。

分组+联合攻关，不断解决一线生产难题

集中有限资金、引进新技术、推广新成果，大力实施成果转化，畅通成果转化渠道、缩短成果转化周期……创新成果转化与推广是创新工作室的重要组成部分，其宗旨是有组织、有计划地将先进、成熟、适

● 刘美红在调整抽油机运行参数　　● 刘美红在调整外输流量

让创意变项目，让项目变成果，让成果变效益
——记华北油田第三采油厂刘美红创新工作室

用的创新成果应用到生产第一线，提高单位技术水平。

"创新工作室按照项目申请、审批立项、组织实施、检查指导、总结评比五个步骤开展创新工作。"刘美红说，在创新基地日常工作中，他会团结带领全体团队成员，紧密围绕节能降耗、降本增效、安全生产等工作，通过基层单位操作员工根据实际工作中遇到的疑难问题，进行汇总，再采取分组攻关和联合攻关（与厂其他单位的技能专家、技术专家）两种形式，开展创新活动，不断解决一线生产难题。

什么样的创新项目可以落地推广？刘美红创新工作室采取自由申报、专家评审的方式，每年确定一批创新成果转化与推广计划项目。而项目的确定，应坚持科学性、适宜性、成熟性和高效性相结合的原则。

表彰奖励，激发团队创新积极性

创新工作室以创新项目为实践载体。《创新工作室项目管理》明确，对创新项目从申请、立项论证、组织实施、检查评估、验收鉴定、成果申报、推广、档案入卷等进行全程管理。其目的是使工作室对项目实行制度化和科学化的管理，保证项目计划圆满完成，出成果、出人才、出效益。

为充分调动单位及个人从事成果转化与推广的积极性，采油三厂给予了大力支持，将成果转化与推广工作指标纳入单位发展及个人工作考核的重要内容，将创新成果转化与推广、任务承担、完成及奖励以适当形式与相关人员个人利益挂钩。

"创新工作室每季度会组织召开一次工作会议，内容包括：汇报前期项目进展情况、技术难题分析、布置下一阶段工作重点。同时，不定期举办专题讲座及技术攻关研讨会，组织会员开展技术设计和技术

创新并撰写技术论文，组织联络会员参加继续教育和培训工作，积极参与师傅带徒弟等活动，抓好技师协会后备人才的培训。"刘美红介绍，每年底，由团队组织对入选的QC成果、员工基层创新成果、合理化建议、论文、专利等进行表彰或奖励，并组织团队人员对过去一年及前期工作中的问题及好的办法进行总结评审，实现持续改进。

此外，到了年底，创新工作室还会进行创新成果、合理化建议、五小成果评比，分一、二、三等奖对获奖团队和个人进行奖励，并作为年底公司考核加分项。

"土壤肥沃"，创新成果层出不穷

"刘美红创新工作室从创建伊始就受到了企业工会的高度重视。"采油三厂党委常务副书记张三忠介绍，2019年，采油三厂工会整合各种资源和力量，投资20万元，对刘美红创新工作室再次进行了维修改造。

如今的创新工作室设有创新活动室、创新成果展室、创新实训室以及创新成果实际操作间等四个部分，占地200平方米。

创新工作室内设备齐全：设有自动化操控实训平台1台、压力试验平台1组、压力变送器检验平台1组、低压检修平台2个、计算机2台、切割机1台，配有操作台1张，角磨机等小型设备以及各类工具，用于培训操作员工对数字化设备的了解及操作以及协会成员对创新成果的制作和试验。

此外，创新工作室还收藏了各种科技书籍和视频资料，主要用于小组成员查阅资料和学习，同时配备了计算机、电话和网络系统，方便技师学习交流。"目前，它已成为采油三厂员工数字化技术创新活动的基地，数字化创新活动交流的平台。"张三忠说。

让创意变项目，让项目变成果，让成果变效益
——记华北油田第三采油厂刘美红创新工作室

"土壤肥沃"，创新成果层出不穷。《无线示功仪稳定装置》《无线示功仪太阳能电池》《无线压力变送器校验装置》《无线示功仪校验装置》《带压补漏技术》《自动对中盘根盒的研制与应用》……其中，《带压补漏技术》荣获石油行业QC成果一等奖，《自动对中盘根盒的研制与应用》获得中国质量学会石油分会二等奖。创新工作室重点推广的创新成果——抽油机曲柄销子连杆环拆卸装置、抽油机光杆现场修复技术及工具、液体隔离阀等，都取得了良好的经济效益。

据统计，自2005年成立以来，刘美红创新工作室完成创新成果160多项，发明专利5项，实用新型专利127项。

● 刘美红在向徒弟讲解生产流程

在传承中创新
在创新中传承

——记华北油田第四采油厂王新亚创新工作室

□ 赵泽众

在传承中创新 在创新中传承
——记华北油田第四采油厂王新亚创新工作室

近年来,华北油田公司坚持创新驱动发展,全力推进创新工作室建设,以人才"智高点"抢占产业发展"制高点",为企业高质量发展汇聚智慧力量。

位于华北油田公司第四采油厂的王新亚创新工作室(原董传文创新工作室),把"创新"二字作为引领员工发展的第一动力,围绕技术革新、人才培养、技能降耗等实际,开展了创新增效活动,创新成果层出不穷。

创新是永恒的驱动力

王新亚创新工作室的前身是董传文创新工作室。谈到技术创新,全国五一劳动奖章获得者董传文很是感慨:"这些智慧创新,解决了大问题,以后就不会遇到类似的生产烦恼了。"他强调,是强烈的责任心驱使他开动脑筋、创新思维解决问题。

从业近40年,董传文在工作中心思缜密,善于摸索,技术革新屡创佳绩。他仿佛有一双闲不下来的手,看到不好用的东西就"手痒",他的脑子里,仿佛有一个纠错电脑,遇到技术设计方面的"漏洞"总是一遍一遍地验算修改,直到能解决掉这个问题才罢休。

董传文步入创新之路,始于2000年的一次意外事件。当时,他所负责的原集输队卸油点突然不明原因起火,因扑救及时没有酿成事故,这件事对董传文触动非常大。那段时间他没事就往卸油点上跑,不管是不是在卸油,总是要对各个环节查看一番。晚上,董传文睡不着,卸油点上的每一个阀门、每一条管线、每一个罐都在他脑子里像放电影一样反复播放。

卸油点起火一般都被认为有两个关键点:一是油的流速过快,二是接地不好。但还有别的原因吗?跟罐体本身设计有没有关系呢?为了

● 董传文排查加热炉燃烧器故障

在传承中创新 在创新中传承
——记华北油田第四采油厂王新亚创新工作室

弄明白原因,董传文查阅了上百本与油气相关的书籍,并按照卸油罐工作原理制作相应模型。经过反复实验,最终找到了真正原因:原来是卸油管的长度不够,未放到罐

● 董传文讲解膨胀机的结构原理及现场应用

内液面以下,而且是直管。当卸油罐的液位下降至一定程度时,罐内气体与大气连通,一遇到静电释放不好就会造成起火。于是他就开始着手对原来的油罐进油管线进行改造,增加罐内油管的长度,并将其下端由原来的直行管变成U形管形成内外"液封",从而使这一技术难题圆满解决。

当第一项技术创新项目投入生产后,领导的认同、同事的赞誉,让董传文有了一份喜悦的成就感,更多了一份强烈的责任感。同事们开始叫他"董发明",有解决不了的问题就找他,这驱使着他不断创新,为企业提质增效做贡献。

采油区的储油罐,罐顶安全阀起到保证储油罐安全运行的作用。当罐内液量位变化较快时,液压阀内的机油容易溢出,造成危险。

"要是溢出的机油能回流再密封就好了。"一天,听到队上的员工随口说的话,让董传文开始深思。他通过一段时间的观察摸索,采取在液压阀底部的外缘上方装一个机油回收槽,在槽内2厘米处焊一连通管,这样不仅流出的机油得到了回收,而且当流出的机油达到与连通管相同的位置时,机油又自动流回到密封装置内,达到周而复始、循环使用的目的。这既减少机油外溢造成的现场污染,达到装置持续密封,又对大罐起到保护作用,避免安全隐患。

随着一次次技改创新的成功应用,技改的神秘面纱被逐渐揭去,爱钻研的董传文想试试一直没有触碰的新领域。

在担任集输队队长时,董传文所在的区域有一条长达35公里的长输管线。当时,廊古长输管线经常有不法分子钻孔盗油,如果打孔位置处于地势较为低洼的地方,每次要放空几个小时才能焊补。这不仅可能造成土地污染,还可能耽误原油正常外输,尤其若是因为钻孔盗油导致冬季生产出现险情,后果不堪设想。

为了解决这一问题,董传文设计了管线快速封堵器。他说,管线快速封堵器的原理很简单,即用一个"U形钩"钩住输油管线,转动钩子上的丝杠,使得垫铁紧紧压住穿孔处,再将垫铁焊补在穿孔处,这样一来,无须放空就可以使穿孔位置得到快速焊补。

焊补的问题解决了,可终究还是治标不治本。董传文统计,钻孔盗油所造成的损失可不小,一年下来光是抓获的盗油车就有十五六辆,每辆罐车都装十立方米的原油,这要是算下来,一年就得丢失几百吨油。据他不完全统计,仅1998年、1999年两年,因不法分子破坏管线造成失漏原油就达到1000多吨,赔偿土地污染费、维修费20多万元。

如果能发明一种装置,利用该装置,能精确判断出盗油位置,这样一来,在盗油初期就能抓到盗油团伙,那将为集输队节约多少人力、物力呀?思考许久,一个成熟的想法从董传文脑海中诞生。

可发明从诞生到落地,需要走一段曲折的道路。装置研发涉及流体力学等多方面学科知识,而《流体力学》对于一个学地质专业的大专生来说,无疑是跨专业的"天书"。董传文一方面查阅相关资料,另一方面到北京、廊坊等科研院所请教专家,制造模型、做实验。

"创新之路不会一路平坦,而是充满荆棘坎坷。我知道,无奈、无助不能解决任何问题,只有不断掌握新技术拓宽新思路,创新之路才会越走越宽广。"董传文说,搞创新越是困难,他越要坚持。2001年五一节,原本答应和家人一起去北京的董传文,为了计算一个相关数据,前一天在队上一待就是一晚上,直到第二天凌晨五点多才算出结果,回家,班车早已发车,一家人去北京的愿望因此落空,看着妻子无奈的眼光,他羞愧得无话可说。

历时6个月,董传文最终成功研制出了"输油系统气化、气蚀,漏失检测装置",这个装置可以根据输油系统内的压力、排量、温度变化,准确检测管线漏失的时间、流量和方位。设备研制成功后,不仅有效保证了长输管线的安全运行,还极大打击了不法分子的嚣张气焰。2002年8月13日,根据该检测装置报警提示,护厂大队及时发现打卡盗油点,一举抓获3名不法盗油分子,巡检员工们高兴极了。自打该设备投用以来,共发现盗油点36处,抓获盗油团伙5个。仅此项为企业挽回经济损失近1000多万元。国内多个油田的技术人员纷纷来采油四厂取经,并把这个荣获"国家专利"的装置带回去推广应用。

2002年,董传文担任集输大

● 董传文现场排查自动调节阀故障

队副大队长,日常管理中最让人担心的就是管线的安全。加热炉气化,是影响管线安全平稳输油的主要因素之一。为解决生产难题,他带领队上技术人员白天研究输油流程,晚上把收集来的数据资料带回家分析,有时为构思一个方案,整晚在屋里踱步,熬得脸色蜡黄、双眼通红。每次孩子被他的脚步声惊醒时,都埋怨说:"爸,您别折腾了,我明天还得上学呢。"面对孩子的不理解,他报之以无奈的苦笑。

一次凌晨两点多,董传文躺在床上,怎么也睡不着。一合眼,炉膛温度过高、介质排量过低和介质停流等导致加热炉气化的问题就呈现在他的眼前。突然,家里的一阵电话铃声激活了他的思路和灵感。

"只要给加热炉安装一个报警器,问题不就解决了吗?"于是董传文顶着夜色立即赶到队上,开始用电接点温度计实验。给介质的温度分别设置一个上下限,再把电接点表的表针设为温度计的指示针,并用同一根导线将其连接在蜂鸣器上,上下限表针在电极表上设好后,这样一旦被加热的介质升高或降低到预定的临界点时,表针与上限或下限相接触,整个线路形成回路,蜂鸣器就会报警。

实验成功后,他又根据同样的原理成功研制了"压力与流量报警器",使导致安全输油隐患的加热炉气化现象得

● 董传文现场检查流量计的参数

到彻底解决。

这样的技术创新，在董传文的职业生涯中还有许多。据统计，仅董传文本人便先后完成内容涉及采油、外输、卸油、加热、净化、维修、化验等10个岗位革新成果100余项，14项获国家专利，有60多项在油田公司推广项目中应用，创造直接经济效益近千万元。

发挥标杆作用　　感悟创新力量

董传文所在的廊一联合站2号加热炉为100万大卡油炉，2016年8月份因盘管穿孔停用。为弄明白盘管穿孔的原因，他在观察停用的加热炉时发现，盘管的穿孔位置都在靠近挡火墙的上方。一开始，他简单地认为：这是由于此处热力相对集中，盘管内介质流经时，因温度突然上升，介质内的杂质迅速垢化，导致盘管缩径壁厚增大，应力不匀发生穿孔。

董传文试图修复加热炉，采取涂加耐火材料的方法，加热炉运行一段时间后，发现耐火材料脱落，盘管露出，问题没能得到解决。他又试用耐火板，可真正运行后发现炉效降低了很多。他有了放弃的念头，毕竟这套设备已经超龄运行了，即便坏了报废就得了。可后来他又一想，如果这样做浪费资金不说，之前做出的努力不就和停用的油炉一样报废了吗？思考许久，董传文决定再试一次，采用加铁瓦的方法，在热力集中的地方让其间接受热。实践证明，这种做法是对的，既保证了炉效，又有效地消除了事故隐患，同时还延长了炉子的使用寿命。

这之后，他又不断尝试，相继发明了"加热炉加瓦技术"，使厢式加热炉使用寿命延长了3倍以上，"机泵磁化除屑装置"使离心泵轴承寿命延长5倍以上，并通过了省部级鉴定。他开发的"伴热管线脉冲除垢技术"受到了油田有关专家的高度评价，相关论文也在中国石油《油田地面工程》刊物上发表。

有人问董传文：干吗非得创作个新的东西出来呢，从外面引进一个不就行了吗？原来，外来的新设备"请"进来后，或多或少会出现"水土不服"的情况。就像单位从地方买的气动薄膜调节器，安装到管道控制节点就不管用，于是董传文戴着草帽搬个马扎，在大太阳底下观察设备运行状况。经过反复改良，终于，"入乡随俗"的气动薄膜调节器起到了绿色减排的功效。

对董传文而言，技改创新永无止境。尤其是油田进入中后期开采，设备老化，技术落后等等问题不约而同逐渐在生产中暴露出来。通过技改创新，可以延长设备的使用周期，甚至使"濒危"设备起死回生。

一枝独秀不是春，百花齐放春满园。如何实现"从1到多"，带动更多员工参与到创新队伍中？早在董传文创新工作室创建之前，董传文就把技术创新推广到廊东采油工区，成为一项群众性活动。在工区各个采油站，他组织成立5个创新小分队，每个分队指定一名技术骨干带队，根据各自岗位生产性质和特点给他们制定创新项目，并帮忙出主意想办法。

为了更好让员工上手，熟练掌握净化岗流程，董传文特地编制一套岗位顺口溜："高压来气三分离，低压来气压缩机，二气共汇吸附器，粉翅过滤第一级，一低分后二三四，二低分后膨胀机，三低分后四二一，再膨增后增压机，外输流向用气户。"这样的顺口溜朗朗上口，易于背诵理解，直至现在，仍为在岗员工所使用。

"时代的进步对我自身的要求也有变化，除了能吃苦，肯钻研，懂创新，还必须要把创新精神带到员工中去，创造更大的价值。"董传文

在传承中创新 在创新中传承
——记华北油田第四采油厂王新亚创新工作室

说。他深知,在搞创新时,仅凭他一个人单打独斗是不行的,必须"众人拾柴",才能使创新的火焰更高。在这样的想法下,董传文创新工作室应运而生。为了开拓更好的创新局面,董传文的精力逐渐从自我创新向"传帮带"转变,经过他的悉心引领,采油四厂出了多名"技能专家",他们中有采油技能专家、有集输技能专家、有电工技能专家等等,他们在生产现场解决着各式各样的技术难题。

2016年,董传文带着他的徒弟们历经2个月的时间,对用来计量外输流量的两具LL-80型腰轮流量计进行改造,针对流量计构造中的石墨轴承造价高、寿命短的问题,研制出一套组合式机械轴承,与石墨轴承相比,造价低、寿命长、性能好,按同样的使用年限计算,其单位经济效益比石墨轴承提高430多倍。该项目在当年底获得国家实用新型发明专利。

董传文退居二线后,他的徒弟、"河北工匠年度人物"王新亚成为创新工作室的领衔人,把创新火种延续。

提起王新亚这个徒弟,董传文连竖两个大拇指。在27年的工作生涯里,王新亚立足本职,苦练技术,更喜欢啃生产中的"硬骨头"。

"我理解的传承,不是简单地传递,首先需要自己发挥标杆作用,冲锋在前,带头创新,推动企业标准高质量发展,也能够带动其他成员想干事、

● 王新亚排查塔架抽油机刹车故障

干成事的劲头。"王新亚说。谈到技术创新，很多人认为是专业技术人员的事，但他认为，只要肯动脑筋，注意方法，每个人都可以在技术创造中做出成绩来。

2006年，在廊五计工作的王新亚，发现安63-15井的产量突然下降，通过功图与动液面资料分析，他认为是由于该井井底压力较低，低于饱和压力，而该井油气比又较大，所以有可能是由于气体进入泵内降低了泵的泵效或形成气锁，造成该井产液量下降。

如何才能减小气体影响提高泵效呢？王新亚经过长时间工作实践，总结出方法有三种：一是控制套管气，可这种方法要长时间摸索，不能马上见效；二是在泵的吸入口加装气锚，但这种方法只有在作业时才能完成，所以也不能用。

"那么就只剩下一种方法——减小防冲距。"王新亚回忆说，这种方法能通过减小泵的余隙百分比，来提高泵效防止气锁。找到了解决方法后，他马上就干，通过几次试验，把防冲距提到刚好不碰泵的位置。随后又对该井的套管气压力进行了调控，通过多次试验，将套压控制在1.5MPa左右为最佳，使该井恢复了正常生产并且产量还上升了1吨左右。

懂得举一反三的王新亚，通过这次创新，又分析了站上其余的几口井，对其中类似情况的六口井进行了重调防冲距。调冲后

● 王新亚查看设备运行参数

在传承中创新 在创新中传承
——记华北油田第四采油厂王新亚创新工作室

效果明显,平均日增油2吨以上,以每吨2000元计算,年创效达140万元。

2007年,王新亚调到安28站工作。安28站有5口气井,日产气在12万立方米以上,这5口气井都不同程度地出一些粒径超过5毫米的杂质,经常造成油嘴的堵塞现象,每次清理油嘴堵塞都要关井半小时以上,严重影响了开井时率。针对这一情况,王新亚在油嘴的前面焊了一个长约两寸的四分管,把口封死,再在管壁上打了许多一毫米的小孔,当作过滤网。当这几口井安装了这样的滤网后,就大大减少了油嘴堵塞的概率,由以前的平均每口井每天清一次油嘴,变成了每周清一次油嘴滤网,提高了开井时率,日增气三千立方米以上。按每立方米气1元计算,年创效90万元。

2007年夏天,采油站重新安装了4台并联的天然气发电机针形管余热回收装置。但运行后只能开启一台,如果同时开启两台以上,就在余热回收装置内产生汽化现象。针对这一现象,王新亚通过认真分析试验,认为是循环水内有空气,在余热回收装置的针形管内产生了"甲敏效应",使水流循环不畅造成的。为此,他在每台余热回收装置的出口处都加了一个放空阀,采取了长时间的放空,把循环水中的空气彻底排出,解决了这一问题。现在在不启动循环水加热炉的情况

● 王新亚与同事分享电器维修技术

下，可开启三台余热回收装置，循环水出口温度达85℃以上，完全满足了站内采暖的需要。

2008年，厂里为采油站的部分油气井进行了三管伴热流程改造。这样4号加热炉就不用启动了。可由于进入站内的油气温度降低，发电机供气流程的空冷器发生了二次冻堵，造成了发电机的突然停车，给发电机带来极大的伤害，并且严重影响了全工区的正常生产，不得已又启动了4号加热炉，这一来一回，浪费了许多天然气。王新亚通过认真分析，认为可能是由于空冷器出口低于空冷器储液包，使液体流入出口管线造成冻堵。于是他将出口管线改为向上走，高出了储液包50公分，使液体不能流入出口管线，为防止万一，还在空冷器底部加了伴热线。这样一来，4号加热炉也可以继续停用，不再浪费资源，空冷器也再没出现冻堵，每天节约天然气500立方米以上，年创效7万元以上。

在工作中创新，王新亚乐在其中。他还通过给事故罐多加一个呼吸阀，解决了由于事故罐进气量大、造成液压安全阀失效的问题。通过重新设计和加工三相分离器的三个排污阀压盖，解决了三相分离器排污阀多年来一直渗漏的问题。

创新，使王新亚感受到了极大的乐趣，使他一步步向着更高的目标冲刺。经补孔获得高压油气流的安28-5井，在生产过程中，油嘴经常被补孔炮枪支架熔融物堵塞，造成井口管线水化物冻堵现象，在通常情况下此现象是需上作业清理管柱才能解决问题。怎样不使异物堵塞油嘴是问题的关键，为解决问题，王新亚经常到井上观察油井生产情况，有时一直工作到半夜，经过十余天的观察，反复摸索研究，终于分析出了井下油嘴冻堵现象并不是造成油井停产的主要原因，而是油嘴前有堵塞物所致。经反复摸索、实践，在油嘴上焊加一滤清装置，彻底解决了该井冻堵及井下水化物冻堵现象，节约作业费用近5万元，确

在传承中创新　在创新中传承
——记华北油田第四采油厂王新亚创新工作室

保了该井的正常生产。

据统计,截至2021年底,王新亚取得国家发明专利3项,实用新型专利成果20项,提出合理化建议100多条。在他的带领和创新下,油田公司推广成果2项,厂推广成果5项,作业区推广成果12项,各种创新、小改革二百余项,共计创造经济效益约4000余万元。

● 王新亚讲解抽油杆自动旋转器创新原理

集智聚力激发创新活力

"必须勇于实践,做节能创效先锋。我相信只要细心、用心,就会发现处处都有节能点。"王新亚说。多年来,他对工作中发现的问题,积极提出合理化建议。

2021年,他所研制的一种自动化仪表风旋进清洁器解决了清洁粉尘效果,该装置通过现场试验,各项性能完全达到了设计要求,年创效99.8万元;提出的"采取发电机负载均衡技术,降低天然气消耗的建议",利用"跷跷板"原理,调整抽油机工作方式,达到安全平稳运行,年创造经济效益36.4万元。他通过优化拉油点电加热制度,降低耗电量,年节约电费124.42万元,提出的"关于调整抽油机运行参数,降本增效的合理建议"保证油井生产时效性,可大幅提高抽油机系统效率,全年节约用电33.2万度。

像这样的例子还有很多，生产现场的一般故障处置，疑难杂症破解，对王新亚来说都是手到擒来。他在工作中练就了较强的创新和解决技术难题的技能，出色完成了各项任务。

多年来，在善啃"硬骨头"的王新亚的带领下，创新工作室聚焦技术攻关，通过团队合作的形式，突破了一道又一道难关。

在油井采油过程中，由于原油含蜡等杂质，油井加药是油田多年来一直采用的化学清防蜡的主要方式。加药方式大多是定期从套管定量加入。每次所加药剂约1~2天内随产出液采出，无法保证药剂持续发挥作用。

有没有一种方法，既能保证让清蜡药剂持续发挥作用，又能减少加入量？王新亚和创新工作室的成员进行攻关，经过数日试验，由王新亚牵头，创新研制出一个加药器装置。"它利用无平衡管液体自重原理，选择不同孔径的加药孔，经过我们反复实验，3~5毫米的孔径正合适，太大了流得快，太小了药剂流不出来。"王新亚说。这个看似微小的装置，却解决了采油过程中困扰数年的问题，它也获得了国家实用专利。

技术革新项目的成功，不仅实现了作业区低成本运作的目标，还极大地方便了生产。随着科技的进步，新设备和新技术层出不穷，这对于王新亚来说，具备较强的专业知识和技能是必需的。

"学习是搞好创新工作的根本，要把理论和实践两方面的学习当作提高自身工作水平的基础和力量源泉。不仅如此，还要担当、作为，还需日日求新，适应新形势下企业对员工的需要，更好地完成各项工作。"王新亚说。除了毫不懈怠地更新知识、善通求变地跨界学习外，他还应千方百计地以专业知识和社会实践的"结合之妙"去破解难题。在

在传承中创新 在创新中传承
——记华北油田第四采油厂王新亚创新工作室

做好技术创新工作的同时,积极进行归纳总结,带动创新工作室的其他成员共同提高。在王新亚的影响下,员工们的革新意识不断深入,大家比学赶帮,不甘落后,一种崇尚科学、尊重知识、学习技术、勇于创新的良好风气已然形成。这些,对于企业健康的发展有着积极的、长远的意义。

在传承中创新,在创新中传承。为了培养更多的青年技能人才,王新亚把自己的知识和经验,毫无保留地传授给年轻人,心甘情愿地做一块铺路石。他从基本技术知识入手,从管阀的识别、流程的走向、仪表的量程、设备的构造及原理等,由外到里、由浅到深,为帮助他们熟练地掌握岗位操作要领,制定了详细的培训计划。不仅如此,他还通过解决生产实际问题,进行言传身教。

厂"青年岗位能手"、"技术状元"获得者陈小潘,2017年"技术状

● 王新亚组织师带徒协议的签订

元"于陈，华北油田首席技师欧永红、刘红新……谈起自己带出来的徒弟们时，王新亚倍感自豪。

"师傅教会我们，从细节入手，从小事做起，认真地对待每一件小事，把小事做细、做精、做实。"陈晓潘说。在王新亚的带动下，他在理论知识学习中，将易错题整理成错题本，一有空就拿出来复习，强化记忆。在技能演练的管路安装实际技能训练中，他总是请求教练加大训练难度，对管路安装的质量和时间严格要求，通过加大训练量、观摩优秀选手的操作动作、规范操作要点等，提高自己的技能熟练水平，最终荣获第四采油厂职业技能竞赛集输工第三名、2019年公司团队技能大赛第一名。

"只要肯动脑筋，注意方法，任何人都能在技术创造中做出成绩。"在谈到创新工作室的发展时，王新亚说。为了促进员工技能提升，他为工作室青年骨干制定了详细的培训计划，并主动与多名员工结对子，把自己多年的工作经验倾囊相授。多年来，王新亚带徒20余人，这其中有的成了业务骨干，有的成了管理人员，在不同的领域、不同的岗位上发挥着重要的作用。在他的"传帮带"影响下，创新工作室员工们纷纷加入创新创效工作中，"比学赶帮"的创新氛围日益浓厚。

● 王新亚展示抽油机盘根盒创新成果

以创新为本，驱动人才发展"内动力"，董传文创新工作室师徒"传帮带"，传承"精气神"，用扎实肯干的奋斗精神不断进取，持续为石油事业增光添彩。

让创新精神生生不息

——记华北油田第四采油厂徐立东创新工作室

□ 赵 为

让创新精神生生不息
——记华北油田第四采油厂徐立东创新工作室

这里设施完善，在648平方米占地面积内，设有多功能厅、创新实物展示厅、创新操作间、机加工车间，为创新产品研发推广、技术技能培训提供完善的软硬件支持。

这里高手云集，自成立以来，下辖采油、集输等8个创新小组，总共145名成员，其中，技师、高级技师达到140人。

这里成绩斐然，截至2022年，工作室完成创新成果488项，团队成员发表国家级、省级刊物论文106篇，国家发明专利19项。共获得公司级以上创新成果343项，其中国家级创新成果2项；获得国家实用专利授权116项。创新团队领军人物中涌现出全国五一劳动奖章获得者郭旭东、"中国石油劳动模范"郭咏梅，集团公司金牌教练徐立东和杨培伦、河北工匠王新亚、河北省百名能工巧匠胡东华和余刚等一批先进个人。被中国科协等五部委授予"2013—2014年度全国'讲理想、比贡献'活动创新团体荣誉称号"；2017年4月荣获"河北省劳模创新工作室"和"河北省工人先锋号"两项殊荣。2020年1月，获得由华北油田公司授予的"石油精神教育基地"荣誉称号。

这里就是华北油田第四采油厂徐立东创新工作室。

自2012年成立以来创新工作室经历了胡东华，徐立东两任带头人，已成为高技能人才施展才华，相互交流的平台，成为企业生机勃勃的骨干队伍。创新一直是这里的主旋律，创新精神始终生生不息。

创新团队的领头人

加药泵进口透明过滤器、盘根盒扶正器、定压放气阀、测深量油尺、抽油机驴头销子、可调式抽油井卸载器……

在创新工作室的创新实物展示厅里,陈列着100余项技改成果,这些创新思路奇巧,或有效解决生产难题降低成本,或提高现场操作安全系数和工作效率,在生产中被广泛采用。

作为其中大部分成果的主要发明人,胡东华是采油四厂有名的技改创新领头人。

"刚参加工作的时候,我在永清采油作业区,上班之余,就喜欢想一些工作中遇到的问题,琢磨着破解之招。"平时爱思考,遇事多问几个为什么,是胡东华一直以来保持的好习惯。不懂的问题积累多了,他就借周末休息的时间跑到北京的书店和图书馆寻找图书资料,有时一待就是一天。

"我的第一项工作,就是每天跟着师傅用钳形电表测量每一口抽油机的电流。"随着操作逐渐熟练,胡东华已经不再满足于日复一日地测量、记录、再测量、再记录,他开始有了自己的想法。

"电压电流的变化代表了什

● 胡东华在讲解创新产品卸载器的研制过程

让创新精神生生不息
——记华北油田第四采油厂徐立东创新工作室

● 胡东华在永清气处理站给学员们讲解阀门的工作原理及常见故障的排除

么？""数值的变化会导致什么问题？"……

巡井是个简单枯燥的活，却成了胡东华创新生涯的起点。"如果找出数据间规律，通过变化来分析判断出油井工作状态，就能够帮助技术人员及时发现问题苗头，进而采取有效措施及时进行维护。"

当时在实际生产中，由于采油区作业面积大，油井数量多，发生异常也是按照老办法记录、上报、等待维修，一套流程下来需要两三天，小毛病就容易酿成大问题，轻则耽误生产，严重的还要造成生产事故。

"抽油机从地下一两千米处抽油，原油中含有的蜡质会随着高度不断升高而逐渐析出，附着在抽油井的管杆壁上，时间一长容易堵塞流道，造成抽油机的电动机上行电流增大。"掌握了抽油机电流波动的原理，胡东华经过不断研究，总结出"三不放过原则"：在录取生产井以及设备的压力、电流等资料时,看到应该有变化的数值没发生变化,找不到未变化的原因不放过;发现不应该有变化的数值发生了改变,未查清原因前不放过;数值波动范围不按正常规律变化,没查清原因前不放过。

"三不放过原则"一提出,便在实际生产中取得了良好效果。之后,胡东华又通过不断总结,将其提炼升华为"三不放过资料管理法",让岗位员工通过观测所管辖设备设施的生产参数的变化程度与正常范围比对,判断油井工作是否正常,从而采取下一步措施。按照这个方法,可以在实践中帮助掌握油井生产规律,从而保持稳产高产。由于该方法有提高工作效率、及时发现事故隐患、为油井动态分析提供可靠依据等显著特点,在全厂得以迅速普及。

"三不放过资料管理法"让胡东华"初试牛刀",信心大增,使他更加坚定地走上创新之路。

中岔口站由于所辖油井含蜡高,几乎每天都需要用洗井车洗井,成本高、工作强度大。胡东华到站工作后,对所有油井洗井前后数据资料进行对比分析,摸清结蜡周期,根据变化规律预测油井蜡卡时间,找到有效预防卡井的措施,并以此总结出"电流法判断结蜡情况",变"以清为主"为"以防为主"。该方法应用到他所管辖的油井后,使用洗井车的频率明显减少,单井泵车洗井周期极大延长,降低了热洗费用,受到基层员工的一致好评。该经验推广后,作业区年降低泵车热洗36井次,年节约热洗费用10.8万元。

有时候,创新的灵感源于对细节的捕捉,胡东华对工作中的一些细节也格外留心,比如,可调式油井卸载器就是在细节中发现的创新机会。以往抽油机井在进行卸载操作时,操作人员一般都是用方卡子卡住光杆,坐在井口密封填料盒上,使抽油机载荷脱开悬绳器。一些电热杆等特殊抽油井无法通过方卡子卸载，为了拆装、调整、校准负荷传感器，以及进行井下电缆起下等操作，电热杆井需要经常进行卸载。

"以前的方法是把用于起下抽油杆柱的吊卡作为卸载用具，采用在井口堆放吊卡的方式，多个吊卡叠加累积到需要的高度，再把光杆负荷坐在最上面的吊卡上才能卸载。"胡东华认为，使用这种办法卸载，用手托举堆叠沉重的吊卡会让操作人员相当费力，而且要用很长时间，既不方便又不能保证需要的高度。

能不能设计一种方便快捷的专用卸载工具，解决卸载时间长、效率低的问题？胡东华从多年的习惯操作中发现了思考点。

"关键在于卸载工具要能在一定范围内自由调节长度，从而适用于不同井的卸载高度，还要在卸载瞬间光杆晃动时，稳定支撑住抽油杆柱。"有了突破口，胡东华就开始了不断试错，失败了就重新开始，经过反复试验，最终他发明了可调式油井卸载器。这种卸载器操作简单、使用方便、安全可靠，每次卸载操作由过去30分钟缩短到10分钟，被同事们形容为"卸载神器"。

不拒细壤方成高山。在胡东华的工作历程中，从油井卸载器到一颗固定螺丝，都能看到他创新不拒善小的精神。

由于抽油机长期在野外暴露作业，电动机经常成为一些不法分子偷盗的对象，尤其是一些较小功率的电动机更易丢失。"类似的情况一旦发生，往往会对生产造成严重影响。"胡东华介绍说，以前在野外生产现场，工人们经常把电动机与滑轨，以及滑轨与抽油机底座的固定螺丝焊死，但这样给调整传动皮带松紧等操作带来不便，每次都要再用火电焊切开才能进行调整，且不符合安全规程。

如何彻底解决这个问题？胡东华摸索着从固定电动机的螺丝入手。"只要把螺丝设计成具有防盗功能的，既可以防止不法分子用管钳、扳手等普通工具拆卸固定螺丝，又能够按规范要求随时调整皮带。"

有了想法，胡东华马上就付诸设计实验。螺杆为全扣螺纹制成，现场可根据使用长度用手钢锯锯割；螺母制成圆锥形孔，一端按螺杆直径加工出内螺纹，另一端制成不规则形状。"我还专门制作了一种工具，用来配合扳手拧紧或卸松螺丝。在使用防盗固定螺丝时，截取适合的螺杆，带上上下两个特制螺母，把特制工具插入螺母中，用扳手上紧，取出特制工具后就达到了防盗效果。"

"其实，创新并不难，它来源于生产、生活中的点滴积累和融会贯通。只要大家立足岗位，多开动脑筋，一个好点子、一个小改造、一个小革新就会应运而生。"谈到创新体会，胡东华说。

群体创新中的经济和社会效益

如今在创新工作室，创新者群英汇聚，每时每刻都有可能产生"头脑风暴"。

"一种闸阀自密封组件"就是集众智而擦出的创新火花。

根据国际权威数据统计，工业装置中约20%的阀门存在泄漏问题，每年世界上发生的重大生产事故，有1/3是由阀门泄漏造成的。阀门泄漏往往会酿成重大的人身伤害、经济损失及环境污染。

"目前更换阀门盘根，需要停产放空后才能操作，更换时间长、生产时率低、安全风险大。"2016年，在创新工作室的一次集体讨论中，作为第二任创新带头人的徐立东提出能否研发一种不用停产放空就能更换盘根阀门的想法。

弥补行业短板、解决生产中的问题，是创新工作室成立的初衷之一。徐立东的话引起了不少成员的共鸣，大家一拍即合，投入了该创意

让创新精神生生不息
——记华北油田第四采油厂徐立东创新工作室

● 技师创新团队开展大讲堂活动

的创新研发之中。

"如果有一种新的密封方式，就能实现不停产带压更换。"

"可以设计成带有自密封功能的结构，延长盘根使用周期。"

"还可以选用锥度自密封组件，防止杂质堆积，提升密封效果。"

……

随着一个又一个创新视角的提出，新的闸阀自密封组件在多次试制中诞生。自此，更换盘根平均时间由1个小时减少至10分钟，生产效率得到了极大提高，而且由于无须进行区域停产放空，杜绝了油气或有毒介质的排放，使得操作更安全、更环保。

之后，该项创新成果作为重点扶持和推广产品，被采油四厂各采油作业区广泛应用，并荣获华北油田公司2018年一线创新成果二等奖，2019年河北省创新方法大赛决赛三等奖。

2018年，创新工作室又提出"连杆分开器的研制与应用"项目，以解决实际生产中，游梁式抽油机调整冲程或更换曲柄销子时，连杆与曲柄销子分离困难的问题。

华北油田属于陆地油藏开采，游梁式抽油机是使用最广泛的设备，其中的连杆是起传递曲柄动能作用的重要部件，使抽油机做上下往复运动。当曲柄销子磨损严重时，需要及时更换才能保证正常工作。

更换的传统方法是用绳索捆绑连杆，用人力或者吊车机械力拖曳，才能使连杆与曲柄销子分离。连杆与曲柄销子分离前，需要将绳索稳固在连杆上，由于操作位置较高，操作人员一不小心就有坠落的风险。在拖曳连杆时，经常用到斜铁和大锤，操作过程中，斜铁一旦飞出就会对人体造成伤害。如果使用吊车进行机械力分离，有统计说约有三分之一的概率导致连杆或者曲柄销子不同程度的损坏，损坏严重的就要报废。

● 技能专家正在进行难题解决方案研讨

把矛盾搞清楚了，创新工作室成员就开启了"头脑风暴"。经过反复推敲，形成了一个集中的方案：用一个工具，把螺纹副旋转运动转换为直线运动并把力传递到连杆上，使得原本不相干的两根连杆间产生了作用力和反作用力，从而让两根连杆同时受力脱出。这就是后来研制成功的连杆分开器。

该连杆分开器研制成功后，将原本需要5至6名员工，平均2至3个小时，并且必要时需吊车配合的分离工作，缩减到2人10分钟就能完成。该工具在年均产生效益近30万元的同时，降低了员工的劳动强度和发生工伤的概率，保证了一线人员的操作安全。

创新工作室的很多创新，是为了提高社会效益。比如，为了减少职业伤害，他们研制的"液压顶升悬绳器"就是其中的代表。

"抽油机的悬绳器起到连接抽油杆、传递动力的作用，随着自动化程度的不断提高，悬绳器上下盘之间安装了功图测试单元的载荷传感器，在更换、维修时需要2~3人操作装取载荷传感器。"进行这项工作时，需要先在光杆上打一个方卡子，利用卸载工具支撑在井口。身为一线工作者，创新工作室的成员们深知这种卸载方法不仅工作量较大，而且容易造成设备损坏以及发生安全事故。

一方之任，责无旁贷，何况安全重于泰山。

在"解题"过程中，胡东华团队从千斤顶的工作原理中得到了启发，能不能利用液压技术，使更换载荷传感器时不再打方卡子，而且保证安全。

然而在现场实验中却遭遇失败：由于长期暴露在野外，液压系统安装在悬绳器本体后极易出现泄漏、密封不严等问题，时间一长，达不到要求的举升力，也就无法保证操作；而且液压系统会因增加了重量，使悬绳器的结构变得更为复杂。

"如果利用液压千斤顶直接顶升悬绳器是否可行？"创新遇挫后，胡东华带领团队经过现场反复论证，最终找到了解决办法——利用超薄微型液压千斤顶顶升悬绳。"这套液压装置可以应用于所有类型的油井，千斤顶设计成分离式，不用的时候可以直接取下，避免了长期暴露野外造成损坏。"

如今，利用该套装置更换载荷传感器只需要1人操作，大大降低了劳动强度，且卸载时不需要在光杆上打卸载卡子，有效避免了卡子对操作人员造成挤压、砸伤等事故，以及由于光杆卡子牙印留下的隐患。

让创新队伍不断扩大，创新精神代代传承

"作为新时代工人，我们可以缺文凭，但不能缺知识；可以缺职称，但不能缺技能。有知识、有技能的工人更有力量。"这是广泛流传于创新工作室成员之间的座右铭，显示着自身的价值观和对实现这一价值观的自豪感，也是工作室创新精神不断传承的内在基因。

李华是永清作业区泉一站的一名技术员，2014年，他与胡东华签订了师徒协议。"很庆幸当初加入了创新工作室，师傅不但毫无保留地传授了很多宝贵经验，更是为我制定了相应的培训学习计划。"李华

● 技师创新团队开展"我是技师　安全我先行"活动

说，当师傅发现自己的制图技能和计算机水平有所欠缺时，立刻找来资料和图样，一点点指导，"师傅要求我每天最少绘制一张三视图，靠着这追身的督促，我逐渐建立了立体感，绘制三视图的水平迅速提高。"

在工作中，每逢遇到不懂的问题，李华不管什么时候都会向胡东华及时请教；不管师徒二人工作如何繁忙，每天都会挤出时间学习交流相关问题。通过努力，李华在2014年采油四厂技能竞赛中获得了集输工第二名，以及集团公司技能竞赛集输工银牌的好成绩。

胡东华不仅在知识和技能上手把手地教，在日常工作中更是细致要求。"我刚到泉一站做技术员的时候，对井下作业程序和管柱结构等都不了解，师傅就从井下作业施工的基本操作知识开始，详细讲述了井下的沉砂管、抽油泵、油管、抽油杆等各种设备功能结构和操作方法，不厌其烦直到我能够学以致用，同时鼓励我多思考，用技巧换效率。"

在师傅的指引下，李华也逐渐摸到了创新的门槛，开始了自己的革新之路。

他首先提出了油井管理的合理化建议。抽油井随着时间的延长，生产情况也会发生变化，只有及时调整相关措施，才能做到高产低耗。泉一站抽油机电动机大部分使用的是超高转差率电动机，该电动机的转矩接线型式可以调节。李华提出调整井的转矩型式，使抽油机与电动机保持良好的功率匹配，提高系统效率、节约电能；他还提出对凝固点较低的电加热井，可将停电加热改为加药的方式，使17口电热杆井缩短了加热时间。通过对电加热制度的调整，全年可节约电量60余万千瓦时。

为节约成本，李华还自己动手制作抽油机警示牌，用回收修复的旧料自制抽油机驴头的安全销。这一系列具有创新性的小改小革，不仅解决了生产中的实际问题，而且有效缓解了泉一站紧张的成本压力。

"员工对成为技能人才的认识普遍有一定的偏差,认为操作员工没有上升的通道,做好自己的本职工作就行了,所以对参加创新创效不够积极、不感兴趣。"胡东华坦言,很多员工在刚接触创新的时候,兴趣不足、决心不大,更不知道如何发现现场问题、不会运用各种类型的创新技法解决问题,自身的创新潜能没有被充分挖掘。

激发成员的创新潜能,是创新工作室传承创新精神的重要任务。

采油四厂的孙云鹏是徐立东徒弟之一,2017年,他获得中国石油集团公司集输大工种技能竞赛金牌后被破格聘为集输大工种技师,并于2019年正式加入创新工作室团队。

"被聘为技师后,我萌生了靠着师傅,就可以舒舒服服混日子的想法。"进入创新工作室之初,孙云鹏只是随大溜地参加工作室组织的活动,没有在创新上花更多心思。

为了让孙云鹏更好地融入创新工作室,徐立东从孙云鹏的长处入手,指导他继续参加各项技能大赛,不断接触各类创新人才,开阔他的眼界,让他感到天外有天、不进则退。

"2017年,我在参加集团公司技能比武时发现,和我同场竞技的选手中有不少同龄人都已经成了高级技师,在自己的工作领域成了独当一面的技术专家,拥有多项创新成果。"经过大赛洗礼的孙云鹏认识到,停顿就要被淘汰,要想不断成长,就必须要具有进取心、具备创新能力。

此后的孙云鹏,开始活跃在工作室的各项活动之中,并开始崭露头角。

以往挥发气体中含有硫化氢处理方式是采取将挥发气体密闭收集,然后排引至排空火炬进行燃烧处理,但过程中存在挥发气量不稳定、气液分离效果差,有时造成燃烧不充分、冒黑烟等情况,针对这个问

让创新精神生生不息
——记华北油田第四采油厂徐立东创新工作室

题,孙云鹏开始了创新项目"含硫化氢气体排放治理"的研究。

"混合空气量不足,燃烧器设计不合理,燃烧气量不稳定是造成问题的三个关键点。"作为该创新项目的主要参与人,孙云鹏和

● 孙云鹏在检查维修加热炉

工作室成员共同组成难题攻克小组,通过与实际生产单位、公司技术部门沟通,提出了多项解决意见。通过评估,最终形成了一套完整解决方案:在原燃烧器上加装一套"引导抽风混燃装置",通过加强抽风与部分燃烧废气循环作用,增加燃烧时空气的配比量、部分燃烧废气进行二次燃烧。使得挥发气体燃烧更加充分,达到了排放没有黑烟,氮氧化物等排放指标都达到了国家标准。

在采油四厂永清采油作业区工作20余年的熊艳静,曾先后在轻烃岗、罐区岗等多个重要生产岗位工作,靠着勤学苦干很快就成为岗位骨干,先后获得过集团公司、油田公司、采油四厂"技术能手""技术状元"等多项荣誉称号。

"2006年我成为技师后,接触到了胡东华、徐立东等一批优秀的技术人员,从他们身上我第一次感受到了创新精神,也逐渐看到了自己和他们的差距。"对于当时的熊艳静来说,创新还是一个很陌生的词。"最初的一段时间,这些技术精湛的技术人员会带着我们这些新技师组成创新小组,根据生产中的难题完成一些小改小革。"

2012年,创新工作室成立后,深受创新精神感召的熊艳静主动加

入其中。"在这个创新团队里，小到改善工作条件、提高安全系数，大到工艺设备改进、节省生产成本，我看到大家将创新当成了事业，把个人真正融入了企业的发展中。"受到创新工作室氛围的感染，熊艳静很快就有了自己的成果。

"在将混合轻烃经过高温高压处理后生产液化气和石油醚产品的过程中，经常会出现管线冻堵现象，严重时会造成停产，从而影响液化气和石油醚的生产，造成产量下降。"2013年，永清气处理站在生产中遇到上述这个亟待解决的问题，这给了熊艳静一展创新能力的机会。经过分析，熊艳静发现问题存在是多方面的，"从工艺流程和生产参数上看，是脱乙烷塔顶精馏段没有冷回流，造成液化气组分的损失。而且每次脱乙烷塔回流泵进口管线冻堵都需要进行降压解堵，在这个过程中会造成损失。同时，由于解堵时间长，重新投产时需要调大进料量，当

● 熊艳静在深冷装置区录取压力温度参数

进料量超过装置的设计值时,也会影响液化气产量。"

然而,问题虽然找到了,但熊艳静开始设计的一系列措施,没有根本解决管线冻堵这个问题,出师不利给了熊艳静不小的压力。

创新者可贵之处是愈挫愈奋。在创新工作室,越复杂的问题成因,往往越能激起成员们的创新热情,熊艳静就是这样的人。经过生产参数的反复比对,熊艳静发现运输来的混合轻烃原料中含有游离水,而原料中的游离水经过高压高温分离出来后存在于液化气管线中,游离水是否与轻烃储存量有关?

顺着这个思路,她提出把原石油醚储罐也作为混合轻烃来料的原料罐,和现有原料罐共同使用。两个原料罐经过流程改造,一个用来稳定进料,一个用来卸原料,进一步增长游离水在原料罐中的沉淀分离时间,将原料中的游离水排放掉。这次她抓到了问题的关键,最终,该创新项目保证了稳定装置有效运行,液化气和石油醚收率从原来的78%提升到了目前的90%。

创新精神一经激发,往往势不可当。2019年,熊艳静又提出了"天然气深冷装置运行工艺流程改造"。

永清气处理站深冷装置是从其他站点迁移来的利旧装置,主要生产合格的混合轻烃。在生产运行过程中,深冷装置经常出现干气复热器冻堵、增压机、膨胀机停机等故障,严重影响轻烃产量。

针对遇到的问题,熊艳静和工作室成员共同探寻影响轻烃回收的根源,进行分析和论证,研究具体解决方案。

"为增压机加装一个注醇喷嘴和一套注醇装置,保证连续不断向天然气经过的干气复热器和主冷箱里注入甲醇消除冻堵现象。"

"原来的风冷和防冻液降温的方法无法满足增压机的冷却运行要求。可以利用原发电机闲置下来的一个换热器,经过工艺流程改造,将增压机降温用的防冻液先进入换热器,与循环水进行换热降温后再回到增压机防冻液箱,稳定了增压机温度,也就保证了平稳连续运行。"

"调整天然气进入线路以减小管径,避免管容存水;增大调压阀通气孔隙,稳定调压阀密封气压力,……"

这些只有深入一线、勇于创新的人才能提出的真知灼见,最终形成了一套经过改造的"天然气深冷装置运行工艺流程",以后的运行实践证明,经此工艺,混合轻烃产量得到了明显提高,电能消耗大大降低。

"为培育打造知识型、技能型、创新型、复合型高素质操作员工队伍,我厂紧密结合实际,形成高技能人才培养的合力。积极探索员工职业生涯设计,充分发挥技师创新团队、厂培训基地的作用,拓宽人才在职培训渠道。以技师创新团队、技能人才能力素质提升等为抓手,提

● 徐立东师徒在生产现场交流

高高技能人才经济待遇和社会地位,实现对企业高技能人才的有效培养,有力推动了技能人才各项工作的广泛开展。"采油四厂党委副书记、工会主席王国维如是说。

以学促创 让创新工作室成为成才的平台
——华北油田第四采油厂徐立东创新工作室打造学习型创新组织

赵 为

志而好学，如炳烛之光。

围绕工作中遇到的问题展开阅读，边阅读边对照反思，在学而思中除"罔"解"殆"。

创新团队会员每季度至少阅读一本技术书籍和四篇技术论文，阅读也是一种生产力。

创新团队技师每年需按要求上交一份创新成果论文，并用于交流学习，"思则得之"……

● 胡东华在进行巡检工作

让创新精神生生不息
——记华北油田第四采油厂徐立东创新工作室

学习为创新注入了不竭动力。在华北油田第四采油厂徐立东创新工作室，通过建章立制，营造良好学习氛围，打造出学习型创新组织，用不断的自我提升，赋予创新持久生命力。

制度保证学习常态化

"创新是什么？通俗点讲就是别人没想到的你已经想到了，别人没发现的你已经发现了，别人没做成的你做成

● 徐立东组织攻关小组进行难题攻关研讨

了。创新的范围很广，它涉及社会的各个领域。创新包括理论创新、科技创新、文化创新、制度创新、机制创新、管理创新以及其他各个方面的创新。"

"创新思维具有流畅性、灵活性、独创性、精细性、敏感性和知觉性等特征，包括发散思维、质疑思维、逆向思维、直觉思维、灵感思维、横向思维等。"

……

这是2022年10月20日，在创新工作室的一次培训活动中，领头人徐立东在为成员们讲解"创造创意与创新"。在创新工作室，类似的交流活动每个月都会举办。

● 徐立东作为主教练培训选手在集团公司职业技能竞赛上获3金、2银、团体第一、团队项目金奖的优异成绩

在创新工作室，学习已经成为常态。"我们建立了'两课一群'学习制度，在每月下旬组织一次创新团队大讲堂，每月上旬晚上组织一次技能大师小课堂，以培养团队成员主动学习的积极性，为科学有效地开展技改创新活动提供重要保证。"团队成员介绍道，"大讲堂"主要通过外请讲师、专家和利用自身创新团队核心成员资源优势，面向全部团队成员授课，着力解决选题立项、技术创新方法等大家普遍关注的学习方法上的共性问题；"小课堂"则充分依托华北油田公司级以上技能专家、技术能手以及专业技能精湛的内部培训师队伍，面向自愿弥补"短板"的团队成员，每月开展一次专题授课，内容紧贴实际工作需要，精准解决疑难问题，达到整体提升的目的。同时建立技师创新团队QQ群和微信群，不受时空限制，有问题随时出点子，有想法共同谋落地。

让学习成为创新工作室每个人的自觉

"加入创新工作室以后，我被这里浓厚的学习氛围所吸引。"1988年出生的陈晓潘是创新工作室成员王新亚的徒弟，如今是第四采

让创新精神生生不息
—— 记华北油田第四采油厂徐立东创新工作室

油厂廊东采油作业区廊一站运行班长。

从熟知设备内部构造到掌握工艺流程,从制作演示动画到CAD制图,陈晓潘可以说是自主学习的受益者,"通过自主学习,我还取得了中国石油大学油气储运网络教育的本科学历。"

一切精彩都离不开学习。徐立东创新工作室在创立之初就立下了宗旨:注重成员们学习意识的觉醒和学习习惯的养成,让每个人掌握通过学习改变命运的主动权。

"只有形成自觉意识,才有持续学习的动力,形成反思、反馈、共享、有活力、有效益的良性循环。"在采油四厂,创新工作室不仅是创新者的聚合体,同样也是一个不断扩充业务知识,更新思维观念的学习型组织。

领导重视、组织有力、形式灵活、载体多样的学习型创新工作室,能够有力地推动各项工作的进展。

● 创新工作室成员在生产现场研讨解决难题

学习须"躬行实践"，在创新工作室，在干中学、学为干成为大家的共识，进而以此形成了浓厚的理论联系实际的学风。"行是知之始，知是行之成"，员工的综合素质、工作的质量效率在学习与实践中显著提升。

现在，创新工作室的每一位成员对日常岗位工作都有了更新的认识，对创新有了更深的理解和更高的标准，整体业务能力和管理水平稳步提高。大家在建设学习型组织的过程中得到实惠，凝聚力不断增强。

在为企业培训人才上大展身手

营造自主学习氛围，目的是更好地培养高技能人才。

"创新工作室培养人才是以技术能手、技师、高级技师、油田公司

● 胡东华在为青年员工进行创新成果展示

技能专家、集团公司技能专家、技师创新团队领衔带头人等高端技能人才为主,以提高技术革新、技术攻关和创新创效能力为主要方向。"胡东华说,为了实现上述目标,创新工作室打造了高技能人才培训体系,建立年度考核和聘期考核等动态考核机制,并在评选先进、选树典型、科技认证等方面给予政策倾斜。同时有重点地做好紧缺工种高技能人才的储备性培训,"根据操作人员职业特点,我们对技师进行系统的考评前培训并创造一切条件,让技能人才能够高质高效完成公司两年一次的能力提升轮训。"

创新工作室在实施各种培训中,充分与生产岗位特点、节本降耗、提高质量和工作效率相结合,为实施"一岗精岗岗通"为目标的大岗位、大工种提供技术支持与合格的人员保障。让员工以掌握本岗位技能为起点,向多岗位技能延伸,达到一专多能,一人多岗,成为多岗通型职业化操作员。

接受这种培训的职工,先根据工作岗位选择大工种中一个具体岗位参加培训,经考核取得该岗位职业资格证书之后,再参加大工种内其他工种的培训和技能考核,当通过培训获得大工种内全部工种职业资格证书后,即具备"大工种"岗位上岗操作资格。

对已经熟练掌握本岗位操作技能的员工,每取得一个拓展工种职业资格证书的,落实河北省相关政策给予补贴;对最终取得大工种资格人员,由单位在其内部分配政策上予以倾斜激励。通过学习培训实现一人多证、一人多岗,有效地提升了员工素质,适应了企业技术进步的需要。

截至目前,已经有近上万人次操作员工参加各类培训,758人取得大工种上岗资格。

艰苦奋斗永葆本色
创新创效担当作为

——记华北油田第五采油厂苏国庆创新工作室

□ 贾熠娟

艰苦奋斗永葆本色 创新创效担当作为
——记华北油田第五采油厂苏国庆创新工作室

"解决实际生产难题就是创新。"自2010年成立以来,苏国庆创新工作室坚持以解决生产现场实际难题为导向,团队着眼一线,立足岗位,奋勇担当,在他们持续创新的道路上石油工匠精神熠熠生辉。

提放式螺杆泵泄油器、油套单向连通阀、抗扭杆牙块、油管桥横担固定装置、法兰撑开器、钢丝绳顶杆……数年来,他们圆满完成了一个又一个技术攻关项目,取得了一项又一项喜人的成果。这些创新成果的应用,减轻了一线工人的劳动强度,减少了操作安全风险,提高了生产效率,消减了环境污染隐患,切实为促进生产提质增效作出了积极贡献。

自成立以来,该工作室共解决一线生产难题21项,荣获各级创新成果奖117项,获得国家专利24项。其中,有4项创新成果在华北油田公司范围内推广应用,27项创新成果在第五采油厂推广应用,累计创造经济效益2000余万元。与此同时,工作室培养出河北省能工巧匠1人,华北油田公司能工巧匠2人,华北油田公司技能专家2人、高级技师7人和技师6人。2015年,苏国庆创新工作室被评为河北省职工创新工作室、河北省工人先锋号。工作室创建人苏国庆于2013年被评为河北省能工巧匠、2014年被评为河北省劳动模范、2015年被评为河北省敬业奉献道德模范、2017年获全国五一劳动奖章。这些亮眼的成绩,见证了工作室全体成员的艰苦奋斗与担当作为。

创新创效是新一代石油人的使命担当

"一代人有一代人的使命,一代人有一代人的担当。老一辈石油人吃苦拼搏,献身祖国石油事业,是为实现自力更生。我们新一代石油人继承优良传统,接力奋斗,是为生产提质增效。要实现这一目标,唯有不断开拓创新。"在工作室创建人苏国庆看来,艰苦奋斗是流淌在石油人血液里的精神本色,创新创效是新一代石油人应自觉肩负起的使命和担当。

苏国庆的父亲就是一名"老石油",他也曾被评为河北省劳动模范。"年少时,我总听父亲讲起他参与大庆油田和华北油田会战时的经历。从他的言语间,我能感受到那种发自内心的荣誉感和自豪感。从他的身上,我看到了老一辈石油人的爱国情怀和奉献精神。"谈及父亲对自己的影响,苏国庆说,从那时起,他就想像父亲一样,做一名光荣、优秀的石油人。

1992年从技校毕业后,苏国庆成为一名井下作业工,在修井一线一干就是30余年。"以前只知道修井工作脏、累、苦,需要有吃苦耐劳的精神。等自己真正上手后才意识到,光不怕苦、不怕累是不够的。要干好修井工作,关键是要具备过硬的操作技能,这需要技术知识的支撑。"

怎么办呢?沉下心来,从头学起。苏国庆买来《井下工具结构与原理》《采油技术手册》等10余本专业书籍,利用业余时间,如饥似渴地学习。一有机会,他就盯在现场、钻进工房,刻苦练习各项技能。功夫不负有心人,他很快就成长为一名能够独当一面的技术能手。

苏国庆说,那时候,每天都有使不完的劲儿。每每掌握一项新技能、解决一个修井问题,喜悦和成就感都会油然而生,让人忘记身体上

艰苦奋斗永葆本色 创新创效担当作为
——记华北油田第五采油厂苏国庆创新工作室

的疲惫……

依靠创新驱动转型发展是我国石油产业实现高质量发展的必由之路，这要求新时代的石油工人不断增强创新意识、提升技术创新能力，不光要

● 苏国庆精心打磨研制制作的钢丝绳顶杆

能干，还要会巧干，为推动公司高质量发展贡献力量。

数十年来，苏国庆立足本职岗位，从解决生产一线遇到的实际难题着手，勤学常思，潜心钻研，从一名普通的修井工人迅速成长为一名有知识、懂技术、敢创新的复合型人才，并成为油田的技术带头人。

2007年，在华北油田公司井下作业机操作手技能比赛中，苏国庆以理论和实际操作总分第一的成绩荣登榜首，成为第五采油厂作业大队第一个在技能竞赛中获奖的人。2008年，在华北油田技能竞赛上，苏国庆再次在井下作业项目中摘冠。2012年，在集团公司技能竞赛中捧金后，他被授予"集团公司技术能手"称号。

为将更多热衷于创新的人聚集在一起，汇聚大家的智慧共同解决更多的生产难题，2010年，在第五采油厂各级领导和各部门的大力支持下，苏国庆创新工作室正式成立。工作室的建立从场地、设备、人员、资金、技术等方面，有效解决了一系列困扰基层员工创新创效的问题。

工作室现有成员18人，团队主动承担本单位的技术攻关项目，积极开展创新创效活动，从地面施工设备、施工用具到井下配套生产、打捞工具的研制，着力解决生产现场的各种难题。与此同时，他们以工作室

为依托，积极开展技艺传承、技能攻关、技术讲堂，致力于发现人才、培养人才、凝聚人才，不断推动高技能人才和青年创新人才队伍发展壮大。

"解决实际生产难题就是创新"

"其实，创新离我们并不遥远，解决实际生产难题就是创新。"苏国庆第一次有这样的感触，是在2005年井下作业公司的一次创新成果展示会上。

"那次展示会上，各兄弟单位几乎都有创新成果，唯独我们采油五厂作业大队一项成果都没有，当时觉得真是太丢人了！其实，当时我们应用在生产工作中的创新方式也有，只是理念上没有上升到一定的高度，技术上没有再进一步钻研和提升。当看到其他单位的成果都是围绕解决生产过程中遇到的问题而加以改进和创新时，我深受触动！"苏国庆说，从那以后，他更加注重围绕实际工作，从小处着眼，为解决具体问题进行技术改良、技术攻关。

液压钳是作业工最常用的工具，其最长处约70厘米，重达六七十公斤。过去，起下油管作业现场液压钳退出时，经常会因一个小弹簧与液压钳壳体摩擦发生旋转、带动换向旋钮转动，而造成液压钳突然反转、摆动的情况。若被

● 苏国庆为员工悉心传授修井工用具技术

撞到，工人轻则摔个跟头，重则会被撞伤。为此，大家总是小心翼翼，作业效率自然也受到了影响。

见大家屡屡"吃亏"，苏国庆与这个爱"惹祸"的小弹簧较上了劲。"我花两毛钱换了个材质更坚硬的弹簧，在它的最下端弯个钩，嵌进打好的小孔中固定好，它就不会转动了。"这个小发明实用、好用，为井口作业工人解决了"后顾之忧"！

一个采油树顶丝快速取出器，让原本需要两个人配合、耗时20分钟完成的操作，简化到只需一名员工、用时5分钟即可搞定，解决了油井由于长时间不作业造成的萝卜头顶丝与采油树大四通锈死难题；一个简易的抽油机卸载钢丝绳保护套，让工人不用再担忧钢丝绳磨损、断裂，造成4吨多重的抽油机曲柄轰然掉落；在液压钳尾绳销子上加装挡片和弹簧配合的销子，使其更易插拔、不易损坏和伤人……在苏国庆数十年的从业经历中，这样的改良和发明不胜枚举，深受工友和其他采油厂作业队的欢迎。

"作业工工作辛苦，能为他们解决几个实际工作中遇到的困难和问题，并得到他们的认可，我就觉得自己的工作没白干，有价值、有意义！"这些年，苏国庆一直有一个习惯，不论何时何地，有什么新想法、好点子，都会随手记录在手机备忘录里。

"小"处改良，"难"处攻关。"强化技术、锤炼作风、锐意创新，才能护航生产。"秉持这样的理念，苏国庆和工作室创新团队怀着饱满的热情和斗志，积极投身到创新创效实践中，为解决生产实际难题贡献智慧和力量。

2018年，积极响应国家环境保护法要求和公司"绿色矿山建设"理念，核心成员巩新国提议研制一种工具，以解决当时在射孔工艺方面存在的一系列问题。

第五采油厂平均每年射孔施工作业40井次左右，此前，整个传输射孔管柱处于油套不连通状态。传输射孔管柱下井前，套管会按要求灌满修井液。传输射孔管柱在下井过程中，每下降1000米，就会有4.2立方米修井液从套管溢出至井口外，清理和回收都很困难。同时，每下500米传输射孔管柱，需要泵车向油管内灌满修井液，以保证油套内外压力平衡。这不仅造成了环境污染，还大大增加了工人劳动量和生产作业成本，同时延长了占井周期，影响了原油产量。

工作室创新团队查阅相关公开技术资料后发现，现有技术尚不能有效解决现场出现的这些问题。"巩新国首先提出一套解决方案，于是，大家就利用晚上休息的时间，结合这个方案展开集中讨论。经过十几天的讨论和反复修改，最终形成了3种不同的结构设计方案。"苏国庆回忆。

接下来，团队充分利用工作室计算机三维模拟的技术优势，完成了3个方案的计算机三维模型设计。经过与工程技术人员讨论优化选型，最终确定了"调压式单向连通阀"的结构设计方案。

设计方案完成后，团队第一时间带着设计图纸和工具工作原理、技术指标等详细资料，与大队和厂科技部门进行沟通，大队领导也与厂主管领导积极协调资金支持。为了尽早进行产品加工试验和应用，在资金尚未到位的情况下，团队提前与机加工厂进行技术交底。机加工厂提前介入，先行完成了调压式单向连通阀的前期准备工作，这为缩短研制周期提供了保障。

"时间就是效率，早一天将产品推广应用，就能早一天减少环境污染、促进生产提质增效。"苏国庆说。由于前期准备工作充分，试验加工资金得到批复后，机加工厂只用两天时间就完成了样品的加工。之后样品在6口井进行现场试验，各项技术指标均达到了设计要求。

2019年，此项创新成果通过专家评审，获得华北油田公司专项创新产品推广资金支持。经过招投标，加工完成10套产品。目前，调压式单向连通阀已成功应用到上百井次的传输射孔作业中，累计创效120余万元。2020年，在华北油田公司"我为企业高质量发展献一策"金点子征集活动中，该创新项目荣获一等奖，同年获得公司基层创新创效产品推广应用二等奖。

"调压式单向连通阀的成功应用，加快了修井作业进度、提高了作业时效、缩短了占井周期，同时消除了施工安全风险、改善了工人工作环境、减轻了工人劳动强度。在贯彻落实环境保护法，推动绿色生产、清洁作业、保护环境方面，发挥了十分积极的作用，在维护石油行业形象方面产生了良好的社会效益……"说起此项创新成果的价值，苏国庆脸上洋溢着欣慰的笑容。

创新是"关关难过关关过"的执着探求

创新从来不是一个一蹴而就的过程，每一项成绩的得来都殊为不易。

2015年，为从根本上解决螺杆泵检泵等作业时的污染问题、有效控制井内污染源不出井筒，工作室创新团队着手研发提放式螺杆泵

● 苏国庆一丝不苟地测量研制的新型抽油杆悬挂器尺寸

● 苏国庆与创新工作室团队成员研讨自封短节设计方案

泄油器。

他们首先遇到的就是技术难题，当时查阅资料发现，应用于螺杆泵采油管柱的泄油器技术在国内尚属首创，没有可以借鉴的相关技术资料。

无经验可借鉴，便摸索着前行。从论证项目可行性到讨论具体方案，从整体结构设计到一个密封圈的规格选择，研发团队克服种种困难，用时近两个月，终于完成了整个项目的设计工作。

技术问题解决了，又遇到缺少研发资金的困难。项目结构设计工作完成后，需要资金支持才能加工出样品进行试验。"项目预计单套加工费用近万元，主抓该项目的赵工多次到厂里协调立项工作，因为立不了项就意味着没有厂里的资金支持，没有资金就加工不出泄油器样品，就不能及时验证泄油器在井下工作的可靠性。"苏国庆回忆，那时候，他和赵工带着相关技术资料，多次到厂科技信息中心、工程技术研究所等部门，就该项目在促进清洁施工、文明生产、保护环境等方面的积极作用进行详细汇报。终于，项目在厂成功立项，取得5万元的研发资金支持。

下一步，就是找合适的机加工企业加工样品。按照泄油器的设计要求和相关规定，辛集市本地并没有符合要求的加工企业。经多方打听咨询，他们终于联系到河间一家具备井下工具加工和检测能力的企业。10多天后，团队将两套提放式螺杆泵泄油器试制样品拿到了手。经过在泽10-85、泽70-20两口井进行现场试验，达到项目研发的各项技术指标和使用要求。

"逢山开路，遇水搭桥，遇到什么困难就着手解决它。别轻易放弃，办法总比困难多！"这些年来，正是凭借这样一种求真务实、善作善成的态度和作风，苏国庆和工作室创新团队攻克了一个又一个难题，收获了累累硕果。

2016年，提放式螺杆泵泄油器申请国家专利，2017年取得国家实用新型专利证书。该项目获得第五采油厂科技进步三等奖，同年列入华北油田公司创新创效推广计划，22套提放式螺杆泵泄油器完成交付、验收。2017年、2019年和2020年，第五采油厂和华北油田公司拨付专项资金对产品进行推广，提放式螺杆泵泄油器被成功应用到数十口井的螺杆泵采油井中，并获得公司基层创新创效产品推广应用二等奖。该提放式螺杆泵泄油器结构简单、性能稳定，不仅能有效避免环境污染，还大大提高了作业进度，受到现场操作者及管理者的一致欢迎。

关关难过关关过，事事难成事事成。在苏国庆和工作室创新团队的身上，我们看到了勇于创新、勤于钻研、攻坚克难、锲而不舍的优良作风，这是新时代石油工匠精神的生动体现！

创新靠的是精诚合作、同频共振

从业数十年来，苏国庆的创新精神感染着身边每一个人。

尚兵是工作室成员之一，在他眼里，"苏师傅"是大家学习的榜样。"苏师傅身上那种勤于钻研、精益求精的精神令人佩服，他的创新之路、成长之路始终激励着我奋勇拼搏。"尚兵说，刚到第五采油厂时，自己一度因井下作业太苦太累而沮丧、消沉。直到有一次他和同事去听苏国庆讲课，方才懂得"干一行、爱一行、钻一行、精一行"的道理，是"苏师傅"激发了他对修井工作的热情。

"大家愿意同我一起搞创新，这是好事！我自己浑身是铁，也打不了几颗钉子，更重要的是，带动更多的人投身到创新创效实践中。"作为创新工作室的带头人，苏国庆鼓励大家充分发挥工作在生产一线的优势，及时发现和收集生产现场遇到的难题，集思广益，攻克难题。

"苏师傅擅长引导大家去发现问题，先独立思考，提出自己的想法和建议，而后再集中讨论、共同研究解决办法。这调动了大家参与创新创效活动的积极性，对促进个人成长进步和提高团队协作效率都大有好处。"工作室成员段建杰说。

现在，从攻关项目立项、确定问题的关键原因、提出解决方案、方案细化，到样品加工制作、模拟试验、现场试验、确定效果，再到创新成果的推广应用，工作室已探索出一套完整的闭环管理模式。

在不同项目的攻关过程中，团队会根据实际情况和成员各自的能力专长，优选攻关课题组负责人和成员。同时，对实施方案实行"指定负责人结合攻关技术顾问"制度，从图纸绘制、产品加工制作、现场实施、持续跟踪到效果测定，再到后期资料整理，每一个环节均指定专人负责，一站跟踪到底。

高勇龙是工作室成员之一，他在工作中发现油管桥横担存在固定烦琐、固定方式不牢固的问题，尤其是使用棕绳捆绑滑道，极易因绳索断裂造成安全事故。

高勇龙提出这一问题后，工作室成员就此展开分析研讨。大家一致认为，在工作室现有能力和加工条件下，立足小修作业现场进行创新攻关，可以解决

● 苏国庆与同事一起在修井作业现场维修液压动力钳

这一难题。随即，团队便成立了以宋志刚为组长的攻关小组，指定宋志刚、苏国庆负责总体策划，芮明明、余荣光负责加工制作，尚兵、高勇龙负责现场试验，巩新国、段建杰负责效果检查。大家分工明确、团结协作，发挥个人特长，汇聚集体智慧。

攻关项目实施初期，课题组成员向井下维修工具专业厂家、质量技术监督局等单位进行了咨询，通过网络数据库查询到相关专利技术8项，在综合分析的基础上，对其中合理的部分进行了总结和借鉴。经研讨，课题组将产品的效果目标设定在：将油管桥横担安装固定时间从原来的15分钟缩短至5分钟以内；将其使用目标设定在：适用于多层油管组成的油管桥横担，操作简便、固定牢固，消减由油管桥横担松动、分离、倒塌带来的安全隐患。

围绕上述目标，课题组成员共提出了4个总体解决方案。方案初评

过程中，宋志刚和苏国庆使用SolidWorks软件画出了各个方案的三维图形，高勇龙使用3Ds Max软件生成了三维动画进行立体演示，大家就各个方案的安全性、技术可行性、经济性等展开分析讨论。最终，3号方案进入复评阶段。

复评过程中，余荣光、芮明明加工制作出一个简易的包括底部固定器和挡板的固定装置，用来进行现场试验，验证底部固定器、挡板固定的可行性。经过现场试验，确认底部固定器和挡板的关键功能试验达标。因此，课题组选择3号方案进入总体方案的细化环节。

针对3号方案，课题组成员进一步提出了两种二级总体方案，再次经过上述论证后，最终确定"铰链式油管桥横担固定装置"为最佳总体方案。在方案的细化过程中，团队又将滑动调节油管滑道固定装置的总体方案分解为：底部固定器、固定挡板、空心连接螺栓、定位螺栓4个部分，再次通过分析、对比、试验的方法，经评价、选择对各个部件进行细化优化，确保产品可进入实施阶段。

方案完成后，课题组成员严格按照"5W1H"原则制定实施对策表，而后严格按照对策表分步实施。由苏国庆、余荣光、芮明明进行加工制作；成果加工完成后，由宋志刚、苏国庆、尚兵在辅助生产区工作室进行组装试验；试验达标后，由尚兵、高勇龙、宋志刚在作业现场进行现场试验。巩新国、段建杰、高勇龙对应用效果进行评价，确定达到预期目标。

之后，由宋志刚、高勇龙对整个攻关过程中的资料进行汇总，宋志刚负责准备汇报材料、申报专利，苏国庆负责相关图纸的制作和保存，宋志刚、苏国庆负责相关使用规程的编写。最终，大家共同完成成果在单位的推广应用。

每一个环节的推进，每一项步骤的把控，每一个细节的优化，都彰显出工作室每一个成员的"匠心"！这背后，是他们高度的责任感、求真务实的创新精神和精益求精的工匠品格。

千人同心，则得千人之力。正如苏国庆所说："创新靠的是精诚合作、同频共振。只有大家心往一处想、劲往一处使，齐心协力，才能事半功倍，才能彼此成就。"

第五采油厂苏国庆创新工作室制度机制概览

贾熠娟

自2010年成立以来，苏国庆创新工作室重点围绕修井作业、管道维修一线生产实际，开展技术革新、难题攻关、人才培养和降本增效创新创效活动。他们主动承担本单位的技术攻关项目，大力解决生产现场遇到的各种生产难题；积极开展技艺传承、技能攻关、技术讲堂，致力于培养更多的高技能人才和青年创新人才；利用工作室机加工设备，对单位损坏的工具、配件、设备等进行维修，为进一步推动降本增效贡献智慧和力量。

数年来，在全体成员的共同努力下，工作室的发展取得累累硕果：技术创新成果不断涌现，专利奖项纷至沓来，不仅为企业创造出高额经济效益，同时推动高技能人才和青年创新人才队伍建设再上新台阶……"不以规矩，不能成方圆。"这些成绩的取得，离不开一系列规范高效、运行顺畅、充满活力的制度机制保驾护航。

服务一线扎实有力

为进一步增强工作室成员提质增效意识、规范提质增效行为、提高提质增效质量，引导工作室成员自觉接受监督、树立良好形象，更好地发挥技能人才引领、聚力、攻关、创新作用，苏国庆创新工作室严格落实《工作室生产现场提质增效制度》。

一是落实生产现场服务长效机制。创新工作室每季度至少开展一次赴生产现场提质增效活动，深入基层，开门纳谏，广泛征求意见和建议，认

● 苏国庆在修井作业施工现场整改吊卡销子安全隐患

真梳理员工提出的生产难点问题，并及时予以反馈。

二是落实员工创新工作室与基层单位联动机制。创新工作室定期参加由人事科（组织部）牵头组织、每半年开展一次的技能专家、技师（高级技师）、业务骨干提质增效巡诊活动。

三是落实效果跟踪制度。创新工作室对提质增效措施方案、意见建议建立书面记录，并定期进行跟踪回访、持续跟进。

四是开展生产现场提质增效服务，做到首问服务、全程服务、规范服务、高效服务。针对基层生产难点问题，提供切实可行的提质增效建议，认真记录，并负责到底；对提供的提质增效建议进行全程跟踪、随时调整，保证建议可行性与可操作性；随时接受监督，建立和实行责任追究制，规范服务行为；提高工作效率，积极主动，做到急事急办、特事特办，力争为基层单位多解决生产技术难题。

攻关模式运行高效

苏国庆创新工作室以项目化管理的形式开展技术攻关等创新创效

活动，优选攻关课题组负责人和成员，推行从立项、攻关、试验，到应用、推广的闭环管理模式。

具体的创新攻关模式如下：

发现问题 → 分析问题 → 确定是否攻关 → 立项攻关 ↓
解决问题 ← 现场验证 ← 提出解决方案

创新攻关流程图

工作室利用成员都在生产一线的优势，鼓励大家及时发现和反馈问题，同时定期在单位征集生产难题。

难题征集后，工作室成员集中进行研讨，分析问题产生的根本原因，讨论解决问题的大体思路，结合工作室现有能力水平和具体情况，决定是否立项攻关。

攻关过程实行从立项、确定关键问题、提出解决方案、方案评估、方案细化、样品加工制作、模拟测试、现场测试、确定效果，到应用、推广的闭环管理模式。

在不同项目的攻关过程中，团队会根据实际情况和成员各自的能力专长，优选攻关课题组负责人和成员。同时，对实施方案实行"指定负责人结合攻关技术顾问"制度，从图纸绘制、产品加工制作、现场实施、持续跟踪到效果测定，再到后期资料整理，每一个环节均指定专人负责，一站跟踪到底。

学习交流激发活力

工作室每季度会组织召开一次专题会议，进行技术研究、学习培

攻关闭环管理模式

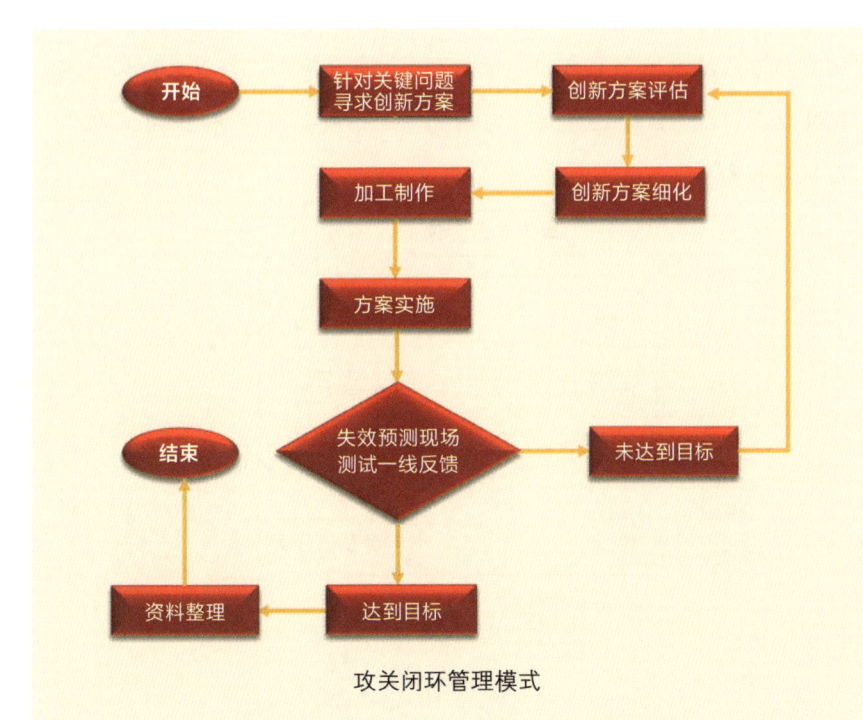

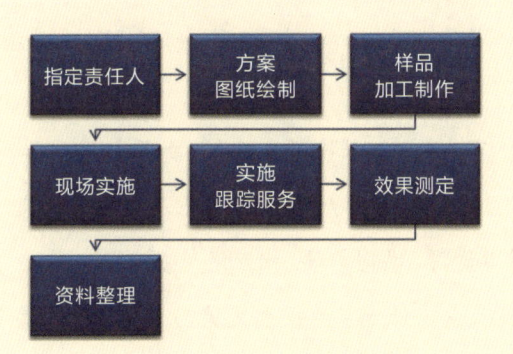

专人负责、一站到底流程图

训、心得交流、阶段性工作总结及安排。根据收集掌握的信息，以灵活多样的方式开展研究攻关活动，以解决生产现场难题。成员根据自己的特长和爱好，有计划、有针对性地开展自学、互学，深入学习与生产相关的专业技术和技能知识，做好研究，每年有1~2项成果论文参与厂级以上评选。成员每年对学习研究情况形成登记分析表，年底报厂人事科备案。

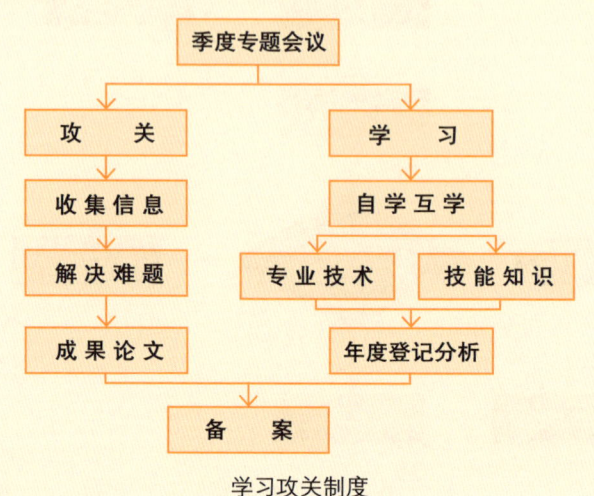

```
           季度专题会议
          ┌─────┴─────┐
         攻 关        学 习
          │           │
        收集信息      自学互学
          │        ┌──┴──┐
        解决难题  专业技术 技能知识
          │           │
        成果论文   年度登记分析
          └─────┬─────┘
              备 案
```

学习攻关制度

工作室搭建纵向、横向的技术交流平台，促进技能人才和技术人才成长，造就一批技术型、技能型、创新型、攻关型及复合型人才队伍。

以技能专家为核心，以技师为辐射，加强与基层各单位技能骨干的内部交流沟通，坚持每季度举办一次基层技能骨干交流学习培训，互通信息、共享资源、共同学习、相互促进。

加强与行业系统外专家的技术交流与合作，适时请进来和走出去进行技术学习与交流，达到相互学习、共同提高、共同发展的目的。

按不求所有、但求所用的原则，邀请外油田有重大影响的专家或技术人才前来授课、研讨、指导及交流，借鉴和吸收外单位技术经验。

不断吸收有能力、有潜力、有共同参与学习研究并有一技之长的生产骨干加入，对不作为、无工作热情、年度考核差的成员进行清退。

根据需要，不定期选派成员到其他油田、科研院所、石油高校学习取经。参加交流学习的成员写出经验交流材料在厂内交流并存档。

培训传技培育人才

在带徒传技方面，工作室坚持专业、技能、工种对口和分层次培养原则，按照油田公司和采油厂员工队伍建设规划，做好对有发展潜力的技术、技能人才的"传、帮、带"工作。

根据油田公司和采油厂需要，工作室做好人才培养工作，积极承担各级培训任务。每年培训技能人才不少于24课时。通过视频、手机等多种途径帮助基层员工解决工作学习中遇到的问题，把技术技能特长传授给员工。每年底对工作室成员"师带徒"工作进行量化评价，评选出1对明星师徒，作为晋级和动态调整的依据。

工作室以提升员工技术技能水平、规范岗位操作技能、降低安全环保事件的发生为主轴，开展培训活动。

根据采油厂、应急抢险站的安排，工作室在年初制定培训计划，

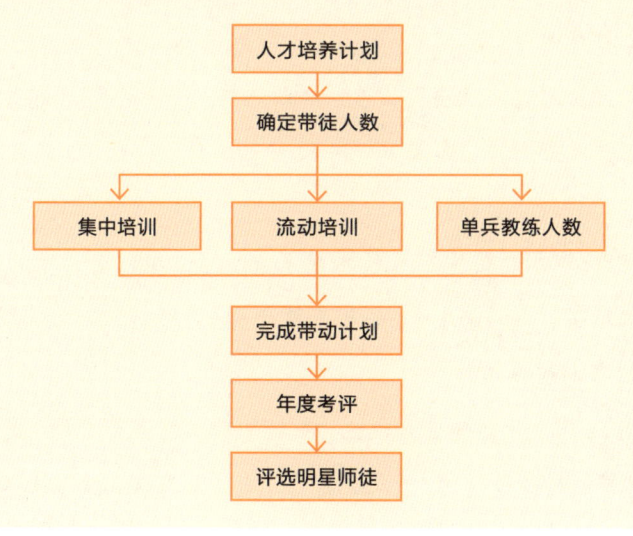

```
人才培养计划
    ↓
确定带徒人数
    ↓
┌─────┬─────┬─────┐
集中培训  流动培训  单兵教练人数
           ↓
        完成带动计划
           ↓
         年度考评
           ↓
        评选明星师徒
```

定期进行有关井下作业、管线维修的专业技术技能知识、岗位操作规程、应急抢险工具使用等方面的培训。

同时开展订单式培训，根据员工需求，在员工职业技能鉴定、技能竞赛、计算机绘图、创新方法应用、PPT制作等方面进行培训，提升员工职业技能等级考核的通过率，同时提高员工创新能力。

为更好地激励成员积极参与创新创效活动，对工作室成员的创新成果从是否解决一线生产难题为出发点，择优上报厂员工创新工作室，参评厂级及以上创新成果，同时大队也有相应奖励。

日常管理规范有序

创新工作室认真贯彻执行国家和集团公司有关方针政策，执行厂有关规定及管理要求。

积极宣传关于创新工作的方针政策和高技能人才的地位、作用及岗位成才经验，努力形成一个重视技能、尊重技能人才的工作氛围。带动生产技术的普及应用，推广本领域先进技术，通过开展创新活动，提升员工技能水平。

每月组织召开一次会员大会，内容包括：汇报前期创新项目进展情况、生产难题分析、布置下一阶段重点工作、明确分工负责具体内容等。

不定期举办专题讲座及技术攻关研讨会，组织会员参加交流研究、技术攻关、培训讲座等，每年开展会员"师带徒"活动，做好技能人才的储备与培养工作。

每年组织召开全体会员大会，将全年的工作进行总结，发布创新成果，推广创新成果转化，开展新技术、新技能交流，撰写技术论文，布置第二年规划。

维护工作室成员的专利与创新项目(成果)的知识产权归属,向相关部门反映会员意见和要求,维护会员合法权益。

勇破难关 执着创新 草原深处藏着一群创新的"狼"

——记华北油田二连分公司大华创新工作室

□ 阙影 张义

勇破难关 执着创新 草原深处藏着一群创新的"狼"
——记华北油田二连分公司大华创新工作室

内蒙古自治区锡林郭勒盟锡林浩特市的中国石油华北油田公司二连分公司"淖尔油田"地处草原深处，开发以来的十几个年头里，淖尔石油人兢兢业业、默默耕耘在祖国的边陲，把青春、汗水、欢乐、希望——播撒在这广漠的草原深处。

目前，淖尔油田已进入开发后期，随着油田稳产难度逐年加大，油田产出液具有的特殊性导致现场管线、设备流程受腐蚀结垢影响较大，加之设备老旧的影响，生产成本不断提高，基层采油单位成本效益问题日益突出。同时，随着新《草原法》的实施，也要求身处草原腹地的基层采油单位在工作中更加精细。

在此背景下，2013年，淖尔油田作业区"大华创新工作室"正式成立了。在这里，以刘大华为带头人，一群志同道合的人聚在了一起，在踏实搞好生产工作的同时，他们充分利用业余深造的扎实理论知识，结合实际生产中的情况，创造、创新出了百余项科技创新、技术革新。

从锡林郭勒到阿尔善，再到祖国边陲线上的淖尔作业区，刘大华和"大华创新工作室"都被人津津乐道。2015年1月5日，经河北省总工会、科技厅评审认定，"大华创新工作室"获得省级职工创新工作室命名，并授予"河北省工人先锋号"荣誉称号。

启航：锅炉房里诞生的创新工作室

"较真"的"学生娃"

"我要扎根在这里！"1997年的春天，刘大华坐在摇摇晃晃的大巴车上，一路从锡林郭勒来到淖尔作业区，看着窗外一望无垠的大草原、白色的羊群、奔跑的骏马，他的内心久久无法平静，暗暗下定决心要将自己奉献给他热爱的石油事业。

那一年，刘大华刚从华北石油学校采油专业毕业，如愿来到二连石油队伍，成为淖尔作业区淖一联合站输油岗的一名工人。

上岗后，刘大华日复一日做着巡查、抄读数、填报表、扫地的工作。这些工作在很多人眼里没什么技术含量，刘大华却每一件都认真对待，在他看来，这些都值得学习、请教和实践。

"哎呀，又漏了！"2004年5月的一天，刘大华跟随抢险补漏队巡查时，发现地面渗出了大量油水。原来，淖尔油田由于油层产出水矿化度高、二氧化碳和硫酸盐还原菌含量高、清水中含溶解氧高，水系统腐蚀和油系统结垢严重，导致联合站内外管网每年要穿孔200多次。而抢险补漏队的人员又少，每次忙不开时就得从其他岗位调人打"增援"，耗费大量人力。

作业区也想过对管网进行流程改造，但每次都因为地下管网的走向和连接错综复杂、各种工艺图纸五花八门，而多次被迫搁置改造计划。

"领导，我能解决这个问题！"初生牛犊不怕虎，刘大华经过仔细考虑，向作业区领导提出了想法，他想修订一套完整的地下管网系统图，为今后的抢修提供一份"导航"。刘大华的提议像投入静静湖水中

勇破难关　执着创新　草原深处藏着一群创新的"狼"
——记华北油田二连分公司大华创新工作室

的一粒石子，在作业区激起不小的浪花。有的老员工说他是稚气未脱的"学生娃"，把事情想得太简单了。

▶ 刘大华巡查外输电机温度

"你既然有想法，就放开手去做、去尝试，我们做你的后盾支持你。"时任作业区主任的帅先发拍着刘大华的肩膀说。这句话定了刘大华的决心："不摸清吃透淖一联地下管网的来龙去脉，决不罢休。"

从此，白天刘大华踏实工作，晚上啃书本钻研输油技术，用了700多天的业余时间，沿着大站各流程管线走了无数圈，在夜晚的台灯下画出了一摞又一摞草图。

最终，在他的努力下，一张淖一联地下管网系统流程图成型了。描绘了无数遍的管网系统流程图也深深印在了刘大华的脑袋里，不管哪里发生泄漏，他都总能快速找到穿孔点。从此，刘大华就从大家眼中的"学生娃"升级成了联合站地下管网的"活地图"。

那时，谁也没想到这个"较真"、踏实的"学生娃"能成立一个工作室，还带着工作室拿下无数喜人成就。

走向创新之路

在一线扎根越深，刘大华对于这份采油工作的认识越深，曾经青涩的"学生娃"渐渐有了独当一面的能力。

"大华，还是不行，天气太冷了，油样取不出来。"身旁的同事叹了口气，刘大华也皱紧了眉头。

那一年是2010年，刘大华正担任淖尔作业区采油一站站长，主要管理淖尔油田N6、N50、N63三个断块。当时，由于生产方式转变，淖二站由三管伴热集油生产方式转换为单井罐集油生产方式，每口井的油样都要从井口取。然而一旦入冬后，二连地区的气温就降到零下二三十度，即便井口都安装了防冻取样考克，依然很难取出油样来。

"取不出油样影响资料的录取，这可怎么办？"刘大华一时犯了难。为解决这个问题，他与另两位同事积极商讨解决办法，在室外反复进行试验。内蒙古草原的冬天十分严寒，刺骨的寒风吹在脸上犹如针扎，从嘴里呼出的热气在阳光下清晰可见，即便戴着手套，手指都被冻得僵硬。就是在这样的天气里，刘大华和同事蹲在井口旁，来来回回试验了数天。

好在功夫不负有心人。经过对防冻考克结构和原理的反复讨论和研究，他们发现，原来考克为一个长16厘米的圆柱体，阀芯就在圆柱体中间，但液体通过考克的部分只有1.5厘米，因此需要一个短节把井口与考克连接起来。

"把考克过液的1.5厘米部分车上外扣，在井口的集油管线上再加工一个内扣！"终于，他们想到了一个巧妙的办法，将考克由原来连接的10厘米长度改为了0.3厘米，使考克过液的部分始终在井口的液体里不会冻，阀门的出口紧贴在油管线壁上。这样一来，只要一开阀门就能取出油样来，不仅大大节省了工作时间，还方便录取每口油井的油样，观察含水变化情况，及时对油井采取措施。

通过对防冻考克的改进，日节油料约4升多，月节约成本936元、修理费900元、水费420元、电费1100元。每月可节约人民币3356元，年创效益4万多元。最终,这项新成果被广泛应用在淖尔作业区,并申请了国家专利。

"一个小小的革新竟能带来如此大的效益"!这次的经历,使刘大华对于"创新"有了新的体会,也为后来"大华创新工作室"的设立奠定了基础。

"草台班子"变身创新工作室

体会到创新乐趣的刘大华,彻底痴迷了。工作之余,与工友交流、探讨问题成了他每天必做的事情。

在交流的过程中,刘大华发现,这群平时"低调"的工友们原来个个"深藏不露",有的擅长CAD制图,有的善于零部件加工,有的善于在工作现场琢磨解决问题。

2011年的一天,刘大华与工友们正就一个问题讨论得热火朝天时,他突然萌生了一个想法:"为何不成立一个组织,把这群各有神通的人聚集在一起,一块儿搞创新、搞发明呢?这样任何难题岂不是都能迎刃而解?"刘大华将这个想法告诉工友们,得到了众人一致的肯定。

就这样,一个没有名字、没有固定场所的"草台班子"成立了,他们时常聚在一起,将日常工作中的难题摆出来,你一言我一语地讨论着。

渐渐地,这个由刘大华带头、员工自发成立的创新小组还真解决了工作中的不少难题,也逐渐被工作区其他工人所知,下工后大家都乐意来这儿听他们讨论几句。

2013年,淖尔作业区的领导听说了他们的故事,知道他们喜欢创造、擅长创新,便将作业区基地大院里角落的一个废弃的锅炉房清理出来,就在这个砖墙陈旧、略显简陋的锅炉房里,"大华创新工作室"正式挂牌成立了。

● 刘大华巡查站内集输温度

从"草台班子"到正式成立工作室，刘大华他们兴奋极了，浑身充满动力，下定决心要努力创新，将工作中的诸多难题逐个击破。

在这种想法的推动下，"大华创新工作室"成立后不久便获评淖尔作业区2013—2014年度重点优秀党员示范工程之一。浓厚的创新氛围也吸引了越来越多的员工加入，工作室成立不到一年，刘大华就带领创新团队由最初的5人发展到25人。

直到如今，"大华创新工作室"已经成立10年。这些年来，他们克服重重困难，坚持自主创新，先后完成创新项目360项，荣获油田公司及以上创新成果奖60项，获得国家专利授权52项。涌现出河北省五一劳动奖章获得者1人，河北省能工巧匠1人，油田公司技能专家3人，公司级技术能手10人。

发展：灌溉技术创新"黄金地"

"创新三郎"引领创新

"我工作25年，从事过输油工、采油工，当过淖二站副站长、站长，采油站站长。其实无论干什么，都只是分工不同。作为一名基层员工，热爱本职、尽职尽责，那才是本分。"刘大华如是说。

勇破难关　执着创新　草原深处藏着一群创新的"狼"

——记华北油田二连分公司大华创新工作室

在实际工作中，他也的确做到了这一点。自1997年参加工作以来，刘大华就把满腔的青春热血和全部的知识智慧献给了采油事业，结合生产实际情况，潜心钻研、努力攻关，先后解决了一个又一个生产技术上的"拦路虎"，为淖尔油田的原油生产做出了积极贡献，刘大华也因此获得了"创新三郎"的外号。

其中，液压式偏心井口旋转工具的创造最具代表性。

据了解，偏心井口是抽油机井环空测试的专用井口装置，这套装置具有转动和改变测试孔方位两种功能，在实际工作中，可以有效解除仪器缠绕油管和仪器遇阻的故障，帮助井下仪器顺利起下。

但事实上，在当时的生产现场应用过程中，时常会发生偏心井口转不动的情况。每当这时，都需要十几名员工同时转动活动扳手才能转动偏心井口，严重耗费人力，对工作进度影响很大。

"该怎么解决这个难题呢？"爱琢磨的刘大华这下坐不住了。为了破解这一难题，刘大华在现场经常一蹲就是几个小时，仔细观察、分析偏心井口转不动的原因，对照各种参数记录进行计算，一遍遍地实验。

那段时间，在刘大华不大的家里，摆满了他绘制的各种图纸和拆下来的零部件。《实用电路图》《机械设计》《液压手册》《集成电路》等专业书，他不知道读了多少遍；8个笔记本10万多字的学习笔记记录着刘大华为工作排除万难的决心。

连妻子都忍不住抱怨他："工作难题是解决了，可俺家变成'土作坊''杂货铺'了！到处都是他的那些玩意儿，哪里像个家啊。"

好在皇天不负有心人，几个月的潜心"琢磨"没有白费。最终，一套由刘大华设计制作而成的新型工作装置诞生了，偏心井口转动难的问题迎刃而解。

如今，这套由刘大华研制的液压式偏心井口旋转工具已经在作业区应用多年，曾经十几人才能完成的工作，现在一个人就能轻松搞定，有效地节省了人力，极大地提高了油井的工作时率。

"刘大华研制的这套旋转工具在对25口偏心井口使用后，效果好得很。我们算过一笔账，光节约资金就达到了50万元。"当时的作业区主任张京伟对这套装置赞不绝口。

"2011年以前，我们站上的液下泵要经常启停，没有固定时间节点，需要员工时不时起来看一看，晚上都没法好好休息，员工劳动强度很大。"工作室技术骨干刘洪林回忆，当时为了解决这个问题，作业区休假后刘大华带着他自驾去北京了解设备、购买配件，回单位后自己组装、连接线路、焊接浮漂、安装微动开关等，自制了一个能自动启停的液下泵。从此，员工再也不用夜里频繁起来手动启停了，极大降低了员工劳动强度，提高了安全生产效率。

"大华是个很负责的人，在平时工作中，生产的成本他要控制，原油产量他要想办法提升，这些问题都是他带领创新团队来解决的。不仅如此，他对于创新很执着，谁遇到问题他都能给你出点子、想对策，举例子讲解，非常有耐心。"刘洪林评价道。

成员争做创新者

刘大华的这种创新精神，也激发了许多基层员工高涨的创新劲头，使得员工队伍的创新力得到充分发挥。刘洪林就是其中之一。

刘洪林1997年开始参加工作，是"大华创新工作室"的初始成员之一，主要负责一线技术创新、流程改造、工程设计等。25年以来，刘洪林已累计完成创新成果40余项，获得专利25项，编写论文10篇，还曾荣获"油田公司能工巧匠""油田公司金牌工人""河北省能工巧匠"二连分公司"劳动模范"等荣誉。

勇破难关 执着创新 草原深处藏着一群创新的"狼"
——记华北油田二连分公司大华创新工作室

"我个人所有的荣誉都与我的创新分不开,也与大华创新工作室分不开。"对于工作室的喜爱,刘洪林溢于言表。

在领头人刘大华的引领下,在

● 刘洪林与创新工作室成员观察紧固注水泵盘根扳手

工作室创新氛围的影响下,刘洪林始终坚持创新,长时间地创新也使他的知识面得以扩大,掌握了电工知识、绘图知识、动画的制作、机械加工知识、专利的写作、QC质量成果的编写等。

在工作中,刘洪林常常"打破砂锅问到底"。"我不但喜欢在工作时思考,也喜欢观察生活中与工作相关的东西或做法,想到好的方法,就赶紧写下来、画上图,确定方案了就加工、写材料。有时还会在睡觉时推敲检验所想到的创新方法是否可行。"

刘洪林的这个特点,在井口阀门开关扳手、载荷传感器保护装置等项目中,最能体现。

"日常工作中,作为采油工,经常需要与阀门打交道。其中,倒改流程开关阀门接触最多。"刘洪林介绍,但由于注水井存在阀门承压高、阀门在野外使用有锈蚀等问题,开关极为困难。每次对难开的阀门,都必须使用F钳一点一点地对准手轮进行加力,从而使其能转动手轮。因此,仅仅是打开一个阀门就需要10多分钟。除此之外,在打开阀门的过程中,还需要用一只手扶住F钳,以防止它脱落,从而造成操作人员受伤。

211

"能不能研制出一种开关扳手，能像棘轮扳手装卸螺栓一样轻松呢？"面对这些问题，刘洪林和同事们产生了这样一个想法。说干就干，他们对此展开了激烈讨论，并将讨论结果用立体图展现出来进行对比。在对比中，他们选出了最为合理的方案进行加工，制作出了一个新开关阀门样品工具。

但很快又有了新问题，新开关阀门样品工具在使用过程中对一种阀门是可行的，然而阀门手轮的三个支柱大小不一，新工具始终无法彻底解决问题。于是，刘洪林他们又结合新情况，在原来的基础上收集资料，对开关阀门样品工具进行了二次、三次改进，最终达到了所有阀门通用要求。

最终，他们所研发的井口阀门开关扳手不仅获得了公司质量创新成果二等奖，还获得了国家专利。

载荷传感器保护装置是刘洪林与同事。共同研制的第二个产品，该产品主要用于解决抽油机的种种缺陷。

"在实际工作中，抽油机基本实行功图量油，但其在运转过程中总是发生蜡卡或垢卡等现象。"刘洪林说，此外，抽油杆还存在下行缓慢或不下行的问题，若操作人员没有及时发现，悬绳器和光杆上的方卡子就会把悬绳器上的载荷传感器砸坏，而砸坏后的载荷传感器无法修复只能更换。一台载荷传感器费用是5000元，初步估算，一年则需要更换20~30台，这是一笔不小的费用。

为了解决这一问题，刘洪林询问了其他采油单位，还从网上查找解决问题的办法，但都没有找到一个完美的解决方法，无奈之下，他跟同事们只好根据载荷传感器的特点及悬绳器的外观尺寸，自制了一款载荷传感器保护罩。但保护罩不仅加工复杂安装不方便，还只能在特制的悬绳器上起到一定的保护作用，并且也无法通用于其他的悬绳器。

勇破难关　执着创新　草原深处藏着一群创新的"狼"
——记华北油田二连分公司大华创新工作室

于是,他们又开始了新的研制。这一次,他们将现有的各种悬绳器都进行了统计,统计后他们发现所有的悬绳器都必须能够安装上方卡子,而方卡子又略大于载荷传感器才能起到作用。这个发现给了他们启发——保护罩大小若是能与方卡子一样是不是就能实现通用了?

抱着这个想法,他们绘制立体图、反复进行实验。最终,通过综合对比,他们选出了最好的方法,成功制作出了一款"载荷传感器保护装置"。

传承:"师带徒"催生创新人才

"我们是一群爱创新的'狼',创新精神在平凡岗位闪光,汲取知识,艰苦磨炼,团结协作,茫茫草原闪耀属于我们自己的光芒!"挂在"大华创新工作室"的这句话,表达出刘大华及其团队的赤子情怀。

"我们热爱创新,执着创新,我们要像狼一样团队协作,将摆在面前的困难逐个解决、攻破。"为了使这种精神能够传承下去,大华创新工作室不断地吸收年轻的力量加入,通过"师带徒"的形式,培养年轻成员的创新意识,扩大团队力量。

多年以来,刘大华和工作室技术骨干刘洪林均带徒多人,他们带着徒弟们解决了一线生产中出现的多个难题,如管线上的

● 王春洁介绍工作室荣誉墙成果

法兰张紧工具、洗井车的远程监控装置，抽油机盘根盒的快速加盘根工具，井口自动点滴加药装置等，在绘图和QC撰写上也进行了指导，通过实际行动教导，为工作室的发展注入了"新鲜血液"。

目前，刘大华、刘洪林的徒弟们都已经走上了工作岗位，有采油技师、高级技师，还有些甚至已经成为工作室的主力人员。其中，杨凯便是在"师带徒"制度培养下成长起来的青年技术骨干。现在，他已是工作室创新设计、理论评估的主力，是分公司首届"十大青年之星"之一。

杨凯是一名名副其实的"油二代"，他于2009年如愿成为油田队伍中的一员，是刘大华、刘洪林手把手教出来的徒弟。

大学毕业后，杨凯曾在北京市交通工程有限公司从事过几年高速公路机电设备维护维修工作。虽说在北京的工作得心应手，但是杨凯与众多"油二代"一样，梦想根植在油田这块沃土上。

加入油田队伍后，为了尽快胜任新的角色，杨凯工作之余花费大量时间阅读技术书籍，遇到问题虚心向师傅们请教……凭着这股坚韧劲儿，在2011年二连分公司举办的职业技能比赛上，杨凯荣获集输工岗第一名。

在刘大华、刘洪林两位师傅的影响下，杨凯对于创新发明也非常痴迷。他自己掏钱买来万用表、电烙铁等工具以及各种各样的小零件、小配件，把宿舍几乎变成了机件加工厂。针对淖二驻站点距水源井远的情况，杨凯提出安装水源井自启装置的建议，并且运用自己娴熟的技术进行了设计和安装。这一革新成果的应用，解决了长期以来驻站员工冒着严寒走路去启停水源井的问题。

与此同时，杨凯还运用自己的专长优势为作业区解决了诸多其他问题。曾经，为了解决淖二站注水传感压力不能即时监控的问题，杨凯自费花了300多元钱购买了一个压力变送器,把数据采集点移到了值班室内,让员工足不出屋就能准确采集数据。看到同事的劳动强度降低了,杨凯心中充满了成就感。

此外,杨凯参与研制的"多功能加药车的研制"被评为油田公司基层员工技术创新项目二等奖,"液压偏心井口旋转工具的研制与应用"和"单井罐防冒罐装置应用"两个项目获得二连分公司合理化建议及员工技术创新精品项目和优秀项目。3个项目均取得良好的经济效益。

如今,在刘大华、刘洪林帮助下成长起来的杨凯,也自发延续着这种无私帮助的精神。

为了方便作业区员工互相交流心得,杨凯组建了一个QQ群,把自己收集到的很多与工作相关的资料上传到群里,方便其他同事学习分享。在QQ群里,大家的话题除了技术创新,就是发明改造。这种氛围"激发"了油田员工的工作激情,彰显了蓬勃向上的良好风气。

管理：新制度守护创新"土壤"

从"草台班子"到"大华创新工作室",改变的不仅仅是名字。工作室成立后,严格按照作业区当时的管理制度运作,管理上变得更加规范化了。然而几年过去,作业区领导发现,原来的旧制度已经渐渐跟不上工作室发展的脚步,逐渐变得不再适用了。

想要长久发展,没有一套合适的管理制度可不行。为此,作业区决定,为"大华创新工作室"量身打造一套新的管理制度。

"小王啊,你是最了解工作室的人之一,就由你来负责编写新制度。"当时的作业区副主任王永旺将这个任务交给了王春洁。王春洁也是"大华创新工作室"的初始成员之一,主要负责管理工作,会议的组

● 王春洁用划规计量工件尺寸

织、文件的编写等都由他负责。

"放心吧主任,我肯定好好完成任务!"王春洁拍着胸脯保证道。

"大华创新工作室"出来的人骨子里就带着一股踏实、认真的劲儿,王春洁也不例外。接到任务后,他参考了华北油田公司、二连分公司的管理制度,再结合淖尔作业区和"大华创新工作室"的实际情况,编写了一套新的制度。

"这套新的制度囊括了项目管理、项目评选和员工奖励等内容,每一项都与工作室成员们息息相关,必须得征求他们的意见。"对于新制度的生成,王春洁从来没打算做一言堂。因此,制度编写完,他没急着送审,而是在工作室召开了一个内部会议,将制度文件里的每一条、每一项都单独拎出来,与工作室的成员们进行讨论。

"这个条款是啥意思啊?""这个奖励制度不太合理,得改!""项目上报这么麻烦呀,能不能精简一下?"……讨论时,成员们七嘴八舌地提着意见,王春洁耐心地解释、记录。

会后,王春洁又根据成员们的意见调整制度,调整完再次召开内部会征求成员意见。"那个时候,王春洁每天忙得团团转,白天忙完作业工程的事之后,又要在晚上编定新的工作制度,经常一写就到深夜12点多,每次开完都抱着一大摞材料来。"刘洪林说道。

最终,经过王春洁两三个月的努力,这份为工作室量身打造、充分尊重每位成员意见的《二连分公司额仁淖尔采油作业区体系文件》终于出炉了。

据了解，这套制度针对额仁淖尔采油作业区员工技术创新组织机构、职责分工、管理及工作流程和奖惩考核内容等方面，均做了说明和规范。

在人才管理方面，工作室根据每名成员的技术、性格特点及岗位分工为每名成员做出个人发展规划。例如，为操作序列的员工，制定技师、高级技师、特级技师的发展规划及行动目标；为技术序列的员工，制定助理工程师、工程师、高级工程师的发展规划及行动目标。

在人才激励方面，工作室每年将创新能力水平作为年终评先选优的重要标准，鼓励员工更多地参与创新工作。并通过岗位调整、将创新能力突出的员工放在更重要的岗位等，提高员工的个人成就感。此外，还鼓励员工参加各级的技术比武、成果汇报、成果展演等，以此提高工作室成员的集体感和荣誉感。

由于内容细化程度高、规范合理，这套制度不仅仅适用于"大华创新工作室"，在整个作业区都得到广泛推行。

得益于新的制度，"大华创新工作室"频频创造喜人成绩，近几年，作为二连油田首家河北省级职工创新工作室，更是先后接待油田内部及内蒙古二连浩特市来访参观16批次158人次。

大华创新工作室:"头狼"引领 多点开花

　　淖尔作业区"大华创新工作室"隶属于华北油田公司二连分公司,位于内蒙古自治区二连浩特市,创建于2013年,现有成员38名,其中专家两名,特级技师三名,技师七名。

　　工作室主要围绕采油、集输、自动化、油气生产等方面解决生产现场技术瓶颈、节能降耗、降低员工劳动强度及安全环保风险。2015年1月,工作室被评为河北省职工创新工作室,并授予"工人先锋号"称号。

　　据了解,工作室最初是由刘大华带头,与其他几个喜爱钻研、创新的员工自发组织起来的"创新小组"。后来才在作业区领导支持下,以领头人刘大华的名字命名,正式挂牌成为"大华创新工作室",最初的办公地点在作业区的一个废弃锅炉房里。

　　如今的工作室早已经不是曾经的样子,而是一个占地面积260平方米,由多媒体培训展示厅、创新实物展示厅、创新操作间、青工技能培

● 王春洁与创新工作室成员研究控制开关

训厅、门厅成果展示区、储物间六部分组成的现代化创新工作室。

从无名无姓的"草台班子"到享誉业内的"大华创新工作室",他们成功的秘诀是什么?

"合理的制度、具有创新意识的人才,二者缺一不可。"刘大华如是说。

量身定制　引入"目标管理法"

工作室成立后,在简陋的锅炉房里,刘大华与同事们潜心钻研,勇破难关,用发明创造解决了诸多生产中的难题。随着发明专利越来越多,工作室的队伍逐渐壮大,怎么管理成了一个难题。

为了使工作室高效、科学、可持续发展,潭尔作业区从实际出发,开拓创新,注重实效,认真研究创新工作室工作模式,特别引入了"目标管理法",形成独具特色、务实高效的"目标创新"文化。

据悉,"目标管理法"是指在企业个体职工的积极参与下,自上而下地确定工作目标,并在工作中实行"自我控制",自下而上地保证目标实现的一种管理办法。该管理办法以目标为导向,以人为中心,以成果为标准,是推动组织和个人取得最佳业绩的现代管理方法。

刘大华介绍,在目标保障方面,工作室以"发掘人才、汇集人才、组织人才、培养人才、锻炼人才、创新人才"为宗旨,充分将技术资源与人才资源整合。同时,购置大量技术书籍,做好技术支撑;明确职责与分工,建立规章制度及奖惩措施等。

在目标实施方面,工作室将成员分解为多个项目组,每月组织一到两次例会,通报各项目组进展情况、共同探讨在实施过程中遇到的问题,集思广益,互帮互助。

此外，还实行季度检查督导的方式，每季度末月10日前，各项目组将创新创效工作进度表报创新领导小组，季度末月10—15日由作业区评审小组进行评审，对项目进度进行综合评价。

除"目标管理法"之外，为规范创新工作室管理流程，作业区还先后制定了《淖尔作业区大华创新工作室人员流动管理办法》《大华创新工作室师带徒管理办法》《淖尔作业区技术创新管理实施细则》等制度。修订后的体系文件涵盖了组织机构、职责分工、创新项目管理、创新培训管理、创新工作室管理、创新工作考核等内容，明确了创新工作中的责、权、利。

多项管理细则的实施，实现专业技术人才和技能人才的有机结合、创新工作的科学性和社会性的有机结合、专业性创新工作和群众性创新活动的有机结合，切实促进了大华创新工作室的发展。

"头狼"引领　培育创新土壤

"我们是一群爱创新的'狼'，创新精神在平凡岗位闪光，汲取知识，艰苦磨炼，团结协作，茫茫草原闪耀属于我们自己的光芒！"这句话是独属于大华创新工作室的创新理念。

而这群"狼"之所以热爱创新，离不开"头狼"刘大华的带领。

工作室带头人刘大华是从一名采油工成长起来的，从业25年来，他的多项创新成果获得华北油田公司、二连分公司创新成果奖和集团公司青年百项优秀"五小"成果奖，他本人也获得了河北省敬业奉献奖、省五一劳动奖章等荣誉。

刘大华身上勇攀高峰、迎难而上的开拓精神、创新精神鼓舞和激励着每一名工作室成员。近年来，工作室多点开花，屡创喜人成就。

勇破难关　执着创新　草原深处藏着一群创新的"狼"
——记华北油田二连分公司大华创新工作室

其中，针对淖尔油田部分清防蜡管理难度较大的油井出现光杆"打架"现象，致使载荷传感器损坏频率较高的问题，大华创新工作室研制了第二代载荷传感器保护装置，该装置利用简单的弹簧机构实现抽油机卸载后，保护装置自动弹起，起到保护载荷传感器的作用。该装置推广后，预计年减少载荷传感器购置费用5万元。

● 王春洁组装"载荷传感器卸载保护装置"

针对油井加药困难的问题，大华创新工作室成员刘洪林通过从快手上看到的"小吊车"视频获得灵感，经过反复测量、实验、改进，最终研制出一款搬药桶"小推车"。该药桶推车的研制成功大大提高了员工操作的安全性、大幅降低了员工劳动强度，提高了劳动效率。

在这种创新氛围的影响下，多年来，大华创新工作室涌现出河北省五一劳动奖章获得者1人，河北省能工巧匠1人，油田公司技能专家3人，公司级技术能手10人。

吃苦的"铁军"
创新的"先锋"
——记华北油田二连分公司曾庆伟创新工作室

姜念月　张　义

吃苦的"铁军" 创新的"先锋"
——记华北油田二连分公司曾庆伟创新工作室

"技能强国,创新有我。"

创新是一个民族进步的基础,是一个国家兴旺发达的不竭动力。在新一轮的世界科技变革潮流下,科技创新从未像今天这样深刻影响着国家和企业的前途命运。

在内蒙古自治区锡林郭勒盟锡林浩特市的中国石油华北油田公司二连分公司就有一群在奋进的征途中,高举创新的旗帜,以披荆斩棘的魄力冲锋在前的人。他们不谋而合聚在一起,誓要用创新技术解决一切生产上的难题。无论是–20℃的寒冬,还是繁重的本职工作,都无法挡住他们深耕一线,用创新奠基技术革新和企业高质量发展的脚步。

2018年至今,眨眼5年过去了,这群专家级"创客"已挂牌成立了曾庆伟技能专家创新工作室。他们自发拧成了一股绳,攻坚克难,翻越了一座又一座技术大山,接连获得专利26项、革新成果71项,成为锡林郭勒盟这片辽阔土地上名副其实的新时代创新"闯将"。

直至今日,曾庆伟技能专家创新工作室的52位革新能手,依然在创新的浪潮中前行,以星星之火点燃创新热血,用"铁人精神"担当匠人匠心,推动着新时代的石油巨轮轰鸣前行。

点燃创新"星火"

从0到1 小问题播下创新"种子"

"你的身上怎么这么多油？"8年前某个普通工作日的中午，曾庆伟在单位食堂问刚落座的同事雷小荣。

"别提了，还不是井下余压导致喷出井口的油污太多，风一刮，油点全粘我衣服上，跟淋雨一样。"雷小荣无奈地回答。他是二连分公司测试大队的现场操作手，井下抽油缆绳等器具的清理也属于他的工作范畴。

原来，虽然经过了放压处理，但在作业过程中，部分井下仍存在一定的余压，使污油不断地从井口溢流、间歇式喷涌或滞留在井筒内的现象较为普遍。这就导致进行善后工作时，喷出的油污或被电缆携带出的油污不仅会弄脏操作工的衣服，更重要的是会对环境造成污染，并且清理困难。

一口井上千米的电缆，一寸一寸地擦，2个小时都不够用，而他们每天都要清理。看着仿佛从石油里捞出来的雷小荣，曾庆伟感触良多，这是操作中的实际问题，要改变这一现况只能自己想办法。

● 曾庆伟现场分析压力变送器冬季现场冻堵问题

"咱们哥几个

自己就是技师，要不我们自己把这问题给处理了？"曾庆伟的提议立刻得到了雷小荣的附议。

从那天起，雷小荣和曾庆伟以及其他几位同事就在工作之余开始了"开放式生产测井，井口防喷防污装置研制项目"。

但设计一个装置就必须会画图纸，此前从未接触过3D绘图的曾庆伟开始独立学习。锡林浩特的夏季很短，留给曾庆伟等人的研究时间有限，到了冬天进入测试阶段，他们就在下班后顶着零下十几度的气温和草原上的"白毛风"进行试验，常常被冻得"鼻青脸肿"。

"但我们的心是暖的，因为每一次试验都更加接近胜利。"曾庆伟回忆，资金不够就自掏腰包，没时间就挤时间。改了5版，在组员们的相携而行下，井口防喷、防污装置终于被研制成功，实现了井口溢流污染面由22%降至10%，控制电缆携带污染由67%降至9%。承压能力3~5MPa，能控制大部分井的溢流问题。

此后，创新的萌芽破土而出，开枝散叶。

多年后的今日，当曾庆伟回忆起那段"热血"的创新经历，依然感慨万千。在他看来，这个项目虽然不大，却播下了创新的"种子"。当实践中的问题被研发的装置解决后，从0到1的成就感至今激励着他奔走在创新的路上，直至今日。

这就是曾庆伟的"奇遇"，也为2018年曾庆伟技能专家创新工作室的成立写下了浓墨重彩的一笔。

肥沃创新"土壤"

"传帮带"锻造创新"硬"实力

"创新是企业发展的动力，只有创新才能助推企业更好地发展。"

在曾庆伟看来，创新不仅能促进技术进步，也能帮助个人成长成才，是企业和个人双赢。这也是曾庆伟技能专家创新工作室从一开始的几人，发展成现在50多人的重要原因之一。

据了解，华北油田二连分公司负责的采油范围辽阔，东西接近500多公里，南北300多公里，呈点多、面多、线长的特点，一共9个采油区。为搭建采油区的人才专家集中沟通和交流的平台，2013年，曾庆伟技能专家创新工作室的"前身"技师创新团队成立了。当时初心，只是希望能通过整合资源，为大家扎扎实实地解决一些生产中的问题。

由此，曾庆伟等人组织的创新团队进入了摸索阶段。除了曾庆伟本人，王爱法也是创新工作室的核心成员之一，他说："那时我们还不知道这个初心叫'创新'，只是觉得，在没成立协会时，大家都'各自为政'，遇到困难或成果转化率不高，也特别容易放弃。"

值得庆幸的是，"抱团取暖"的策略获得了成效，很快，在创新团队的整合下，通过开会、培训、座谈等形式，二连分公司的整体创新转化率得到了质的飞跃——从每年仅10个创新项目奖项，提高到每年30个创新项目奖项。

2018年，创新团队正式更名并成立曾庆伟技能专家创新工作室，曾庆伟本人也感受到了肩上的重任。

为了让创新能在创新工作室可持续发展，他每年都会牵头征集生产难题。最后由他与创新工作室核心成员之一的王爱法等技能专家一起筛选立项。

但项目有了，如何发挥创新工作室的辐射效应，引领全公司的创新氛围和转化创新落地？

曾庆伟与创新工作室的其他成员决定，还是得以老带新、以身作则。

为了带动创新研发的热情，曾庆伟以身作则，与王爱法、徐波、贺光明等同事一起成立了"降低高寒地区冬季油井取样难度"的创新研发课题。其中，贺光明就是曾庆伟通过该项目吸收的创新"新人"。

据了解，油田采油生产井要定期收集油井产出原油的样品，并由化验人员对油样进行化验分析，由此来判断油井及井内油层目前的生产状况，来指导油井生产计划及增产措施的调整与实施。但到了寒冷的冬季，零下几十度的气温很容易把没有加热设施的井口冻住，操作人员只能通过去现场浇热水帮助石油解冻。2分钟的检测却要用十多分钟做准备不说，操作员工在严寒的环境下工作难度更大，操作时间更长，身体受到冻伤的可能性也更大，耗时耗力。

贺光明作为该项目的团队成员，从前在公司承担培训方面的工作，并没有创新经验，但却表达了想要投身创新的热情。曾庆伟毫不犹豫地拉他"入伙"，并给他安排了收集资料和编写方案的任务，并让他观摩其他同事的创新，通过写总结，去学习领悟。

很快，贺光明用一年的时间就迅速地成长起来，并独立主导完成了一个创新项目。至此，创新的"星星之火"开始"燎原"。

贺光明的"转型"成功也引起了不小的"连锁反应"。欧阳彬作为创新工作室的核心人员之一，本身负责数字化油田的建设。对于当前数字化这个比较新的"时代课题"，传承是非常重要的环节。

"他是一个知无不言言无不尽的人。"这是曾庆伟对欧阳彬的评价，事实上也的确如此。

和曾庆伟一样，欧阳彬是通过循循善诱，引导其思考来传承技术的。

"有一次，我的徒弟参加更换阀门的比赛，规定的时间总是不够用。"欧阳彬回忆，他没有直截了当地告诉徒弟们增效的答案，而是要

● 曾庆伟检查维修电动机操作

求他们分解步骤，每完成一步就计一次时，看看问题出在哪里。

很快，他们发现是拧螺丝的时候因用扳手太多，所以时间耽误了，他们立刻改成了用手拧紧再用扳手，时间直接提升了一分多钟。

在欧阳彬看来，数字化就是要减轻人的劳动强度。为了更好地监控抽油机的状况，他与徒弟一起通过查资料、检测、确立方案等，用时1个多月设计出了抽油机皮带断裂报警装置，也完成了对创新意识的传承。

"传承对一个企业来说，是在创造新鲜血液，为企业高质量的可持续性发展提供支撑。"欧阳彬说，从2017年开始带徒至今，他现在已经有十几位徒弟了。

事实上，华北油田公司二连分公司，已出台了"三个一工程"政策，即：解决一项难题，形成一项成果，带出一个徒弟。无论是曾庆伟或欧阳彬，他们推心置腹地传承，正是这项措施的真实写照，同时也用成绩印证了"传帮带"的优秀实战效果。

持续传承创新种子，发扬创新精神，研发创新成果，以源源不断的新生代力量，更好地实现新时代赋予企业的使命和任务，正是曾庆伟技能专家创新工作室存在的非凡意义。

同时，创新工作室也成长为这片广袤土地上，采油工程中攻坚克难、创新驱动的主阵地。

练"慧眼"攻科创难关

在科技创新日益进步的今天，拒绝改变就是拒绝进步，因为你停下了脚步，世界却没有和你一起停下。曾庆伟说："我已经过了那个热血沸腾谈论梦想的年龄，我只知道，我就是要像现在这样步履不停、一直向前。"

在曾庆伟技能专家创新工作室的带领下，华北油田二连分公司每年都会筛选出一批值得深入研发的课题并解决。而这些课题也均来自采油时各个工种在实践中遇到的问题，这就需要人人都有一双能发现问题的眼睛。这些眼睛时刻紧盯着每一个亟待解决的问题，随时准备接受挑战。

王爱法是创新工作室的"定心丸"，也是那双最"亮"的眼睛。

一天，王爱法在路过"练兵场"时，看见工作人员正在对一台作为培训和比赛用的抽油机进行调平衡操作。"调平衡过程中，就需人员站在高处，调整平衡块的位置，具体来说就是把平衡块固定螺母先卸松，将平衡块移到需要的位置，再把固定螺母上紧。"王爱法说，但这个过程，工作人员需要用梅花扳手和大锤来完成，而且需要站在至少3米的高度操作，但如果不调，不仅耗电量大，对电机也有损害。

"松紧螺母的扳手是放在固定螺母上的，大锤一击，就很容易脱出掉落下来。那天我刚好路过抽油机，一把扳手就被击飞了，随着一声脆响'哐当'一声掉落在距离我三四米处。"这样一个明晃晃的铁坨坨把王爱法吓出一身冷汗，如果他往前走几步后果不堪设想。

但冷静下来后，他更担心这样的"意外"会影响到更多工作人员的安全。

如果能把扳手固定住就好了。王爱法看着从3米高台上爬下来捡扳手的同事，下定决心一定要为大家解决这件安全大事。

很快，在王爱法的组织下，一个10人的攻坚小组成立了。他们的任务是，研制一种调平衡固定工具，杜绝梅花扳手击飞现象。这样一来既能节约操作员工因来回捡拾梅花扳手延长的操作时间，也保障了安全。

不久以后，该小组在王爱法的组织下提出了三个解决方案：顶丝固定式调平衡固定工具，即在专用梅花扳手头部加工一个螺纹孔，拧入一个尺寸合适的螺丝，通过螺丝顶紧平衡块固定螺母来固定梅花扳手头部。但试验后，王爱法等人发现，这个方案下，梅花扳手被击飞的概率依然很高。

顶针固定式调平衡固定工具，即在一个圆形螺母的两侧安装两个连接桶，两个顶针装入连接桶，顶针上部安装弹簧，借助弹簧对顶针施力，实现固定梅花扳手的作用。但该方案在实践中却有因上、下行程距离较大，致使该工具利用率较低的情况。

在无数次的座谈和试验后，王爱法等人确定了第三个方案：偏心轮固定式调平衡固定工具。在顶针固定式调平衡固定工具思路的延伸下，将固定的连接桶、弹簧、顶针做成一个活动的偏心轮，通过旋转偏心轮，利用轮的边缘压住梅花扳手头部，实现对专用梅花扳手的固定。在设计中，偏心轮固定式调平衡固定工具整体高度小于15cm，体积小、重量轻，满足了现场不同机型抽油机松紧平衡块固定螺母操作。

方案有了，但怎么造出来却成了问题，毕竟创新工作室不具备零件的生产能力。尤其是装置上的一个特殊的偏心轮，一般工厂也不具备加工条件。王爱法几乎跑遍了本地的工厂，发现都没法生产。但他没有放弃，通过大量的资料查阅，他在河北的一个厂家找到了"出路"，这才让第一代调平衡固定工具"问世"。

应用该工具调平衡，平均每口井操作时间能缩短10分钟，二连分公司每年按1000口抽油机计算，累计增加生产时间6.94天，单井产量按2吨/天计，吨油成本按3000元计算，小小一个创新装置，就累计创效4.16万元。最终，这个装置也获得了河北省QC成果一等奖。

至此，抽油机上调平衡的扳手再也没被击飞过。

"创新就是用发现的眼睛看到问题，以攻坚克难的精神解决问题。"王爱法的这句话，现在已融入二连分公司技师班组中每个人的骨血，并实践始终。

激发创新"原动力"
积分制拉满"创新"氛围

事实上，为了能鼓励人人发现问题人人创新，曾庆伟技能专家创新工作室牵头出台了一系列鼓励创新实践的制度。

为了让公司创新的"氛围"持续活跃，奖惩制度必不可少。激发科技人员创新活力，是创新工作室乃至该公司加强自身建设的必经之路。

闭门造车一定不是解决人才管理的上策，所以负责牵头出台管理制度的王爱法多次组织创新工作室成员们的集体大会，集思广益，收集如何能更好更优考核创新的办法。

最后，受华北油田相关人才考核办法的启示，王爱法设计了科技创新积分制考核。

"比如他当年写了一条合理化建议，做了一个创新成果，根据不同的影响情况，我们会予以加分。"王爱法说，为了人尽其才，对于操作方面不太擅长的成员，只要能承担一些分公司层面的技能创新培训任务，参加技能创新竞赛执裁，带徒弟创新等都有加分。每年底考核，90分以上优秀，80以上良好，70分以上较好，60分及格。

技能专家创新工作室也承担着科技创新的示范引领作用，所以王爱法的这份科技创新积分考核是面向全公司技师的"硬核"要求。

制度一公布，立刻引起了轩然大波。

至今，王爱法都记得，有一位资历较深的公司技师，曾坐在他的办公室，义正词严地表达了对制度的不满，甚至扬言大不了不干了。

一如王爱法"定心丸"的行事风格，他不急不躁地开导这位技师说："技师在公司里是被操作工们敬佩的岗位，给他们带个好头，是因为你有能力也有本事。"

随后，王爱法分析了科技创新积分制度的核心，只是希望公司形成科技创新的氛围，所以对积分的加减，也是基于日常工作，比如讲课、培训，或者在工作中对一个螺丝的调整等，只要能解决切实问题就是好的实践创新。

后来，这位技师的表现非常好，也成长为一名企业技能专家并进入了创新工作室，现在已经是特色技能人才了。

创新对企业无疑是重中之重，华北油田二连分公司，开发近40年，如何保持可持续性发展一直是重点和难点。降低成本，提质增效，只有通过创新才能时刻不断地进步。

为保障创新队伍的广泛性，王爱法采用积分制调动了公司所有技师人员，这无疑是为创新工作室未来研发出更具备科学实用性成果，而进行的扎实铺垫，也是科技创新型创新工作室发挥辐射、引领功能的实践和写照。

时至今日，除了积分鼓励以外，创新工作室已牵头出台了《华北油田公司二连分公司员工技术创新管理办法（试行）》，创新项目的奖励仅公司层面已达3万元，在经费方面也给出了公司层面的明确支持。这无疑是一剂强心针，让更多的班组成员开始愿意在创新上下功夫，为创新源源不断注入"新鲜血液"。

● 曾庆伟讲解偏心井口转动辅助装置

"花式"呵护创新生态

华北油田二连分公司所属的曾庆伟技能专家创新工作室纵然有这一群技术创新的"精兵强将"，也是高质量专利的输出方，但与许多全国优秀的技能专家创新工作室一样，也面临着创新成果转化落地的难题。

曾庆伟技能专家创新工作室成立后，通过多位核心成员的积极调动，公司每位技术成员均积极提交了他们的创新方案和想法，但由于缺乏转化渠道，很多"值得创新"的方案面临"纸上谈兵"的困境。

"在我们这里，对提出的创新方案，个人和公司不能解决的，就由创新工作室来解决，这是我们对自己的要求。不能让优秀的项目石沉大海，我们作为创新工作室必须帮大家'拿起来'。"刘海涛是曾庆伟技能专家创新工作室的核心成员之一，43岁的他是创新工作室中的"年轻人"，加工制造、项目推广、智慧油田建设等这些"潮标签"下的重担自然而然就压到了他的肩上。

要推广就需要落地生产,看着眼前被筛选出来的项目和大家呕心沥血做出来的图纸因无法落地制造而搁置,刘海涛说不出的心痛。

作为一家采油企业,精加工自然不是"专长",怎么办?那就只有交给专精擅长的人。

就这样,刘海涛开始了对各个加工制造工厂的考察,希望能找到一家可以承载公司创新产品加工制造任务的企业。

"创新产品不光是机械加工的问题,智慧油田建设,还要有物联网方面的人才和技术。"刘海涛说,通过长期的查询和实地走访,他发现许多公司的专业资质比较单一,不能满足创新项目需要的如互联网人才和上产技术。

好在,功夫不负有心人,刘海涛通过长达1个月天南地北的调研,终于找到了一家符合条件的企业,可以负责产品加工制作、现场调试、互联网技术保障等内容。至此,华北油田二连分公司的"大脑"们均可以让自己的想法,在这家企业的帮助下生产实现。

此外,虽然有了好的制度和生产条件,但源头上对项目的把控和扶持依然是创新涌泉的"源头"。

刘海涛在筛选项目时就发现,在积分制度的推动下,许多一线工作人员提出来了想法,但技术方案却因个人能力问题很难完善。

"比如,今年就有一位基层同事提出了一个问题:我们油田生产是单体罐拉运,装油口容易遗洒,形成遗洒后容易污染环境,装油口附近也很难清理。对此问题,他一个人显然无法解决。"刘海涛说,为了提高生产效率、节约能耗、保护环境,他立刻组织创新工作室的成员座谈交流,围绕该难题各抒己见,一天不到就征集了10种方案,最终筛选出2个优秀方案,通过实验后很快就解决了装油口的遗洒问题。

"好、好……"

面对一线人员提出的一个又一个项目难题，创新工作室成员的字典里似乎没有别的词汇。一如刘海涛所说："我们牙好，爱啃'硬骨头'。"

信心来源于实力，创新工作室里的"大拿"们以技术的精湛和技术专利的储备，跃跃欲试地接下同事们所有的创新"硬"活儿。

很快，在创新工作室的牵头带领下，一批技术革新和技术实验成果"诞生"了，并通过共享方式推广应用到了班组、公司乃至集团的采油工程一线。在此期间，通过参与实践，创新工作室也培养了大批优秀人才，为企业高质量发展提供人才保障的同时，也维护和营造了令人可喜的科技创新"生态"。

坚守"创新"精神

创新不止 31年坚守的变与不变

曾庆伟，1991年参加工作，2019年被聘为中国石油天然气集团公司集输技能专家，现担任曾庆伟河北省劳模和工匠人才创新工作室领衔人。

30多年来，他获得各级别荣誉及成果50余项，发明专利2项，实用新型专利16项，国家级创新成果1项。

对于这些荣誉或过去的30多年，曾庆伟只用一句话概括了：只有边缘的草原，没有荒凉的人生。每一个普通的改变，都将改变普通。

同时，曾庆伟也很庆幸，自己赶上了当下这万众创新的"浪潮"。"我们这一代人站在时代的浪尖上了，推动我们向前走。去支持我们创新，教我们创新，培养我们创新，提供创新的丰富资源。每年都在做创新大赛和创新方式方法的培训。营造了特别好的环境，人人都重视。"他说，从前大多数没有"谱"的研发都需要自己掏腰包，而现在，

● 曾庆伟现场调节电动控制阀手动调节应用情况

创新有了支持,有资金了,失败的风险也不需要由个人承担。这在从前,是不敢想的好时代。

正是他这份对创新的执着也赢得了创新工作室里其他同事的敬佩。

欧阳彬说:"曾庆伟工作认真,有想法,有很多我们想不到的地方他都能想到,在创新这方面,是他领导我们去做成了许多事。"

王爱法说:"曾庆伟是个非常严谨的人,在创新方面的思维非常活跃。"

刘海涛说:"曾老师是我们创新工作室的带头人,现场经验非常的丰富,技艺传承也都做得非常好,是我们信服的牵头人。"

工作认真、思维活跃、经验丰富、令人信服……关于曾庆伟的这些关键词,其实也是曾庆伟技能专家创新工作室每位成员都有的优秀素质。

一如在曾庆伟看来,虽然这个创新工作室以他的名字命名,但获得今天的成就绝非一人之力可为。

"王爱法也是我们创新工作室的主要负责人之一,负责运维和管理、人员考核、创新培训。他是一个特别踏实,勤恳,热心。有他的介入,难题的解决就有希望了。"

"刘海涛负责创新项目管理,负责项目的指导、验收、扶持。从头至尾跟进创新项目。兰成刚负责创新设计指导,他现场经验丰富,主要负责现场工艺、设备等。他们两个特别好学,特别智慧,遇到特别难的问题,他们最后都能解决。"

"欧阳彬在数字化油田建设这方面非常擅长。在我们创新工作室,他算年轻的,但专业素质特别好,在技艺传承上,做得也特别好。他但凡知道一点点内容,都会全部说出来,毫无保留地传授给下一代。"作为领头人,说起创新工作室里的"左膀右臂"们,曾庆伟也如数家珍。

当然,在这个创新工作室里,还有太多为生产一线出谋划策的创新"闯将",曾庆伟说,虽然无法把所有人都细数一遍,但他从心底钦佩着这些在创新工作室中彼此相携而行,始终奔赴在攻坚克难道路上的同事们。

创新无止境,建功正当时!当前,已52岁的曾庆伟和他的创新工作室,依然在技术革新的"跑道"上驰骋,为国家石油事业的高质量发展目标,为企业实施创新驱动发展战略不断突破自我,用工匠精神展现新时代技术人才的新作为。

采访时,曾庆伟时刻惦记着眼下最新的偏心井转井难题项目。毫无疑问,在创新这件事上,曾庆伟有着一份放不下的初心,让他带领着创新工作室52位成员,奋斗不息,创新不止。

曾庆伟技能专家创新工作室
——新时代创新的耀眼亮色

在2022年4月举行的首届大国工匠创新交流大会上，习近平总书记强调，技术工人队伍是支撑中国制造、中国创造的重要力量。

习近平总书记所传递出的激励意义不言而喻。"技能强国，创新有我"，为持续传承和发扬劳模精神、工匠精神，推进新征程，建功新时代。在中国石油集团公司华北油田公司的指导下，二连分公司的支持下，2018年，曾庆伟河北省劳模和工匠人才创新工作室成立了。

国家强大离不开科学技术，离不开一个个的大国工匠。企业的高质量发展更离不开精湛的技术和勇于实践的创新精神。曾庆伟创新工作室正是以立足生产前沿、推动技术创新为指导思想，为努力打造高质量发展的技能专家队伍而诞生的创新工作室。

统一规划、制度先行、优中选优、集聚攻关、系统培训……一系列高精尖"组合拳"让这个尚属"年轻"的创新工作室迅速成长起来，拿到了26项专利、71项革新成果、21项QC（质量控制）现代化成果。创新工作室也成为采油领域内一抹耀眼亮色。

高位部署
——企业部署　精英领衔　制度先行

据了解，曾庆伟技能专家创新工作室由二连分公司统一部署，由专业团队设计完成，投资约40余万元打造，旨在对工作室进行功能定位以

吃苦的"铁军" 创新的"先锋"
——记华北油田二连分公司曾庆伟创新工作室

及技术创新与人才培养。工作室占地500平方米，由成果展示厅、多功能厅、电教室、操作室、文化长廊等五大部分组成。

● 曾庆伟现场调研制清管作业常见问题

创新工作室现有成员52人，均是在分公司优选出的覆盖油田生产6个工种的高、精、尖的攻关团队，融合了高技能人才以及特色人才，最终组建成立了创新工作室。

从配置来看，分别包括集团技能专家2人、公司技能专家6人、生产骨干1人、高级技师16人和技师27人。为保证创新成果"遍地开花"，成员们以生产区域为主，按工种组合成立10个创新小组。

这群人才"雁阵"的"领头雁"共有5人。集团技能专家曾庆伟负责创新方法，集团技能专家王爱法和技能专家欧阳彬负责项目攻关，工程师刘海涛负责成果展示，技术员兰成刚负责现场实施。

创新建设，制度先行。一个科学有效的制度是规范创新建设中各种主体行为的重要保证，同时也为政策的延续性提供持续的"原动力"。

为此，在二连分公司的统筹下，创新工作室主要成员牵头明确了工作室的工作方向——形成围绕生产实际、解决现场难题、全员参与其中的严谨氛围，建立健全了创新工作室的管理职能。此外，还制定了《创新工作室成员管理制度》《创新工作室创新项目管理制度》《创新工作室成果转化及推广制度》《创新工作室创新项目经费管理制度》《创新工作室操作间工作管理制度》等八项完备的管理制度,使得工作室各项工作有章可循,使创新团队、攻关小组各项活动开展得更加规范化、科学化、系统化。

全景打造
——创新"尖刀班"聚合石油"智库"

有了"尖刀班",具体怎么干?

创新工作室成立以来,利用自身优势,合力解决油田生产实际问题。具体来看,主要立足于油田集输、采油、井下作业、采油测试等工种领域,以油、气、水三类地面系统为方向,发挥专业技术优势,在分公司各作业区开展难题调研、工艺隐患排查、技术难点攻关等多层次的技术服务。

首先,创新工作室为鼓励广大职工参与到科技攻关、技术创新中创新出台了积分制度。此外,针对油田培训科目专业性强、知识点分布零散、培训内容交叉、培训级别繁多等特点,创新

● 曾庆伟校验计量仪表计量情况

工作室充分履行"头雁"责任，发挥综合型、复合型人才优势，结合员工技术现状，开展系统化的培训。尤其是在以赛促学、以赛促练方面，创新工作室在历届集团公司等级别大赛期间，组织工作室专家成员参与担任大赛集训教练，培训集输、采油等工种选手取得集团公司等级别技术能手近百名，有效地助力提升参赛选手的实训技能。

此外，创新工作室专家也充分发挥专业技术特长，开展技能培训，分享生产经验，全力培养高素质技能技术人才。同时，立足岗位需求，将采油、集输等多个专业有效融合，从地下、地面到工艺流程形成整体联动的培训模式，促进各个岗位技能的提升，满足企业未来发展对创新型、复合型人才的需求。近三年来，创新工作室开展各类培训30余场次，授课近300课时，培训员工200余人次。

为坚持创新发展，创新工作室依靠前沿创新理论，拓宽发展渠道，打造创新团队。2018年，创新工作室引进国际先进TRIZ创新理论作为教学和方法指导，为分公司培养创新型人才近百名。

至今，曾庆伟技能专家创新工作室在坚持塑造精品文化的同时，坚持营造和谐氛围，构建创新、沟通、育人之家。力求创新之家为最终形成一系列技术成果，并应用到现场实际中，奠定坚实基础；沟通之家使员工在工作室像家庭沟通一样进行技术研讨，像生活交流一样进行经验分享；同时，保持育人之家的培训势头。

"每一个普通的改变都将改变普通，创新服务企业发展，创新服务员工成才。"创新工作室领衔人曾庆伟说，这是创新工作室的文化理念，在二连精神、铁人精神的优良传统的激励下，不断激励工作室成员，塑造扎根基层、服务一线、倾力实践，成为油田发展的"智库"。

时代规划
——"四个基地"绘未来新蓝图

目前,工作室已形成了一支"以技能领军人为龙头、技术骨干、一线员工共同参与攻关"的运行体制,并取得了显著成绩。截至2022年10月,工作室成员带徒168人,其中18人取得了高级技师资格,28人取得了技师任职资格,125人取了高级工的任职资格,在省部级竞赛中取得金、银、铜牌各1人。

此外,创新工作室已获得专利26项、革新成果71项、QC(质量管理)现代化成果21项、科研攻关1项、合理化建议31条、成果推广6项、解决生产难题90项。

随着党的二十大的顺利圆满结束,创新工作室的班组成员们也再次深入学习领悟了党的二十大精神。计划在未来,打造标准化实训基地,进一步配足、配齐、配优实训设备,建设满足实训的、数字化教学氛围,持续为各级别专家、技师、各类骨干提供标准化学习环境。

打造创新创效基地,以提升员工创新意识为目标,将技术创新方法(TRIZ)在全厂范围内各个领域进行推

● 曾庆伟与同事现场调研加热炉燃气调节阀故障原因

广,推动技术革新,定期展示创新创效成果,促进其应用和推广,全力提升工作室创新创效的模范作用。

打造技术交流基地,运用各种形式、丰富各种平台,不断提高工作室在同行业中的知名度,吸引更多骨干人才前来研讨交流,扩大工作室在油田中的影响力。

打造人才成长基地,细化技能培训种类,研发与新时期技术发展接轨的新型课程,培养更多的高技能人才和拔尖人才。为企业提挈打造一支多层次、多工种人才队伍,保障油田高质量发展。

不负耕耘,精益求精。时至今日,曾庆伟技能专家创新工作室依然发挥着引导、激励和带动的"内驱力",带领石油兄弟们源源不断产出"金点子",播下人才"金种子",为企业挖出降本增效的"真金白银",为国家石油事业的更高质量发展冲锋在前,奋斗不息。

步履不停 创新不止
——记华北油田电力分公司电力技师创新团队工作室

□ 周凌云

步履不停　创新不止
——记华北油田电力分公司电力技师创新团队工作室

保障电网高效、安全、平稳运行，保障华北油田油气生产，是电力技师创新团队工作室的使命所在。

肩负华北油田电网72座变电站、70余座临时箱变以及3520余公里输配电线路的安全运行、维护、检修、事故处理职责……他们的足迹几乎踏遍冀中各地。

创新技术，攻克工艺难题，是电力技师创新团队工作室的执着追求。

自2013年成立以来，先后取得国家发明专利及实用新型专利42项，科技项目31项，员工技术创新成果128项，合理化建议成果220项，在电力专业领域里发表论文90余篇，为企业创造良好的经济效益和社会效益。2015年1月被河北省授予职工创新团队工作室荣誉，获得河北省工人先锋岗称号。2018年11月，入选为集团公司供电技能专家工作室。

匠心筑梦，为企业发展储备更多高素质、复合型技能人才是电力技师创新团队工作室的坚定传承。

近三年来，电力技师创新团队工作室总共签订师徒合同245份，授课1290个学时，培训600余人次，培养学徒多次获得集团公司创新比赛一线生产难题创新成果一等奖和集体三等奖，并在第三届全国油气开发专业技能电工大赛获个人铜牌和集体铜牌。

荣誉和成绩记载了电力技师创新团队工作室攻坚克难的精神，见证着电力技师创新团队工作室开拓创新的不变初心。

步履不停　创新不止
——记华北油田电力分公司电力技师创新团队工作室

创新必须"接地气"

帽子一戴，拿上箱子，宁志海又匆匆赶往现场，对电缆线路进行维护。工作34年，宁志海已经习惯了每天和不同的电路打交道。

从安装、维修电工到电工，再到配电线路工，一路走来，不同的工种轮换交替之间，宁志海成长为油田公司技能专家、电力分公司任丘工区线路维管站技术组组长、电力技师创新团队工作室带头人。

作为电力技师创新团队工作室带头人，宁志海深感重任在肩。

2013年，由时任集团公司技能专家的李彦超组织成立电力技师创新团队工作室。工作室骨干成员覆盖了变电、继电保护、高压试验、配电线路、送电线路、电工、通信自动化等多个工作岗位、不同工种，其身份基本都是技能专家。成立约10年来，电力技师创新团队工作室成绩斐然。当带领工作室继续奋力创新的接力棒交到自己的手中，如何让工作室传承发扬好攻坚克难的创新精神，在创新的道路上阔步向前？

"我对工作室成员提出的要求就是创新必须接地气。"宁志海说。接地气，即工作室的创新产品都需要从电力维修、管理维护中遇到的难题出发，能切实解决生产中的实际难题。

这也与创新工作室设立的初衷不谋而合。创新工作室的最初设立就是为了提高一线电网维护工人的

● 领衔人宁志海装配教学星三角启动盘

创新意识，以生产运维实际问题为导向，利用创新思维解决生产难题。

在创新初心的延续和坚守中，"无人值守站所火灾报警传输系统""多功能树障清理专用绝缘工具""多用途SF6气体充气装置"……一大批创新成果涌现，切实化解了众多电力生产难题。

提起无人值守站所火灾报警传输系统，宁志海的语气难掩激动："我们工作室的成员耗时近3个月，加班加点，最后终于研究成功。前段时间，任六的变电站发生火情，我就是第一个收到短信和电话提醒的！"

宁志海所说的无人值守站所火灾报警传输系统，是创新工作室为解决火灾预警难题而研制的创新成果。

由于变电站多设立在边远地区且无人值守，因此，配置一款及时有效的无人值守变电站（所）火灾报警器迫在眉睫。传统的无人值守变电站（所）火灾报警消防系统都只具备站内报警功能，如需上传报警信息需要利用现有光纤、另定制电路板、制定规约，才能实现将火灾报警信息上传至电力调度中心，成本高昂。这一现实困境为创新指明了方向。以宁志海、杨振涛等为主的工作室成员苦思冥想，最终利用变电所现有火焰报警器预警装置，将其常开点输出或24V输出与开关量采集模块相连接，当变电站火焰报警器发出报警信号时，报警器的常开节点闭合带动微型继电器动作，报警器无源节点与微型继电器常开节点并联，在10秒内向预先设置好的电话号码报警并且发送短信，直至接警人员接通为止。在任丘工区、南部工区等投入使用以来，无人值守变电站（所）火灾报警消防系统预警了数起火灾隐患，有效缩短救援时间，经济效益显著。

在工作室创新精神的传承带动下，在骨干成员创新引领下，分公司电力职工创新热情和创造活力迸发，仅2022年一线职工创新课题达60

步履不停　创新不止
——记华北油田电力分公司电力技师创新团队工作室

余项。近三年来，工作室成员完成国家专利50余项，厂级科技项目31项，员工技术创新228项，合理化建议220项，解决生产过程中的疑难问题408项，在专业领域里发表论文70余篇。

创新源于不解决问题不罢休的习惯

"我们是油田电力技能专家，保障电网高效、安全、平稳运行是我们的责任，工匠精神是我们永远的追求，技术创新是我们服务企业的灵魂，我们立足生产一线，攻坚克难，敬业奉献，集团队智慧，创精彩人生，促企业高质量发展，打造优质电力品牌。"

这是电力技师创新团队工作室的宣言，也是工作室成员们进行创新工作的真实写照。

● 宁志海带领团队研讨火灾报警装置运行中的技术缺陷

近年来，带电清理树障成为困扰华北油田电力分公司的一个难题。电力线路下，树木、风筝等异物的干扰不但会带来触电的风险，而且在雷雨、大风等天气下，树木一旦触及导线，很容易造成线路接地跳闸，影响用户连续、安全用电。而如果停电砍伐，所带来的生产损失又难以估量。如何能够远距离带电清理树障并且保证高效、准确？这一电力难题一度成为技能专家工作室成员们研究的重点。

功夫不负有心人，经历了多日的思考以及与工作室成员不断地讨论，供电技能专家工作室成员杨振涛的脑海中灵光一现，能不能运用激光的高能量来瞬间清理异物？因为平时喜欢观看军事类节目，杨振涛了解到激光作为一种能量聚焦、定向光，目前已经应用在很多军工产品中。如果能够借鉴应用到树障清理工作中，应该能实现快速清理！

创意灵感让工作室的成员们激动不已，通过查阅大量资料，对比国内多家具备生产资格的厂家，在反复沟通、现场实验数月后，工作室成员们最终确定了适合华北地区的树障清障仪——第三代激光清障仪。

当发现输电线路导地线上有异物悬挂影响安全运行时，作业人员在地面通过瞄准目标，控制激光器发射激光，通过激光的烧融让异物熔断脱落即可。实际操作过程中，仅用3秒钟，就可以远距离将干扰电路的风筝线切断；直径约9厘米的树木，仅用时14分30秒就可以

● 宁志海讲解变压器温控传感技术

截断清除；清除异物用时短，并且可在100米至300米的远距离进行操作……更重要的是，激光清障仪的运用避免了人工带电攀爬可能会导致的安全事故。同时，为了让电力工作人员更好地携带，激光清障仪采用了轻巧、便携的设计，仅一个箱子即可装下。

为什么能一直坚持创新？杨振涛说："我们平时在电力工作中经常能遇到一些难题，大家就会想方设法去解决，时间一长，甚至经常晚上睡觉之前脑子里也还在想怎么才能解决这个难题。问题不解决，心里始终就放不下这件事情。"

不解决问题不罢休的创新精神在电力技师创新团队工作室随处可见。即便是工作室的女性成员在电力现场维修中也坚持亲自上阵，登高爬梯，查找故障，从不假手于人；每天下班后以及双休日，在本应是休息的时间，电力技师创新团队工作室内总是热火朝天；电力技师创新团队工作室成员作为分公司不同工种的技能专家，工作时间内都需要负责本职岗位的工作。于是成员们习惯了利用休息时间解决问题，完成创新工作，对产品、设计进行不断修改和实验。

在工作室的成员们看来，放弃休息时间完成创新工作并不是一种牺牲，而是快乐且充满意义的。

"我们就是一群志同道合的人，一起做一件喜欢的事，在创新的同时也收获了快乐。当创新作品成功完成的那一刻，就觉得一切都值得！"宁志海说道。

创新的过程中充满了挑战，但电力技师创新团队工作室的设立，让不同工种的技能专家聚集在一起，解决生产现场突发故障，为解决电力难题提供广阔思路，让成员们感受到了创新的意义，更找寻到了为之奋斗的不竭动力。

创新初心　薪火相传

"就像这样,剥除半导电屏蔽层时一定要注意刀口深度,不要触及绝缘层。"电工培训班的实训课上,宁志海正耐心向接受培训的青年电工演示和讲解配电线路维修中的注意事项。

匠心筑梦,技能报国。技能人才作为破解创新发展难题的"生力军",近年来,电力分公司十分重视青年人才的培养,不断深化技能传承,通过"传、帮、带、培"的方式,传承技能专家、技师、技术专家的创新技术,培养更多后备力量。

作为工作室带头人的宁志海也深信:让更多青年电力人掌握好技术技能,不但能为他们的人生开辟更多可能,也能让创新技术、创新精神得以延续和发展,更是创新工作室的未来所在。

以分公司"拜师学技"活动为契机,工作室骨干成员与青年员工结成"师徒对子",集团公司专家每人带徒不少于3名,公司一级专家每人带徒不少于2名,公司首席技师每人带徒不少于1名,每个技师小组带徒不少于5对。技师专家创新工作室各工种的技能专家、技师、技术专家等技术骨干,在电力分公司培养青年技能人才、传承创新工艺工作中持续发力。

以电力工作中的实际问题为指引,由工作室技能专家、技师、技术专家带队,耗时近6个月,编制出更具有实用性的电力培训教材,毫无保留地分享自己的技术经验;在当下,各工种之间交叉融合,电力工作者需要掌握不同工种的电力技术,为适应这一需要,技师工作室成员们创新大工种培训模式,打破工种之间的限制,由技术专家和技能专家授课,内容涉及变电站、线路、配网、自动化、高压试验、继电保护等专业,培养"一专多能"复合型人才,帮助优秀青年员工尽快成长为创新

步履不停　创新不止
——记华北油田电力分公司电力技师创新团队工作室

创效的中坚力量。自开展培训活动以来，工作室累计签订师徒合同245份，授课1290个学时，培训学员达600余人次。

张积英就是在工作室带头人宁志海"传、帮、带、培"的帮助下，从电工成长为油田公司首席技师。提起宁志海，张积英的话语中充满了感谢："我能成为油田公司首席技师，多亏了师傅对我的教导和帮助。中途我很多次想过放弃，是师傅的不断鼓励让我坚持了下来，并且取得了如今的成绩。"

在工作室成员的耐心指导帮助下，不仅张积英成长为油田公司首席技师，原变电运行岗位女职工钟斌转岗到修试继电保护班之后，在创新团队工作室的悉心培育和教导下，成长为油田电力行业继电保护方面的技术骨干，并且被评为油田公司技能专家。张保华、黄其军、吴保、许峻锋等先后获得高级技师、技师资格。

春风化雨，桃李芬芳。在工作室成员们言传身教之下，培养出油田

● 宁志海讲解低压配抽屉柜操作步骤及故障排除

公司金牌工人2人,能工巧匠3人,油田公司技能专家9人,油田公司首席技师16名,公司级技术能手5人,高级技师50名。一大批青年职工快速成长,所培训的青年职工多次参加集团公司创新比赛,并获得一线生产难题创新成果一等奖、三等奖和集体三等奖,全国能源化学地质工会二等奖,以及第三届全国油气开发专业技能电工大赛个人铜牌和集体铜牌。

管理密码为创新赋能

"供电技能专家工作室成立以来,为电力分公司解决了众多复杂性生产难题,集团公司也很认可工作室的创新成果。"电力分公司总工程师雷海燕高度评价创新工作室取得的成绩。

工作室骨干成员黄小军组织实施的"高压金属铠装开关柜内部放电的研究及消除"项目,彻底消除了高压金属铠装开关柜内放电现象,

● 宁志海讲解干式变压器内部结构及故障排除情况

在各变电站广泛推广应用，每年创造经济效益200多万元。被集团公司认定为"中国石油天然气股份有限公司技术秘密"，同时获得国家实用新型专利；"用电管理所集抄收费系统的网络安全问题""北部工区变电站进线35kV断路器合闸用储能电机更换难题""开关操作过程中跳合闸线圈超时带电易烧损问题"等困扰分公司多年的难题，在工作室协同创新之下也逐一得到解决。

要探寻技能专家工作室背后的成功密码，全面的制度和精细的管理是答案之一。

从集团公司的《中国石油天然气集团有限公司技能专家工作室管理办法》到《电力技师创新团队工作室安全预案》《电力技师创新团队工作室管理制度》《电力技师创新团队工作室日常工作制度》《电力技师创新团队工作室学习交流制度》《电力技师创新团队工作室项目管理制度》《电力技师创新团队工作室操作室使用管理制度》等一系列完善的制度，从技能专家工作室的日常管理、定期交流学习、项目立项审批、经费支持等方方面面为创新工作的开展保驾护航。

始终保持开放，重视团队协作是技能专家工作室保持与时俱进创新的不竭源泉。凡符合创新团队招收条件并有意加入者，都可向电力技师创新团队工作室提出书面加入申请。《电力技师创新团队工作室管理制度》为技能专家工作室从建立之初的小规模成长为如今的专业团队提供了保障。当前技能专家工作室在聘技师112名，高级技师50名，首席技师16名，油田公司技能专家9名，技术专家3名。专业团队助力开展协作创新，工作室通过公布课题、报名揭榜、工种配合、责任人定期汇报等方式层层保障创新工作，全体责任工程师、各试验室负责人和基层技能专家及技术问题承办负责人分工协作、合力攻关，团队作战解决生产难题。

定期的交流学习驱动工作室成员们迸发创意火花。工作室每周召开一次技术例会、每月进行一次专家授课、每季度组织一次经验交流、每年进行一次技术评比，通过线上线下融合方式探讨在生产运行中遇到的各种疑难问题，研究行之有效的解决方法，攻克生产技术瓶颈。在技术工作例会上，每个课题攻关小组工作开展情况都进行展示汇报，工作有无进展，效果优劣都要定期"晒"出来，接受大家的"点评"。在《电力技师创新团队工作室学习交流制度》的支持下，不但为成员内部学习交流提供机会，更为团队"走出去"提供保障，为工作室骨干人员提供到大学和优秀企业学习先进理念和创新方法的机会。在参加CPEM全国电力设备管理网合肥会议等一系列学习活动中，工作室成员们学习智能先进设备的运用并加以推广，创新攻关热情不断增加，难题解决效率和课题完成质量明显提升。

激励制度为工作室创新提供新动力。设立创新成果奖励，研发的具备新颖性、先进性和实用性，为符合创新成果范围的创新成果发放奖金；对不同层级技能专家设置分级奖金津贴，畅通人才发展通道，激励创新；同时对每年度对工作室有显著成绩的成员，给予"技术能手"的荣誉称号，为成员创新提供外部动力。

创新领航　谱改革发展新篇

随着并网柜开关的合闸，华北油田电力分公司冀中地区任东、任五、任北三个变电站光伏发电接入冀中电网运行。

近年来，通信、自动化、新能源等领域和专业新技术发展迅速。电力分公司总工程师雷海燕对工作室创新方向提出了新要求："新能源、光伏发电等作为新发展方向，我们要把技术牢牢掌握在自己手中。紧紧

步履不停 创新不止
——记华北油田电力分公司电力技师创新团队工作室

围绕生产重点难点问题潜心项目攻关，为电力分公司增强保供能力、华北油田'重上千万'做出自己应有的贡献。"

荣誉和成绩属于过去，新征程新奋斗的赛道已经开启。电力技师创新团队工作室在创新重点上，及时调整创新攻关方向，聚焦油田新能源基地建设、电网电能管控系统、光伏人才培训等重要领域，攻坚克难，为电力分公司创新改革发展贡献力量。

身着红色工装，工作室成员们的身影出现在各个新领域的创新一线：

工作室骨干成员齐春影，主动担任电力通信自动化领域的技术带头人，建设冀中电网智能化的通信系统准确传输实时数据，提升无人值守变电站的安全性。3个月的时间里足迹遍布河北、北京、天津所辖的49座变电站，45条1000多公里供电线路；在她的不懈努力之下，冀中电网现建成39条光缆线路，实现了以110千伏及以上变电站为枢纽的主干专网通信系统，贯穿华北油田43座变电站的光纤通信网络，实现了冀中电网通信网络专网建设，为冀中电网架起了四通八达的实时数据信息传输的"高速路"。

要适应智能化发展方向，现有设备的改造成为重中之重，设备安装调试更是其中的关键环节。面对人员少、施工任务重等诸多困难，工作室成员挺身而出，在

● 宁志海讲解三相停送电报警器工作原理

骨干成员黄小军的组织下，在任六变电站综合自动化改造项目中他精心设计敷设轨道，在不能动用吊车的6千伏室内高压室，完成上吨重开关柜的自由进出准确就位。采用"大工种"联合作战法更换变电站35千伏刀闸更换，高效完成8个站的隔离刀闸施工……

2022年，电力技师创新团队工作室根据分公司新发展战略，团队合作，在任东、任五、任北三个变电站建设了1294kWh太阳能发电装机容量，并接入冀中电网，达到"自发自用、余电上网"的预期；同时，"多用变频自动控制系统测试仪的研究和应用""变电站多功能便携式工作平台的研制"等多项革新发明，成功解决了生产过程、设备检维修过程中的关键操作技术和工艺难题。

步履不停，创新不止。从创新工作室成立之初到如今，一大批创新成果见证了创新者的坚守，在创新工作室这一平台的引领下，越来越多技能人才投身到创新中书写精彩人生。

"创新精神过去是、现在是、将来也永远是我们攻坚克难、转型升级的关键所在。未来，我们将致力于自动化、新能源方向主攻创新，尽职尽责守好万家灯火。"谈到下一步的工作打算，宁志海的声音充满了力量。

步履不停　创新不止
——记华北油田电力分公司电力技师创新团队工作室

"创新田"结出累累硕果

创新无止境，敢为天下先。勇于创新，敢挑重担始终是电力技师创新团队工作室的初心精神，自成立以来，创新工作室围绕生产经营重点、难点等问题，开展科技攻关及创新创效活动，涌现出了众多创新成果，在技术革新、节能降耗和降本增效等方面为公司创造了巨大的经济效益。下面对于重点创新成果予以详细介绍。

一、多用途SF6气体充气装置

1. 解决的生产难题

SF6设备在充气、抽真空和水分检测试验等工作中没有专门的装置来完成，必须通过拆装和更换管路、设备来完成，且各个管路、设备都暴露在空气中，致使水分和杂质非常容易进入SF6设备内，容易导致设备内的气体水分和杂质超标。

实际使用过程中，SF6设

● 宁志海讲解巡视低压配电室重点检查部位

备在充气过程中没有压力监视致使设备内SF6气压容易充得过高,且在充气过程中无法控制SF6气体流量。

2. 设计原理

SF6设备是通过吹出SF6气体来实现绝缘和灭弧,它的吹弧速度快、燃弧时间短、开断电流大,能有效保护中、高压电路的安全。SF6开关在断开电容或电感电流后,不存在重燃和复燃的危险。可

● 宁志海利用激光炮设备排除线路异物

以说SF6气体是电气设备的"保护神",通过研制"多用途SF6气体充气装置"来完成不同电压等级的变电站不同类型SF6设备的充气、抽真空和水分检测试验等工作,并将压力监视合理地融入其中,使充气、抽真空和水分检测等工作更加安全、高效,实现一台设备替代多台设备的功能。

3. 技术内容

(1) 主体:用不锈钢材质制作出有六个接口且内部互通的长方形主体。

(2) 接口:M20×1.5的不锈钢,且与主体满焊焊接。分别接压力表、SF6气瓶、SF6设备(2个)、真空泵、微水仪等。

（3）压力表：选取1.6精度等级、数值在0～1MPa的耐震压力表（油田电网的SF6设备压力一般为0.2～0.8MPa之间）。

（4）阀门：选取额定压力31.5MPa的不锈钢球阀，满足不同类型的设备使用。

多用途SF6气体充气装置通过自主设计、自主制作已经完成。变电站SF6设备在充气、抽真空和水分检测试验等工作只需通过关闭和打开装置上的阀门就可切换，无须通过烦琐且存在安全隐患的管路和设备的拆、装来完成，消除了以往充气过程中的缺陷，使SF6充气过程更加安全高效，对SF6设备的安全稳定运行起到了积极的作用，对油田电网的可靠供电具有积极的意义。

二、"电网异物激光清障仪"（简称激光炮）

1. 解决难题

对妨碍电路的风筝、风筝线、广告布、遮阳网、树枝、农用塑料薄膜等化纤和塑料类非金属材料异物进行清理，减少高空作业，并可以不断电对异物进行清理。

2. 关键技术

（1）独特设计的激光发生器：独特的光路设计、可生产适用于不同清洗材料的激光发生器，该激光发生器包括1064nm红外光路。该光路系统的激光发生器重复频率可达20～100kHz，该激光发生器具有热效应小、体积小、寿命长、功耗小、成本低等特点，且结构简单、系统稳定，对环境适应能力强。

（2）自主研发的激光输出头：激光输出头的设计有两大技术难点：

①远程聚焦性，即激光输出的光斑需要在200m远的地方聚焦成

一个小光点。

②远程瞄准性，即激光需要在有风、目标晃动、摆动等客观条件下，在200m远的地方瞄准毫米级别的异物（风筝线）。

（3）该系统可以在30～200m远的距离，将激光聚焦成理想光斑。相比扩束聚焦方法，本方法采用单非球面镜片实现远程聚焦，光学系统简单，调试方便，激光聚焦系统体积小、重量轻。

（4）该设备对应专利和软件著作权20余项；激光发生器具有热效应小、体积小、寿命长、功耗小、成本低等特点，且结构简单、系统稳定，对环境适应能力强。

三、无人值守变电站火灾报警器

1. 解决的主要难题

无人值守变电站（所）火灾报警消防系统只具备站内报警功能，如需上传报警信息需要利用现有光纤、定制电路板、制定规约，才能实现将火灾报警信息上传至电力调度中心，制作成本较高。当用电设备发生故障（接地、短路）发生火灾时如不能第一时间扑救，将会发生配电装置烧毁，甚至造成全所失电的恶性事故。为电力操作人员及时抢修

● 宁志海用万用表检查微型继电器是否符合设计要求

提供技术保障、提高工作效率、缩短对用户的停电时间而设计。

2. 关键技术

利用变电所现有火焰报警器预警装置的常开点输出或24V输出与开关量采集模块相连接,当变电站火焰报警器发出报警信号时,报警器的常开节点闭合带动微型继电器动作,报警器无源节点与微型继电器常开节点并联,在10秒内向预先设置好的电话号码报警并且发短信,×××变电站火灾报警已启动。目前在任丘工区、南部工区几个不同的火灾报警器生产厂家进行模拟烟感实验,都能够在预定时间内给预设的工作人员打电话发短信,提醒工作人员及时处理故障,防止因电缆头虚接、温度过高发生短路火灾事故的蔓延。

在传承中锐意创新

——记华北油田天成迪威尔公司苏立红团队创新工作室

□ 曾佩佩

在传承中锐意创新
——记华北油田天成迪威尔公司苏立红团队创新工作室

习近平总书记曾强调,要着力实施创新驱动发展战略,抓住了创新,就抓住了牵动经济社会发展全局的"牛鼻子"。抓创新就是抓发展,谋创新就是谋未来。我们必须把发展基点放在创新上,通过创新培育发展新动力、塑造更多发挥先发优势的引领型发展,做到人有我有、人有我强、人强我优。而企业作为推动创新创造的生力军,在发展中更应该把创新放在重要位置。

苏立红团队创新工作室正是华北油田迪威尔公司始终坚持积极创新进取、充分发挥生产骨干的示范引领作用,促进企业的提质增效创新发展的产物。苏立红团队创新工作室所属的迪威尔公司是华北油区目前唯一集D类压力容器设计、A类压力容器制造、工程施工、技术服务为一体的石化装备制造企业。为解决生产的一些疑难问题,充分发挥生产骨干的示范引领作用,促进企业的提质增效创新发展,在华北油田公司工会和天成集团的大力支持下,2015年迪威尔公司委派苏立红开始着手组建创新工作室,2016年对创新工作室进行设计建设,2017年6月华北油田公司多元开发系统第一个创新工作室正式揭牌,并且以苏立红的名字命名为"苏立红团队创新工作室",为更多有创新想法的员工们搭建起了一个绝好的成长和展示的平台。

华北工匠

迪威尔公司从1979年建立到现在，历经40多年的风雨洗礼，在华北油田公司党组织的领导下，坚持发扬石油人拼搏进取的精神，认真贯彻党的创新理论，从一个只有30多名员工，几台电焊机、老虎钳、旧车床，年创收能力10多万元的校办企业，一跃成为拥有200多名员工、年产值1.2亿元以上的公司。从单一的机械零件实习加工发展到大型压力容器制作，从单一的压力容器制作发展到多功能的撬装智能设备制造，形成了集产品设计研发、加工制造、工程施工、技术服务为一体的业务新格局。因此，公司里的每一位员工都深知创新的重要性，深知只有创新才能实现发展。也正是因为大力坚持创新，迪威尔公司在"十三五"期间，全面超额完成了各项经营指标，人均产值和经营创收创出历史新高，一年跃上一个新台阶，企业获得"河北省工人先锋号"荣誉称号。创新让迪威尔公司2020年晋级为河北省"高新技术企业"和"高精特新"企业行列，创新使迪威尔公司实现了"十四五"的开门红，经营收入创出了历史新高。现在迪威尔正在为"打造精益、优质、高效、创新型石化装备研发制造和工程服务企业"的愿景奋斗，更离不开创新。

在传承中锐意创新
——记华北油田天成迪威尔公司苏立红团队创新工作室

重视人才培养　为创新搭建桥梁

习近平总书记指出:"创新之道,唯在得人。"企业的每一步发展都离不开人才的培养与推动。1990年,刚刚中考毕业的苏立红在听了铁人王进喜的故事后,产生了加入石油人的想法,在得到父亲的支持后,苏立红选择参加河北省技工学校统一招生考试。最终,他以全县第一名成绩被华北石油技工学校录取。1993年,此时才19岁的苏立红从华北石油技工学校焊工专业毕业,留校来到了迪威尔公司工作,成为原华北石油技工学校实习工厂的一名焊工,而这一干就是将近30年。30年的时间里,他时刻不忘父亲的嘱托与支持,成为一名光荣的石油人,踏实磨炼自己的焊接技术,工作之余不忘提升自己,时刻想着创新技术,为企业提质增效贡献力量。

作为一名焊工,苏立红身上时常被飞溅的焊花烫伤,工装更是千疮百孔像渔网一样。那个时代流传一句顺口溜:远看像要饭的,近看像逃荒的,仔细一看是干电焊的。"一年不焊几吨的焊条,不经过几年实打实的摸爬滚打,就别想成为一名出色的焊工。"从进入公司的第一天起,苏立红的师傅王连成就严格要求他,踏踏实实提升技术本领。从师傅的话语中,苏立红体会到,

● 苏立红在制造现场测量创新项目宽流道换热器数据

作为一名工匠必须具备一丝不苟,精益求精,追求卓越的本质内涵。从此,他沉下心来,日钻夜啃学习知识技能。2年内,苏立红考取了22项的"压力容器焊接资格证";花费了6年时间,取得了"机电一体化"本科学历,同时还掌握了管工、铆工、电工等多个工种的技术技能。在企业的精心培养与个人的勤奋努力下,通过多年的生产磨炼,苏立红也逐渐成长为厂里的技术骨干。2002年苏立红代表公司参加华北石油管理局职业技能竞赛,荣获电焊工专业第一名,从业20多年,出自他手中的产品合格率达到100%,2015年获得华北油田公司首届"能工巧匠"荣誉称号。

以身作则　助力企业创新发展

为了能扩大企业发展,助力企业不断做大做强,苏立红在创新的道路上不断地奋力前行。

● 苏立红讲授采油四厂安探三创新项目革新原理及工艺流程

2008年，苏立红应中石油CPECC公司有关部门邀请，去中海油南海西部公司海上采油平台现场解决设备改造安装难题。此设备由江苏一家化工总厂生产，因现场工艺变更，致使延误投产达3个月，日损失达万元以上，生产厂家接连派了三批技术人员仍未解决。苏立红带领员工面对海上作业平台现场狭小的空间、各种设备和管线错综复杂的情况，在深入了解安装要求及工艺的基础上，每天天一亮就去现场爬上爬下，查看管线和设备，研究工艺流程、测绘安装参数；晚上趴在集体宿舍床上忍受着机器轰鸣声、计算绘制改造图纸，创新思维方式，多角度考虑方案。多日来，苏立红从工艺流程、安装顺序、现场条件、业主需求等几个方面考虑方案，分步调整，整体保障，不断修改方案。功夫不负有心人，经过6天5夜的现场研究，逆向思维创新制定解决方案，一次改造安装成功并通过业主验收，为用户挽回直接经济损失100多万元，受到中海油和中石油CPECC公司领导的高度赞誉。

2012年，由于石油装备市场竞争激烈，加之自身缺乏有创新力的产品，企业经营发展日趋艰难。"我们公司是华北油区唯一的三类压力容器设计制造企业，具有优良的石油光荣传统和人才优势，为什么产品却卖不过规模不大的民营企业？"在现实面前，苏立红陷入了深深的思考，"企业要发展，创新才有出路，没有创新，企业就会陷入困境"，在领导的鼓励下，作为厂里的技术骨干，苏立红走上了创新技改之路，他把着眼点首先放在了煤层气过滤装置上。

煤层气过滤装置是煤层气开采过滤的关键设备，主要是对进入压缩机前的天然气进行过滤。以前需要从国外进口，而且每隔半年就要维护更换，原材料购置成本高，使用时间较短，更换影响效率，人工费用多。2014年，根据国内煤层气现场实际需求，苏立红所在的迪威尔公司和有关单位合作，设计研发新产品——煤层气过滤装置。

作为技术创新骨干，苏立红每天一有时间就泡在车间，先后几次试验均告失败。由于没有过多的经验可借鉴，只能遇见问题解决问题，总结摸索着干。蹲在装置上，苏立红拿着焊枪不断在材料上实验着，图纸不断修改完善，先后研制出三种样机，多次试验后均告失败。当时面对客户的怀疑质问，技术合作单位的无奈退出，这让苏立红感到沉甸甸的压力。"做事和走路一样，不止一条路，要跳出惯性思维，发挥出自己创新能力。你啊，是我的徒弟，做事要么不做，做就做到最好。"想到师傅早年开导自己的话，苏立红又树立起满满信心。

没有现成资料，苏立红和同事们从最基本的原理做功课，一点一滴地学，没有合适的材料，我们就一种一种地实验，通过总结多次失败的经验，四处请教行业知名专家，反复修改实验，经过200多天的摸索实践、总结提炼，终于第5台样机获得成功。苏立红和他的团队根据煤粉成分的特性，终于研发成功一种无须更换滤芯的内嵌磁芯式过滤装置，成本仅仅是国外同类产品的三分之一，而且滤芯无须更换，大大提高了使用效率，极大节省了运行维护费用，得到了用户的赞誉好评，创新创效结出了良好的经济效益，为企业节约成本达到150万余元；同时，该装置当年获得国家专利及油田公司科技进步奖。

苏立红现在仍然很感谢2014年那次创新的经历，他说："正是有了那次迎风过坎的经历，才更好地点燃了我技术创新的激情。"随后，他又牵头完成了"单井移动计量装置"等多个项目，实现了迪威尔公司业务量和产值的大幅增长。苏立红和工友们感受到了在创新中谋得发展的魅力与快乐，更体会到，作为一名石油工匠需要坚持不懈的努力和永不放弃的担当。

如今，苏立红作为迪威尔公司的"技术带头人"，更是企业工作创新的一张亮丽名片。生产工作中，只要看到或想到创新想法，他总会立

在传承中锐意创新
——记华北油田天成迪威尔公司苏立红团队创新工作室

● 苏立红讲授磁性过滤分离器等科研成果原理

刻记下来，融汇到之后的可行性工作创新方案中来。埋弧焊接中心改造、生产样板室创建、钢板卷圆工艺革新、设备专用吊具制作等等，展示的是苏立红的智慧，彰显的是苏立红创新思维。仅推广新型"二氧化碳保护焊方法"这项创新技术，为该公司年创效300多万元。在苏丹6具1万立方米立式储罐设备制造中，与华北油建公司联合推广使用"气电立焊"新焊接方法，减轻了员工的劳动强度，提高了生产效率，焊接一次合格率100%，单项节资150万元，得到了甲方高度认可与好评。

  丰硕成果的取得离不开苏立红团队成员的共同努力，更离不开苏立红本人对创新孜孜不倦的追求。苏立红说："作为一个企业的技术领头人，看到了落后就是淘汰的情景，尝到了创新研发带来的甜头，不努力创新研发新产品，对不起的不只公司那一双双支持的眼睛，还有报考华北油田时父亲的期望和自己做一名优秀石油人的理想。"当自己研发的产品为生产单位提高了产能，给所在企业带来效益；生产单位多年未解决的难题，通过艰难努力完美解决，得到采油工人赞誉，这都是对苏立红创新源源不断的动力，也激励着他做得更好。正是这样一种对工作的热爱，对梦想的执着，不断激励着苏立红及他的团队取得了一项又一项创新进步。

截至2022年"苏立红创新团队工作室"已有60多项创新成果，其中获得 3 项发明专利38项实用新型专利，4项国优成果，2项中石油集团公司成果，6项河北省成果，12项华北油田公司成果，工作室内的创新成果模型全部由自己3D打印制作，展现了3D打印技术的应用与推广并得到业内人士的好评。2016年以来，苏立红带领员工创新进取，这个只有近200人的迪威尔公司，有3个班组多次分别被评为全国、河北省和中国石油"质量信得过班组"，2名员工被中华全国总工会等组织命名为"全国质量管理领导小组活动优秀推进者"，1名员工2019年荣获华北油田公司"能工巧匠"，2名员工2020年在沧州焊工技术比武中分别获得第二名、第三名；公司组队代表华北油田参加河北省焊接技能比武，2020年、2021年两次获得团体总分第四名；公司先后获得河北省"工人先锋号"、"诚信企业"、企业信用"3A"等级，并跨入河北省"高新技术企业""专精特新中小企业"行列，被华北油田公司评为"先进党支部""先进集体""健康安全环保先进队站"，被天成集团授予"先进企业""先进集体""安全环保先进单位"等多项荣誉称号，公司的生产经营创收逐年

● 苏立红为创新团队成员讲授油田公司重点项目分子筛装置工艺流程

递增，2021年实现了"十四五"开门红，突破7000万元，2022年将历史性突破亿元，使企业保持了稳健高质量发展的良好势头，为企业提质增效做出了积极贡献。他的先进事迹在《石油商报》《沧州晚报》《华北石油报》等媒体进行了广泛宣传报道。

爱护团队　全员参与共同创新

"只要细心观察，坚持头脑风暴式的思考，就能发现创新点，再加上一股子钻劲儿，一定就能发现更好的方法。"这是苏立红创新团队的工作信念。

在谈到自己和团队最满意的创新技术时，苏立红展示了团队研发的新型全焊接换热器。他介绍："研发这种换热器是为了解决采油场站原普通换热器换热效率低、维修费用高、寿命短的问题，现场工人对此类换热器反映意见较多。"

为了解决这个问题，苏立红团队利用近7个月时间进行研发、实验，经过多次技术改良与方案调整，最终取得突破性成果。并获得国家专利及华北油田科技成果奖，定型产品在采油单位进行推广使用，得到一致的好评。"我们研发的这种全焊接换热器，仅2022年就销售30余台，创产值2500多万元。2023年加大推广力度，准备向中石油、中石化等生产单位推广此研发成果。"苏立红自豪地说。

作为创新工作室的带头人，为了更好地在团队中发挥带头作用，激励大家共同创新，苏立红平常就把大家团结在一起，根据生产实际提出攻关课题，将团队分成若干个创新小组，统筹协调理论探讨、现场调研、技术攻关、产品试验等工作环节。在苏立红的示范带领下，团队30多名年轻人的创新创效激情被充分调动起来，形成了补理论、练技能、聚合力、搞创新的良好氛围。"苏立红团队创新工作室"也形成"紧密结合油田公司主业单位实际需求,为企业解难题,搞革新,创实效,提质量,增效益,所有创新成果直接转化成生产力,形成标准化、安全规范、检定合格的产品,服务一线生产"的特色亮点。

团队成员中,有人工作时间短,但想法倡议很多;有人不善言辞,却能用手绘图纸来表达想法;有人学历不高,但焊接经验丰富;有人擅长机械修理、有人擅长电工维修、有人擅长设备操作。大家优势互补,团队作战,以"突破平凡、创意不限、脚踏实地、共筑未来"为愿景,抓住日常生产中每一个技术创新、设备改进的灵感,努力研发,将一线生产压力容器的智慧结晶和宝贵经验转化为创新成果。

有人问苏立红:"你的团队成员都是'80后''90后',与年轻人相处,他们信服你吗?"

对此,苏立红笑笑,说:"跟他们在一起的时间比跟家人的都长,我们之间情同手足。他们习惯喊我苏哥,我听着也亲近自在。因此,我对他们的帮助与照顾不掺杂任何私念。看着他们成长,我打心里高兴。"

俗话说树不修理不成材。一次,公司在给采油三厂生产电脱水装置时,焊接容器内电极板的是一名年轻员工。电极板是整套装置的核心部位,焊接操作上必须做到严格精准。可是,当苏立红在工序交接前进行质检时发现一处焊点没达到要求,于是,苏立红立即组织召开了现场会。一向亲善和蔼的苏立红,那次让团队成员领略到了他对待工作的严谨认真。

员工孙晓星老家在河北山区农村,女儿出生后患有先天性疾病,需要到北京手术治疗,可是高额的费用让孙晓星一筹莫展。苏立红知道后,立即从自己的工资卡上取了一万元现金交给了孙晓星,并嘱咐说如果不够他再想办法。

在传承中锐意创新
——记华北油田天成迪威尔公司苏立红团队创新工作室

● 苏立红为创新团队新成员讲授迪威尔公司创新成果基本原理

  杨飞是苏立红一手带成的高徒，曾经受不住社会高薪诱惑，萌生了辞职去挣大钱的想法。虽说苏立红给予耐心劝阻，杨飞还是决然辞掉了工作。一年后，杨飞红着脸找到了苏立红说："师傅，我想回到咱们共同的家，您帮我问问咱公司还要我吗？"

  苏立红立即找到公司领导说明情况，迪威尔公司也选择用博大的胸襟和爱惜人才的情怀又一次接纳了杨飞。如今的杨飞已成长为焊接技术全面发展的年轻骨干。

全员"传帮带"　让创新在传承中永恒

  "众人拾柴火焰高"，苏立红深知一个人的力量是有限的，大家的力量才是无穷的。因此，作为团队的核心领军人物，苏立红在平常管理时更加突出团队作用，通过恰当启发和指导，共同探讨，全员参与，集体决定。而对于"苏立红团队创新工作室"的成员来说，他们每一个人都是这个"家"的一分子,他们热爱这个家,因为他们是一群有创新精神的人聚到一起,在做着共同理想之事。

企业要发展,只有创新才有出路,而创新人才队伍的打造是其中的关键。为了让工作室能够长久地运营下去,也为了让创新能够在一代又一代年轻人中传承下去,苏立红团队创新工作室建立了良好的"传帮带"制度。在日常管理中,"苏立红团队创新工作室"积极开展"老带新"活动。积极吸纳青年员工及时加入创新工作室中,充分发挥创新能手、能工巧匠的"传帮带"作用,组织青年员工多参加公司具体的创新项目,利用发挥新员工知识结构新、创新能力强的优势,做到传承创新工作技术技能,传承石油企业的创新精神。也因此苏立红团队创新工作室近年来还培养了像陈文畅、尚宇等这样优秀的核心成员。

作为"苏立红团队创新工作室"的一名核心团队成员,从创新工作室筹备初期就加入团队中的陈文畅对创新对于企业发展的作用同样有着特殊的理解。陈文畅认为,旧的技术存在诸多的局限性,创新方式方法能够提高产品的质量,节省人工,也为企业增加了竞争力,发展新的技术有助于企业以相当的管理成本达到更高的收益。为了在当前的大环境下求得生存,创新是必要的。

● 苏立红为创客联盟成员讲解新型过滤分离器创新原理

陈文畅从事压力容器制造工作已有20多年时间,从未发生任何质量安全事故,解决生产难题50余项,排除生产故障500余次,是团队里经验丰富的技术能手。主要参与创新工作室一

在传承中锐意创新
——记华北油田天成迪威尔公司苏立红团队创新工作室

些项目研发和技术攻关、技术推广工作，配合工作组组长的安排组织创新工作的开展。他参与的"一种新型车载移动计量装置""一种高效三项分离器""精细水过滤器"等6项发明获得国家专利证书。对于陈文畅来说，创新不仅给他带来了荣誉，更激励他在自己的工作岗位上不断取得进步与飞跃，他在传承中不断创新，更将这种创新精神传给他的徒弟、传给更多年轻人。

● 苏立红为河北省工会领导讲述3D打印技术助力天然气干燥项目创新升级

2014年以来，陈文畅共带电气焊、铆工、钳工等工种徒弟25人，其中12人成为技术骨干、4人提为班组长；在天成集团组织的电焊工技能竞赛中，他的徒弟囊括了第一、二名的好成绩，在2018年河北青工技术（电焊）比赛华北油田预赛选拔中他的徒弟包揽前4名，并在总赛中取得优异成绩；员工有50多人次在迪威尔公司年度技能比赛中获奖，容器制作车间多次获得迪威尔公司先进班组。

当被问及为什么在自己团队中能够将"传帮带"发挥得如此好时，苏立红和他的团队成员纷纷表示："我们热爱油田事业，我们与公司有着近30多年的感情，公司的发展连着我们的心，所以，我们在实际工作中，自觉把自己的发展与公司的发展紧紧地联系在一起，愿意为公司奉献自己的一切力量，并自觉地体现在工作中，积极发扬'传帮带'的作风。"

● 苏立红在迪威尔创新工作室揭牌仪式上作典型发言

打造学习型团队，让创新之火生生不息

  人的灵感只是火花，要想使它成为熊熊火焰，那就只有学习！同样，要想更好地创新，就需要坚持不断地学习。为了让创新之火能够生生不息，苏立红团队创新工作室还致力于打造学习型团队。他们紧密围绕创新工作的传承，通过聘请外部学者专家、内部安排岗位技术能手、组织创新团队大讲堂、开展现场技术交流、QQ群技术讨论、技术竞赛比武、集体讨论课题、配备学习资料、外出学习培训、参加河北省QC成果评审、报考职业资格证书（合格证）等多种形式，打造学习型团队，为传承打下坚实的基础。

  苏立红本人也一直保持着坚持学习和看书的好习惯。1993年从技校毕业后，他利用空余时间学习，参加成人高考取得本科学历。随后他

在传承中锐意创新
——记华北油田天成迪威尔公司苏立红团队创新工作室

又参加资格考试取得一级建造师2个专业证书。苏立红说："正是随着知识技术积累和现场处理问题能力提升,我开始做一名有思想的技术人员,从小工具解决大问题开始,逐步进行创新研发产品。"现在的苏立红已经是团队的核心带头人,但平常不论工作有多忙,当他从油田现场回到家中休息时,看书仍然是他主要的休闲活动,尤其是装备制造类书籍,比如《机械设计与制造》《机械设计手册》《化工设备基础》《压力容器设计制造》《电子控制》等都是他的案头书;除此之外,他还喜欢看一些名人传记《永远的创新者——乔布斯》《任正非传》《李嘉诚全传》等,因为名人的经历更能激励他不断追求进步,给予他坚持走技术创新之路的勇气。

在苏立红的以身作则和日常打造学习型团队的要求下,团队的其他成员也都养成了积极思考、热爱学习的好习惯。团队中的另一名核心成员尚宇介绍："我们工作室的主要模式就是'抓学习、抓创新、促推广、促传承',日常我们还会根据工作需要进行培训,紧密围绕科技开发、节能降耗、降本增效、提质增效、安全生产等工作,通过聘请外部学者专家,内部安排岗位技术能手,组织创新团队大讲堂、开展现场技术交流、技术竞赛比武、集体讨论课题、配备学习资料、外出学习培训等多种形式,狠抓员工技能素质的培训,激发员工主动学习创新的积极性。"

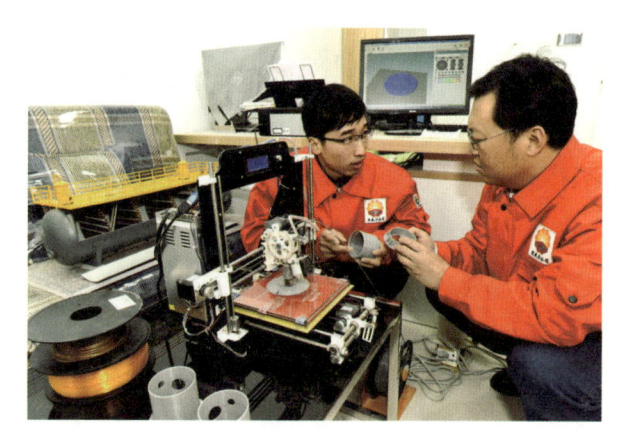

创新源自与时

● 苏立红在工作室同技术人员就3D研发脱酸装置创新交流

俱进的管理机制，只有不断寻求管理上的突破，技术才能进步。

为了更好地管理团队，形成良好的管理机制，苏立红开始在迪威尔车间全面推广设备制造"五要素"生产组织法。正是因为这次创新，迪威尔公司生产效益连年攀升，公司在经营管理、安全生产、技术创新、团队建设等方面取得了一个又一个可喜成绩。伴随着近几年市场形势的不断变化，为保持企业发展后劲，苏立红又按照"制度完善、标准明确、操作规范、结合生产、运行高效"的要求，从生产实际入手，先后修订了《技能创新工作小组职责》等6项工作职责，完善了《创新成果转化推广应用管理办法》等8项规定，加快了创新工作的开展进程。为了做好对员工新创意、新制造、新材料的收集与研究，确保员工创新想法不落空，创新思路不跑偏，创新成果不流失，苏立红建立周报月报制度。为了坚持做到年初有部署、期中有检查、年终有总结的立项计划，建立考核奖励机制，通过全面考核兑现和表彰奖励，确保创新工作室立项攻关严格规范、课题实施有序严谨，员工创新积极性高，为天成集团创新工作的健康开展夯实基础。

"刻苦锻炼、成长进步，立足岗位、服务企业，攻坚克难、创新创效。"这是"苏立红团队创新工作室"的精神，也是团队每一位成员印刻在心上的座右铭。他们在实践中正是以这样的精神攻克了一个又一个创新难题，取得了一个又一个丰硕成果，"苏立红团队创新工作室"将始终坚持以"提升技能创新水平、打造科技创新企业"为宗旨，以永不懈怠的精神状态和一往无前的奋斗姿态，推动油田事业高质量发展，不断创新提质增效。

在传承中锐意创新
——记华北油田天成迪威尔公司苏立红团队创新工作室

团队相关背景资料介绍

苏立红，男，1974年11月出生，中共党员，1993年9月参加工作，高级技师，高级工程师职称，2015年获得华北油田公司首届"能工巧匠"荣誉称号，2018年获得河北省五一劳动奖章，是2021年中石油集团公司的优秀共产党员，现任华北油田公司天成集团迪威尔公司经理、党支部副书记，华北油田公司"创客联盟"副理事长。

2017年6月正式揭牌，"苏立红团队创新工作室"成立。该创新工作室是华北油田公司多元开发系统的第一个创新工作室，主要的特点是立足于企业生产，开展技艺传承、技术攻关、技能推广和科技研发；立足于工作岗位，改进、优化和创新施工的方案、工序和工艺；立足于自身实际，开展技术培训、技术交流、名师带高徒等活动；主要的亮点是紧密结合油田公司主业单位实际需求，为企业解难题，搞革新，创实效，提质量，增效益，所有创新成果直接转化成生产力，形成标准化、安全规范、检定合格的产品，服务一线生产。团队共有30名队员，现在基本形成了补理

● 苏立红在现场测绘科研项目天然气脱水装置数据

论、练技能、攻难题、搞突破、聚合力、做贡献的良好氛围，如公司的陈文畅，他2019年获得了油田公司"能工巧匠"称号。

创新工作室现有：加工操作场地、图纸设计场地、学习研讨场地、3D打印工作室、创新文化宣传长廊和成果展室等6个功能区，展室的占地面积达150余平方米。

苏立红团队创新工作室2018年获得河北省"优秀项目"和"工人先锋号"荣誉称号，2020年被油田公司命名为"石油精神教育基地"，"创新工作室品牌传播创新成果"获得2018年中国质量协会品牌创新成果。

创新工作室取得的主要成绩：

一是科研工作取得的成绩。紧密联系油田企业的生产需要，组织员工积极开展科研攻关，2016年"采油站原油脱水一体化集成撬装装置的研制与应用"获得华北油田公司科技进步三等奖；2018年"变频聚结三相分离器撬装设备的研制与应用"获得华北油田公司科技进步二等奖；2020年华北油田公司科技项目"全焊接式宽流道板式换热器的创新研究与应用"获得华北油田公司科技进步三等奖；2022年在研课题"原油脱水预处理撬的研制与应用"目前项目已通过中期阶段验收，项目正在积极推进过程中。

二是"QC"攻关取得的成

● 苏立红在开展降凝撬设备现场攻关

绩。组织员工积极开展QC攻关，2016年"新型原油移动计量装置的研制"荣获华北油田公司质量管理小组二等奖；2017年QC课题"创新突破抓品质，落实管理促发展"被河北省质量管理协会评为一等奖，QC成果"新型原油移动计量装置的研制"被评为河北省优秀科技成果奖，"移动式CO_2焊接小车操作平台的研制"获得华北油田公司质量管理小组三等奖，"多元化集团公司复合管控体系建设"课题获得河北省企业管理现代化创新成果三等奖；2018年QC课题"夯实工作基础，坚持质量第一"被河北省质量管理协会评为一等奖、QC项目"自动上砂装置的研制"获得河北省特等质量科技成果奖、"自动上砂装置的研制""降低铆焊车间噪音"分别获得华北油田公司质量管理一、二等奖；2020年"原油智能存储装车撬"QC项目获得河北省质量协会质量技术奖、全国质量活动进步二等奖、河北省创新方法大赛三等奖；2021年"研制宽流道换热器"QC项目获得华北油田公司质量管理小组成果二等奖，同时获得河北省质量管理小组活动特等奖。

三是实用专利和五小发明取得的成绩。组织员工积极开展专利申请，2016年以来，先后取得"抽油机减速器皮带轮速拆卸装置""一种简易油水分离装置""一种新型车载移动计量装置""一种多功能地热源热泵""一种高效三相分离器""原油一体化集成装置"等共计30余项国家实用新型专利证书；组织员工积极开展"五小"攻关，2016年以来，先后有"设备模型3D打印应用""大型桶节撑圆器""多功能焊接操作架""多功能切割器""快速自动攻丝器""多用途吊具"等20多项成果荣获天成集团"五小"经济技术创新一等奖、二等奖和三等奖。

四是科研产品转化创效取得的成绩。近两年，在公司工会领导下，苏立红团队创新工作室积极发挥平台优势，积极承接华北油田公司

"创客联盟"成果转化推广任务，已经与5个成员单位工作对接，10多项创新成果、30多台（套）设备（产品）在迪威尔公司进行了有效转化，投资金额达500多万元，解决了基层员工创新成果转化遇到的渠道、资金、合规、安全等一系列相关问题，让"创客联盟"创新产品切实为公司提质增效做贡献，创造更多价值。近年组织实施的一批创新成果，如：采油二厂"单井无人值守系统（抽油机运行智能管理系统）"等6项创新产品、采油三厂"PLC工控智能液位控制装置加工制作"、培训中心（渤海石油职业学院）"抽油机仿真排故系统制作""防冻液取样器"、山西煤层气分公司"恒流压洗井装置"等，均取得良好效果。

苏立红团队创新工作室研发的"油气田地面工程一体化集成装置"新撬装模块，成功应用于华北油田巴彦分公司吉兰泰联合站，创效1100余万元；专利产品"全焊接式宽流道板式换热器"有效解决生产效率低、维修费用高、影响生产进度的难点及问题，服务于华北油田公司第一、三、五采油厂及巴彦分公司等单位，创效超过1800万元；科研项目"原油密闭装车"，应用巴彦分公司等单位创效1300余万元等。工作室创新成果50余项，直接应用于生产过程或产品制造，成果转化率100%，近年累计创效5200余万元。

自创新工作室2017年揭牌以来，共接待河北省总工会、河北省工人日报、吉林炼化公司、山西煤层气公司、沧州青县总工会、中石油集团公司培训学员、华北油田公司各级领导及员工共计3500余人次，展示了企业的创新精神和良好形象，沧州青县总工会主席陈树发2019年题词"苏立红创新工作室是我们学习和努力的方向，祝愿苏立红创新工作室成果丰硕、惠及社会、再创辉煌"。2017年中国长城网、《石油商报》、《华北石油报》、华北油田公司网络、华北油田公司微信公众号、华北油田电视台、任丘电视台等多家媒体对创新工作室进行了多层面的宣传报道。

  2017年7月迪威尔公司的创新工作以《强化科技创新、推动企业发展》为题，在华北油田公司多元开发系统座谈会上进行了交流；2017年8月以《致力创新创效，助推企业发展》为题，在华北油田公司党建工作座谈会上进行了交流；2020年5月以《创新创效助推企业发展》在华北油田公司主题教育网络宣讲上进行宣讲，并在华北油田公司工会的组织下苏立红同志就创新工作在华北油田进行了7场巡回演讲，听众达到7000人次；2021年4月在华北油田公司工会组织的学习《习近平谈治国理政》（第三卷）活动上谈了创新体会。

创新铸魂
匠心筑梦

——记华北油田培训中心
郭连升创新工作室

□ 徐榕涓

创新铸魂　匠心筑梦
——记华北油田培训中心郭连升创新工作室

"工具台上怎么安装了抽油机的刹车装置？"

华北油田实训基地抽油机训练场地的一个工具台旁边，围观了许多学员。他们七嘴八舌地在议论着。只见学员们有的手扶刹把，一松一刹地反复操作，有的观察刹车毂与刹车带之间的活动间隙，不断地提出问题。实践操作勾起了学员们的求知欲望。学员们对刹车的结构、性能展开了系统的学习，两人一组进行维护保养刹车总成、调整刹车片间隙、更换刹车蹄片等操作。

几年以来，华北油田公司培训中心郭连升创新工作室为了提升培训质量，展示创新团队的实力，先后完成了多台设备和工艺流程的建设和改造。在闪亮的成就背后，是创新为奋斗铺上了底色，注入了动力。

创新根植血脉

● 郭连升正装

创新工作室,是技术创新的"黄金地"。华北油田对创新工作室进行科学规范和功能定位,并给予资金支持。近几年,一大批耳熟能详的创新工作室成立,他们像播种机,不仅实现创新创效成果层出不穷,更培养了一大批创新型人才。

2016年5月,在油田公司大力支持下,培训中心组织建立了"职工创新工作室",2018年更名为"专家创新发展中心",由集团公司技能专家郭连升领衔。工作室成员选聘生产一线技师队伍和专家队伍骨干成员,以及渤海石油职业学院、油田公司科研院所的技术专家等。

这个创新群体涉及6个专业领域,8个工种,拥有油田公司和集团公司技能专家77人,技师和高级技师近千人。工作室机构设置主任1人,领衔人1人,成员4人,定期开展基层员工创新创效产品推广、一线难题会诊、智慧油田建设经验交流、创新方法培训、导师带徒、新技术研讨(网络直播)和科技项目研究等活动。

工作室的工作内容是接受油田公司有关部门工作任务安排,协助油田公司工会、人力资源部、科技信息部、质量安全环保部开展工作。

具体来说，可以总结为：宏观管理和协调专家在各自工作领域内开展科研、创新、交流、授课等工作；开展前瞻性人才测评研发和培养应用；汇集创新成果、提炼发展经验，集中展示并进行合理推广。

以创新团队工作室为基础，华北油田逐步建立了以集团公司技能专家为核心的创新工作室，在技能革新、工艺和技能操作改进、加强技能人才锻炼成长等方面发挥了重要作用。加大高技能人才培养力度，支持中青年技能人才担任重大课题负责人，奖励技能骨干到石油高等院校、兄弟油田公司进行培训学习和交流，积极参与公司技术革新项目，建立校企联合培养机制，为高技能人才成长搭建了良好平台。

纵观工作室创办的流程，创新根植于他们发展的血脉之中。

在人员设置方面，工作室专家们深入企业、集团公司及河北省命名的工作室进行调研，收集资料，了解弘扬工匠精神各项活动情况。走访的工作室，主要包括采油二厂靳占忠工作室、采油四厂胡东华工作室、电力分公司电力工作室、采油三厂集输工作室等。走访中华技能大奖获得者辽河油田赵奇峰、西部钻探谭文波；河北省金牌工人、能工巧匠获得者采油一厂王振东，采油二厂孙连会，采油三厂冉俊义、刘美红，采油四厂胡东华，采油五厂李秉军，二连分公司刘海涛、刘洪林等。

在设备方面，工作室配备3D打印机、触控一体机、投影仪、微型车床、欧姆龙血压计等。另外还设立了读书室，收藏各种科技书籍和视频资料，用于小组成员查阅和学习，方便学习交流；工作室占地面积2700平方米，地理位置位于任丘市任青路1号公司培训中心院内。工作室设置五个功能区域，分别是专家办公区、研讨录播区、成果展示区、加工实验区和技能操作区。分布有创新研究室、课件录播厅、成果实验室和维修车间等。活动场所紧邻公司实训基地，满足创新、科研、培训等活动的需要。

在成员结构方面，工作室以技能专家和高级工程师为主，吸收部分专业技术和管理人员。承担管理人员、专业技术人员培训任务的成员全部从集团公司高级技术专家、技能专家、公司级技术专家、技能专家和处级管理人员中选聘，高级培训师原则上从公司级技术专家、技能专家、公司级专业技术带头人、技术能手，以及公司机关部门、二级单位机关科级以上管理人员或中级职称以上专业技术人员中选聘。成员们在各项创新实践活动中充分施展才能，有效应用于生产实际工作中，取得了显著的经济效益和社会效益。

土壤肥沃，创新自然层出不穷。近三年来，工作室共获得国家实用新型专利32项，在公司范围内推广4项创新成果，包括柱塞泵节能润滑器、原油储罐自动加热装置、油井防冻堵取样阀等，取得了较好的经济效益。研制的大口径输气管道清管收球车，取得了国家发明专利。

创新是引领发展的第一动力，善于创新者定义未来。以解决技术发展的瓶颈、培养业务操作人才、推动行业持续发展为建设目的，拥有高水平科研场所和设备，工作室成员们在本职工作中乐于奉献、勇于担当、善于创新，成为华北油田独特的"亮丽风景线"。

创新指引方向

"学识渊博，严谨务实。"这是全体工作室成员对工作室带头人郭连升的一致评价。

从30年前一名唱着《我为祖国献石油》的普通采油工到创新工作室的带头人，郭连升一步一个脚印，完成了人生的华丽转型。谈及一路走来的辛酸苦辣，郭连升感慨道，是创新指引了他的职业方向，也是创新奠定了工作室的发展基调。

创新铸魂　匠心筑梦
——记华北油田培训中心郭连升创新工作室

● 郭连升在工作

郭连升，现为中国石油华北油田公司高级培训师、高级技师，也是集团公司采油技能专家、公司培训中心总策划设计师。曾荣获集团公司岗位技术能手、河北省青年岗位能手、河北省技术标兵等称号。

他于1982年参加工作，先后在采油站、联合站担任班长职务，经历了作业区安全监督、作业监督、生产调度等岗位的工作磨炼。工作30多年来，他培养了30多名技师以上级别高技能人才，解决了技术难题30多项，取得省级成果10项，公司级成果26项，并取得多项国家专利。

在创新工作室成员的记忆中，他"文"能授课、"武"能操作，将积累的宝贵经验传授给学员，培养出一大批生产技术骨干。

2006年，郭连升被中石油集团评为技能专家，在采油一厂成立创新创效小组。小组由10余名高级技师组成，专门攻克生产中遇到的难点难题。生产中需要的工具他们制造，生产中难用的工具他们革新。

郭连升到现在还记得，在油井巡检时，需要定时对原油取样，化验含水率，因此需要放空管线中的死油。冬天油管结冻，采油工巡检时要从计量站用毛毯包着保温壶到油井化开油管才能从取样阀放出死油。雨雪天气，摔跤事小，热水烫伤也是常有的。辛苦不说，每次还要浪费300克以上原油。郭连升计算过，这样的浪费造成每年每口井就有100多吨。更严重的是，当时没有环保意识，浪费的油都被随意倒在了油井附近，造成了严重污染。

这样的记忆，在郭连升脑中挥之不去。2014年，郭连升设计了一个名为防冻堵节能取样器的创新产品，取样点从取样阀门位置，优化调整到出油管线的中心位置。取样通道压缩到管线中心，这样新鲜的原油可以直接从取样阀流出。这一设计获得了三项专利，目前已在华北油田公司全面推广。

2009年，油田公司聘请他为华北油田公司实训基地建设项目组成员，参加采油、注水、集输工艺流程设计和仿真实训系统研制工作。将采油站和集输站设备"原班人马"搬到实训基地的过程中，遇到了许多难题。工艺流程运行需要载体、员工操作失误不能发生事故……他没有节假日、不休年休假，在他的带领下攻克了一个又一个难题。

郭连升提出了采、注、输整体工艺流程的运行介质以水和空气替代"原油、天然气"密闭运行；对内部结构复杂的大型容器进行实物半剖展示等多项建议，节约投资380万元。《油田公司实训基地采油、注水、

● 郭连升在西南石油大学举办的专家国情研修班上进行劳模工匠精神宣讲

集输工艺设计与施工建议》荣获2010年华北油田公司优秀奖。

  游梁式抽油机是采油大工种培训使用的设备,一些操作项目,要求井筒装置与井底具备大于上百千牛的耐冲击性,这是井底设计问题的关键所在。郭连升经过多方调研、反复论证、精心推算,提出配重块、扶正器、缓冲器组合装配创新办法,原本设计5年的使用年限,使用了12年仍然一切正常。

  2010年,郭连升被借调至华北油田公司培训中心,成为培训中心的高级培训师。为了细化培训课程,郭连升设立了油水井单井动态分析课程。内蒙古二连分公司宝力格作业区员工学习单井动态分析后,回到岗位用所管理的5口油井做实验,运行2个月,产油量提高10%以上。目前,二连分公司在作业区已全面推广该分析方法。

创新承载梦想

  人才兴则企业兴。创新工作室通过持续健全完善人才引进、培养、使用、评价激励机制,涌现出一批优秀管理、技术和操作人才。

  工作室成员张鹏刚刚加入创新工作室一年,对她来讲,工作室是承载梦想的舞台。"工作室采用任务分配制,针对不同成员的专业、特长进行分配,十分科学。创新工作室直接对接华北油田,平台规模和级别比一般基层工作室高很多,我开阔了不少眼界。"张鹏说。

  工作室之所以自主创新达到了较高的水平,是因为其科技体制、政策体系和激励机制在不断地创新,调动了工作室成员和广大科技工作者的创新积极性,营造起了有利于创新成果生长发育的良好环境。

  在制度建设方面,工作室建立了专家中心日常工作制度、学习交流制度、成果转化及推广应用制度、创新项目管理制度、课题经费及使用管理制度等。

在日常运营方面，对于工作室成员的选拔、聘任和考核都做出了严格、细致的规定，如制度规定对工作室成员实行动态管理，每年进行一次考核，依据成员的敬业精神、科研成果、教材教案编写开发数量、授课时数、学员满意度等指标，分别按10%、15%、15%、20%和40%的权重进行考核，对优秀者给予相应的表彰，不合格者予以解聘。

工作室聚焦企业发展需要，广搭青年创新平台，开设科技创新论坛，增进青年科技人员交流互鉴；遴选名师带高徒，选派知名教授、企业两级专家和对应层级技术管理干部担任导师，助力青年科技工作者成长成才。

科学的管理制度大大调动了成员们的积极性，营造了"人人争先进"的工作氛围；另外，工作室每年还召开智慧油田建设和创新创效经验交流活动，组织专家深入生产一线，了解生产动态，讨论创效节点，挖掘创新点，解决生产中遇到的难题，传授先进工作方法，指导生产建设工作。

按照工作室的组织架构，工作室的日常工作分工分为三段，即决策、管理和执行。上级领导与工作室主任共同决策，制定工作室工作计划，审议重大事项。工作室领衔人管理创新工作运行，活动经费使用、外部活动协调等工作。工作室成员组织实施，执行创新活动。工作室定期收集专家创新成果、工作典型案例进行展示，让每个成员的才华都有展示的平台。

"工作室是一个坚持终身学习的大课堂，在教学中学习、在交流中学习、在实践中学习，切实把广大职工的聪明才智发挥出来，用创新为时代和企业高质量发展做出了生动注解。"董瑞情说。董瑞情是自工作室成立之初就加入的一员"老将"，在她看来，要想时刻不断创

创新铸魂 匠心筑梦
——记华北油田培训中心郭连升创新工作室

新,就要坚持不断学习。询问多名创新工作室的成员,加入创新工作室以来最大的感触是什么,他们都提到了工作室不甘平庸、积极进取的工作氛围。

近年来,创新工作室加强复合型人才培养,创新"大工种"工作模式,积极安排一线员工参加适应公司新业务需要的岗位技能拓展培训,促使操作员工练成技能"多面手"。同时开发具有华北油田特色的培训教材和课程,运用现代先进的培训技术与手段,为基层员工岗位技能训练创造更好的条件与环境。

● 郭连升在生产现场解决数字液位计误差难题

习惯可以让生产顺风顺水、更有效率,但惯性思维也会让人做事封闭保守、墨守成规。一样的空间,可能有不一样的展布;一样的地层,可能有不一样的解释;一样的井位,可能有不一样的潜力。立足自我创新、自我提升,创新工作室不断开创着新局面。

创新让智慧传承

"创新对一个生产企业的重要性毋庸置疑,提升产品质量,创新工作方法,新工艺,提升竞争力,对我们培训单位同样重要。我们的重要任务之一就是创新培训方法,提升培训质量,达到送培单位期望的培训效果。"工作室资深成员王振海介绍道。

区别于其他单位创新工作室以实际生产工艺、工具、方法为主，工作室站在整个公司的宏观角度，还要思考怎么创新、成果如何提炼为其他创新者做培训；如何组织创新培训班，创新成果的评比；怎样组织各单位创新工作室联合解决公司突出性生产难题等。

创新工作室的日常工作，是全体成员按照工作室任务计划目标，紧密围绕解决生产难题、研发与推广创新创效产品、开展科研攻关等工作，通过多种形式开展创新活动。

2021年1月初，创新工作室接受了一项特殊任务：利用20天时间，制作完成5个工种100多门课程的授课视频。授课的重担压在了工作室专家们的肩上。

当时新冠疫情形势十分严峻，不能聚集开会。该怎么授课？授课由谁组织，安排哪些专家备课，讲授课程有什么具体要求？一系列问题摆在了工作室面前。

100多门课程20天的制作期限，时间紧任务重。最终在工作室的专家队伍中挑选了28位授课经验丰富的专家，组成了采油、采气、输气、集输和井下作业等5个授课小组，共同设计课程、编辑习题、拍摄视频、录制课件。为了让远程培训尽快上线运行，他们一边处理手上的正常工作，一边利用业余时间制作微课课件，克服了一个又一个困难。

后来专家们在家备课缺少教材，他们就送书到专家居住的小区门口；对于路途较远的外围专家，通过拍摄教材图片"上网"发送给他们。在团队协作沟通中，微信、钉钉各种社交工具齐上阵，遇到问题商量着解决。为了增强培训效果，每位专家编写脚本、课程录制、后期制作、在线指导，全培训链参与；为了提高课件质量，思维导图、录课软件、视频剪辑、富媒体，十八般兵器齐上阵。

经过精心准备，2021年3月初，5个工种的一线操作员工鉴定前线上培训正式开始，课程上线总时长2000多分钟，覆盖学员1600多人。

培训学习是提升创新能力的动力源泉。通过开展创新方法培训、创新讲堂学习、跨企业交流等形式，可以激发工作室成员主动学习的积极性，有效提升成员的创新能力。

工作室创新性地利用物联网技术开展技术培训，参加科研活动，围绕数字化油田生产培训，研制油气生产互联网（A11）仿真实训平台，数字化集输硬件研制与方案设计，采注输一体化仿真实训平台。专家创新工作室组织工程院的技术专家和采油厂的技能专家，共同参与设计公司实训基地物联网训练场升级改造项目，针对近年来油气生产物联网技术广泛应用的形势，加速培养数字化生产岗位技术骨干，制定生产操控技术与仿真模拟技术相结合的整体方案，在中石油培训领域开创先例，为开展数字化油田员工培训和开拓集团公司层面的培训业务打下了良好基础。

为了配合升级改造，贴合培训实际，专家创新工作室组织安排专家力量制定培训方案，以培训对象的岗位分工为主线，设计专题培训模块；采用进阶式培训方法，制订中长期培训计划。制定INTOUCH软件操作和前端传感器操作培训方案，落实专家授课。利用升级改造后的设施开展物联网培训，培养了一批生产单位紧缺人才。

在授课的同时，工作室还负责竞赛选手培训工作。2018年创新工作室组织选手培训，开展了中国石油煤层气有限责任公司采气工职业技能竞赛；2019年10月，在集团公司举办的首届实操培训师大赛个人预赛中，华北油田选派的4个专业共17名选手参赛，其中7人入围决赛，6人获得最佳奖项；2020年参加集团公司城市燃气两个工种竞赛选手培训和公司第十五届职业技能竞赛选手培训；2021年开展集团公司采气工

● 郭连升在集团公司主办的班组长师资培训班授课

（煤层气方向）选手培训，并组织行业对抗赛。共培养参赛选手190人，其中11人成绩优秀，破格晋升为技师或高级技师。

为了提升人才培养质量，2020年6月至8月，工作室邀请辽河油田公司专家赵奇峰，在创新工作室举办创新方法大讲堂；专家创新工作室策划设计的创新大讲堂进行网络直播，共6期36场，培训学员1600多人。两年来，工作室专家们深入7个生产单位，开展基层员工创新创效活动。专家创新工作室主导研发的油气生产创新产品图形Solidworks设计培训班，招来大庆、辽河、吉林、华北等油田公司的学员，受到学员、送培单位的赞扬。

为适应油田智慧化改造升级过程，工作室加大了员工培训的力度。但是几期下来，效果不好，部分学员知识接受水平参差不齐，很多学员到培训结束也没学懂，学到的又很快忘掉，回到单位不适用于岗位工作。工作室专家们开展集体讨论，开展课题研究，找出问题所在：教学过程中实物少，流程平面化，知识文字性的多，学员理解记忆差，动手少，操作水平低。最终工作室通过推出一系列数字化采油、集输、输气、增压撬等实物沙盘，智能化可操作平台，最终得到可喜的培训效果。

工作室的培训课程以翔实的内容、丰富的载体、灵活的形式，受到学员们的热烈欢迎。有的学员在送班车上捧着手机学习；有的学员在岗位上见缝插针，挤时间学习；有的学员一边吃午饭一边学习。这是知识的延伸，技艺的传承，也是工作室汇智创新的成果。

创新让知识转化

2019年5月20日，创新工作室召开"2019年河北省创新方法大赛"视频会议，会议由科技信息部主办，专家创新工作室承办，对参评的18项创新成果进行评选。"煤层气储层改造提高产能关键技术研究"方法获得一等奖。

华北油田初期通过引进国外井筒及排采技术，在沁水樊庄区域取得成功。但是在复制到其他区域时就"水土不服"。

单井产量低、产能不到位，是资源品质不行，还是开发理念有偏差？创新工作室的专家成员深入思考，认真分析产生问题的原因所在。

依据煤层气地质和煤矿地质的重大区别，工作室专家们创新提出了煤层气疏导式开发理论，并在此理论指导下，形成了七元有利区评价、水平井分段压裂、聚能射孔、疏导式排采控制等配套工艺技术，解决了煤层气"理论认识不清、工程适应性差、单井产量低"等行业共性难题。

问题的方向，就是创新的方向。在石油技术研发中，创新正如阳光般照耀着这个行业的每一个角落，点亮着行业发展的未来。

石油勘探开发技术需要高精度、高效率和高安全性，这一系列要求迫使研发人员不断进行技术创新和实践探索，探究新的方法和手段。

为进一步提升产品的开发质量，工作室举办了两期油气生产创新产品图形设计培训班，开阔思路、借鉴经验，满足研发者对图形设计方面的需求，为今后更好地开展工作提供了有力的技术支撑；同时建立了创新创效产品网站，编印创新创效宣传册，为创新爱好者提供学习资料，便于研发人员创新交流和沟通，进一步扩大培养创新人才队伍，对各生产单位解决难题有较大的相互借鉴意义。

工作室创新创效产品推广指导组一行2人到采油三厂、采油五厂进行创新产品的推广指导工作，并征求了采油厂科技信息创新工作室负责人在产品推广中的意见。指导组的同志查看了抽油机悬绳器挡板、柱塞泵阀座取出工具和变频器在线测试仪等产品，特别是柔性复合管线维修装置，在使用中过程中可能会对内壁造成腐蚀，给予了增加内衬的建议。

● 郭连升示范快速佩戴正压呼吸器动作要领

基层一线员工创新创效产品推广是公司提质增效、高质量可持续发展的一项重要任务。为了做好这件事情，专家创新工作室协助科技信息部联合有关部门，从创新产品申报专利开始，一直到产品制造、试验、改进、成型和推广的各个阶段，全方位跟进指导；从产品外观设计、持续优化到质量提升，多角度监督跟踪。召开产品立项论证会，聘请各单位主管科技的领导、技术专家和技能专家担任评委，严格把关，评选优秀创新产品加以推广。

为了保障产品推广进程、建立健全产品推广组织体系，工作室专家深入研发单位生产现场，对创新创效产品进行指导、推动，提出改进意见，有力促进了产品的成型进程。特别邀请物资装备部等相关人员参加交接仪式，现场解答产品推广过程中遇到的加工、采购、售后和安全认证等问题。

2021年4月，公司科技信息部对18项基层员工创新产品推广立项，并依托创新工作室开展推广指导工作。8个推广单位陆续进行公开招议标工作，对满足条件的生产加工厂家进行筛选，持续到10月初，全部产品完成招议标工作。在产品加工制作和应用过程中，专家创新工作室指导各单位与加工厂家沟通，优化产品加工方案，监督产品加工和不断改进，11月全部产品加工完成，280套产品陆续应用到生产中去。

这些务实举措，犹如注入了一针强心剂，让"创客"们的创新动力更足。几年来，专家中心承担着对公司各单位创新创效产品的推广指导和协调工作，深受各单位的好评，将创新创效产品推广工作做得越来越好，为油田公司的发展提供助力。

"华北油田以往的辉煌，离不开自主创新；华北油田今后的可持续发展，同样离不开自主创新。"华北油田公司有关负责人表示。

截至2022年年底，专家创新工作室推广的创新成果获得"华北油田公司员工创新成果一等奖"3项，集团公司创新成果三等奖2项、质量管理三等奖1项，河北省一等质量科技成果奖3项。取得国家专利32项。

创新不仅是对传统思维的打破，也是对未来技术发展的探索。只有通过持续不断的技术创新和实践探索，才能推动石油技术的转型升级。

创新让技术精进

创新的方式方法，就如一把钥匙，很快就能打开技术难题的锁头。但也应看到，再多的钥匙，如果找不到正确"锁孔"，再多的研究也是无济于事。这个"锁孔"，对科研人员来说，就是开展交流研讨活动，深入生产现场进行难题攻关和创新成果经验交流，推动优秀创新成果在公司推广使用。

2020年9月30日上午，河北省石油学会与创新工作室共同举办的油气生产创新产品图形设计作品展评活动，来自吉林油田公司和华北油田公司的20名作者齐聚一堂，同台竞技共同交流。河北省石油学会办公室主任王彩玲代表河北省石油学会对本次活动进行现场指导，对创新工作室贯彻落实公司创新发展战略，培养一支具备较高创新能力、技术革新能力、发明创造能力的油田企业人才队伍，提升员工油气生产创新产品图形设计水平，提出了高度赞扬。

活动前后，石油教学部和研发部等部门超前谋划，将培训与展评活动相结合，精心配置课程内容，聘请科研单位经验丰富的讲师和专业图形设计公司的专家授课。邀请专业人员组成评审评委会，设计评审标准，从图形科学合理性、图形技术性和观点明确性细化了九条评价标准。评选出的十六件作品获得了奖项。来自各生产单位的研发者，利用3D打印机打印作品，用会议平板演示作品。他们从安装程序开始，对软件操作功能、转矩调整装置原理展示、封隔器动画设计、取样桶优化设计、轴承座等产品图形设计与优化进行全面展示。

创新铸魂 匠心筑梦
——记华北油田培训中心郭连升创新工作室

连续举办两年的油气生产创新产品图形设计培训,是在油田公司大力倡导开展基层员工创新创效活动的前提下,河北省石油学会与创新工作室的又一举措,将在基层员工创新活动中发挥更大的作用。

截至2022年底,专家创新工作室共推广产品65项,累计安装使用1510台(套),创效7300万元,产生了显著的经济效益和社会效益。

丰富的交流推介活动,搭建了企业间交流与合作的

● 郭连升带领选手参加第四届全国油气开发专业职业技能竞赛取得优异成绩

平台,促进了一线创新成果跨地区、跨企业推广应用,推动生产提质增效,进一步激发了技能人才创新创效的热情。

2022年7月31日上午,专家创新工作室邀请勘探开发研究院专家就新开发项目组织专题研讨,特邀专家从技术层面给予了专业指导。围绕项目策划设计、培训对象、培训形式、课程设置、组织实施等环节进行了全方位研讨。

截至2022年,工作室研制和推广创新成果32项,累计安装使用1400台(套)。取得科技进步成果4项,团队合作完成创新成果30项,21项成果获得省部级以上奖励,培养出集团公司技能专家4人、高级技师6人、副研究员2人;出版著作9本,发表论文16篇。近三年共获得国家实

用新型专利32项，发明专利4项。"自动节能润滑器"获得中国能源化学地质工会全国委员会职工优秀创新成果一等奖，"研制动态化清管器"等5项成果获得省部级奖项，3项科研成果获得公司科技进步奖，18项成果获得公司创新奖项。

几年来，工作室整合各专业、各工种专家资源，持续优化成员结构，在场所建设、制度建设、专家活动机制完善、落实年度工作计划等方面全方位跟进，为全面开展工作提供了有力保障。工作室开展了技术革新、难题攻关、创新产品推广、科技研究，跨企业研讨等丰富多样的活动，已经成为油田公司培养和储备后备专家人才、建设高素质人才队伍的基地。

谈及未来，郭连升认为目前数字化油田推广速度快，但操作员工操作技能滞后。为加强员工培训，他开发了数字化抽油机、站控室操作等创新课程，弥补了不少教学上的空白。

● 郭连升被聘为第四届全国油气开发专业职业技能竞赛采油工竞赛裁判员

"在数字化油田时代,想继续在抽油机上搞革新,单纯在工艺流程上搞改革突破的空间比较有限。"郭连升认为,"未来的方向在数字油田。"这是他今后在培训领域研究的方向,也是创新工作室重点攻关的方向。

创新永无止境
深耕绿化技术
——记华北油田华兴综合服务处绿化管理创新工作室

□ 邢泽宇　李　静

创新永无止境　深耕绿化技术
——记华北油田华兴综合服务处绿化管理创新工作室

"成立创新工作室的目的是将创新的成果运用于实际生产中，从而降低生产成本，促进人才发展与培养，不断提高全员的创新动力，推动企业创新进步。"华兴综合服务处霸州服务站绿化管理创新工作室领衔人王哲说，我们是这么想的，也是这么干的。

2012年华兴综合服务处霸州服务站绿化管理创新工作室成立，工作室以"培养复合型人才，锤炼专业技能，创新绿化管理，提升绿化水平"为工作目标，积极发掘培育绿化技术创新能手，先后完成"加强树木虫害防治管理，提高树木成活质量""无公害防治绿地害虫"等多项课题，创造提高员工整体技术水平、减少环境污染维护生态平衡，保护环境的社会效益和降低各项成本支出节约200余万元的经济效益。

工作室先后获得油田公司QC质量科技成果一等奖、河北省科技质量成果奖、基地事业部成果发布一等奖；油田公司技术创新二等奖，基地事业部QC小组成果发布三等奖。油田公司技术成果二等奖。河北省质量信得过班组。2017年先后荣获河北省科学技术厅颁发的河北省劳模创新工作室和"工人先锋号"的称号，获得油田公司技术能手称号1人、能工巧匠2人，取得技师资格的人员6人。

以创新为引领　激发创新活力

"环境就是民生,青山就是美丽,蓝天也是幸福。"良好生态环境是最普惠的民生福祉。改革开放以来,我国经济社会发展和人民生活水平不断提高,人民群众总体幸福指数得到大幅提升,提高环境质量是广大人民群众的热切期盼。大力推进生态文明建设,提供更多优质生态产品,就是在积极回应人民群众的所想、所盼和所急。

绿化是城市环境建设的重要内容,是改善生态环境和提高生活质量的重要内容,是提升社区居民居住幸福感的重要基石。

走进华北油田华兴综合服务处馨苑社区,高低错落、疏密有致、四季常绿、季季有花。"开窗可见绿,出门可踏青,鸟语花香,四季如春。"小区居民感受环境变化的背后离不开绿化创新工作室在日常绿化维护中的不懈努力。

● 郭宏亮讲解小区常见病虫害以及防治方法

创新永无止境 深耕绿化技术
——记华北油田华兴综合服务处绿化管理创新工作室

谈及工作室创建过程，伴随着工作室成长起来的绿化技术领衔人郭宏亮打开话匣子。"2012年创新工作室由原华隆创建，后华隆服务处撤销后华兴继续创建，工作室面积100平方米，包括标本室、培训与实操演练室，是培养该处绿化技能人才、促进辖区绿化管理的技术平台。"郭宏亮介绍说，平台旨在调动员工学习专业知识的积极性，提高绿化工作团队分析和解决问题的能力，杜绝了工作中的盲目性，减少施工中的事故隐患，同时科学防病治虫，避免了人、畜中毒及环境污染，确保社区植物健康生长，维护了生态平衡，为社区居民营造了一个生态的休闲场所。

从夯实创新工作基础做起，绿化创新工作室成员不断完善工作室的创建。他们精心组织，分项实施，从精细测量每一个尺寸入手，对两个工作室的整体布局进行精心设计。发动员工收集各种园林害虫，把收集的害虫进行风干、药物浸泡等处理程序，制成病虫害标本，并将采集的植物标本，通过整形修剪、压制、风干、塑封等程序，制作了30余种标本，收集植物种子60余种，供大家识别、学习。为增加员工的学习积极性，园林标本室内墙壁上张贴了300余张病虫害图片、100余张植物图片；园林机械演练室内设有园林机械可供员工拆卸，为职工掌握园林机械内部构造、工作原理，正确安全地使用园林机械提供了保障。良好的学习环境，吸引了友邻单位的员工来一起学习交流，形成了浓厚的学习氛围。

为拓宽绿化员工培训视野，他们相继设计并配置了练兵台水晶板下的机械规范流程图，墙面悬挂上绿化年历、100余张植物彩图、300余张病虫害彩图，为员工日常培训与工作提供了科学的依据。工作室立足业务，带动绿化员工不断挖掘潜力，丰富"小革新、小创造、小发明、小建议、小攻关"等五小活动，在绿化管护、降本增效方面发挥了积极作用，真正达到了"教、学、做"三合一的效果。

围绕节省绿化投资，提高树木存活率，工作室成员对小区长势不好的苗木重点监控，尤其针对因矿区路面改造，造成部分行道树侧根受伤严重，导致其整体树势衰竭情况，带领员工扩大树穴，固定树身，将树根整体下移，给树木输营养液和根灌，促使大树快速生根，恢复树势增强活力，取得了良好的效果。

针对矿区绿化虫害防治需要，绿化创新工作室成员坚持组织开展科学合理的虫害防治，每年提前安排绿化虫害防治工作，及时组织开展虫害动态监测，适时推广实施生物防治、无公害农药防治等方法措施，有效巩固了小区绿化养护成果。为减少农药对环境的污染，避免误杀昆虫天敌，组织绿化人员逐步采用生物和物理的方法进行植物病虫害防治，运用频振式杀虫灯诱杀成虫，采取释放周氏啮小蜂防治美国白蛾，利用性激素诱杀国槐小卷蛾，释放管氏肿腿蜂防治天牛幼虫，利用粘虫板防治各类蚜虫；推广使用苏云金杆菌、灭幼脲、苦烟乳剂等多种生物农药灭杀各类害虫，确保了矿区居民的身心健康。针对传统防治措施上多采用的高毒农药，出于施药人员不愿意干，居民反应强烈，防治成效差等诸多原因，专业人员在不同季节适时开展大规模的园林害虫调查和持续定点监测，经过多年的专项课题研究，通过实施无公害农药试验示范、技术开发、人员培训、引进新技术等措施，形成了科学有效的矿区病虫害监控与防治管理办法，有效巩固了矿区的绿化养护成果。

以创新为引领，敢想敢干的绿化创新工作室成员更是不断加强人才培养。

以创新为核心，以工作室为平台，以相互合作为方式，以项目课题研究为载体，培养创新型和实用型人才，促进中青年职工健康快速成长。近年来，绿化创新工作室推广普及先进的创新理念、技术和工作方

创新永无止境　深耕绿化技术
——记华北油田华兴综合服务处绿化管理创新工作室

法,带动专业技术技能素质水平的提高,围绕降低成本、节能减排、技术改造、技术革新、安全生产等主题,组织开展技术攻关、技能培训、管理创新、科学研究、学习交流等活动,特别是针对绿化的发展,推广先进适用技术,加快科学成果转化,最大限度地影响和带动广大职工提升技能水平,培养企业发展所需的科技、生产、管理人才队伍,为公司既定目标的实现和可持续发展奠定良好基础。

走进工作室内,园林机械操作和维修保养规程一目了然。从制度体系入手,工作室开展了各项管理制度、基础资料规范化活动。按照基层队站标准化、可视化要求,围绕打造《绿化环卫"四位一体"达标升级示范点》,进一步规范标本室、完善演练室,设置规范机具库、停车场四个场点,将安全生产的规章制度、要害岗位应急预案、岗位风险识别等规范制度或上墙或定置在员工的视线范围内,时刻提醒员工按照规范去做;为了提升员工具体实际操作能力,工作室创新编辑出绿化机具

● 绿化工开展自我培训学习矿区植被、花卉常识知识

操作保养技能范例,"五步法、六精通、十四要素";将原绿化机具演练室进行升级规范打造,总结归纳绿化机具安全操作"五不伤害"及绿化机具安全操作六言等警示标语,便于员工安全技能培训,掌握绿化专业技能。

"工作室创建时,为提升绿化服务能力和水平,就提出了'绿化技能特色培训法',通过创建'病虫害标本室''绿化技能实操训练室',印发'绿化技能随身手册',开展'直观、实操、差别化'培训等方式,加强员工对病虫害识别处置和实操岗位培训,提高了员工绿化技能,提升了对社区的服务水平。"郭宏亮介绍说。

"可视化培训法"提升病虫害处置能力。"直观化"培训,通过形象直观、色彩适宜的各种视觉感知信息,或组织现场操作作业活动,对员工进行绿化技能操作和安全操作方面的培训;"实操化"培训,采用实际操作,强化记忆培训的方法模式,让员工对绿化操作的要领有更加深刻的体验和理解,促使各操作环节的技巧、要求在头脑中形成深刻印象,帮助员工提升实际操作中发现问题、控制问题、解决问题的能力;"差异化"培训,突出因人施教,有的放矢,针对不同水平的技能员工,分层次、分时间、分内容,分场点开展不同培训,针对老员工侧重从新工艺新技术和技术创新方面开展培训引导,针对新转岗员工、侧重从基础知识,基本技能方面入手,循序渐进开展培训。

如何让培训"落地"?工作室将标准化培训应用于实践中,在"病虫害标本室"配备了电脑、电脑桌椅、标本展示柜等硬件设施,组织党员和员工利用休息日自己动手收集昆虫、植物和种子。"实操训练室"配备了剪草机、绿篱机、链锯、割灌机等绿化机械设备,可供员工拆卸学习,为员工掌握园林机械内部构造、工作原理,正确安全地使用园林机械提供了保障。结合QC活动研制并推广近十种无公害的农药和防治方法，有效控制了园林害虫发生，防止了矿区人、畜中毒和环境污染。

得益于绿化工作室的创建，绿化技术小组借助开展了病虫害的监测与防治、农药配比及安全使用现场培训、园林机械维修保养现场培训等200余次。近年来，绿化技术小组共举办各类学习活动120余次，员工的个人读书笔记人均已达10万字以上。举办各类学习活动，工作室自创"百题库"与"差别化"培训相结合，使每日一题、每周一课、每月一考活动落到了实处，一批技术素质高、年富力强的绿化技术能手纷纷在绿化技术比赛中取得佳绩。

同时，工作室通过各种途径为员工搭建创新发展的平台，为员工的革新改造提供绿色通道。绿化技师孟金凤的"加强树木虫害防治管理，提高树木存活质量"等合理化建议，荣获河北省、公司、矿服等系统多项奖励，撰写的QC成果"无公害防治绿地害虫"等多篇文章得到上级部门的一致好评。创建小组专门挤出会议室作为绿化工作室和岗位练兵室，为员工提供了学习交流的平台，促进了QC小组活动效率。

"一滴水里观沧海，一粒沙中看世界。"从创新人才培养到营造形成绿化创新的良好氛围，创新已经融入他们的血脉之中。"创新不一定是革命性的科学技术大发明，创新实际上就在我们的身边，在工作中的时时、处处、人人皆可创新，形成一些助推绿化的创造性解决方案。"工作室成员、华兴综合服务处霸州服务站环卫绿化班班长王培森说，创新并不远，就在身边。

弘扬创新精神　加快创新技术建设

党的二十大报告指出：必须坚持科技是第一生产力、人才是第一资源、创新是第一动力，深入实施科教兴国战略、人才强国战略、创新驱动发展战略,开辟发展新领域新赛道,不断塑造发展新动能新优势。近年来,工作室以创新为引领,加快创新技术建设,全力做好增收创效的"大文章"。

中水是指生活污水处理后,达到规定的水质标准,可在一定范围内重复使用的非饮用水。华兴综合服务处馨苑社区隐园公园荷花池面约1700平方米,池深60公分,每年的荷花池补水量成为该处一项非常大的开支。工作室创新利用近邻污水处理站的便利条件,在污水处理站的外排清水池内加入潜水泵,用PPR管线连接,尝试利用"中水"补充荷花池水量和周边绿植的浇灌。现在,利用中水浇灌近一年共计节约水费近3万元。

为保护环境和节约能源,创新工作室通过技术革新,进一步加大了"中水"的利用和开发,污水处理站的泵站建设和管线铺排已在紧锣密鼓进行当中,待泵站建成后将陆续在浇灌公园、厕所冲洗、道路保洁等方面全部改用"中水",节约一大笔开支。

2022年8月8日,霸州服务站绿化创新小组在社区绿化养护中首次采用高科技的一次全新尝试。一架盘旋的无人机在馨苑社区上空对辖区内的法桐、杨树、草坪等绿植喷洒农药防治病虫害。

创新小组采用植保T30无人机,一次可装药30公斤,全新16喷头布局,9米超大喷

● 绿化工在工作室对照实物学习辨识矿区植物常见病虫害

创新永无止境 深耕绿化技术
——记华北油田华兴综合服务处绿化管理创新工作室

幅,每小时喷洒240亩。通过高精度智能控制喷洒,与飞行速度联动,可实现定速、定高、定量喷洒,在树高、林密、面积大的情况下,也可确保喷洒均匀,其效率是人工的80～90倍。"这次的无人机作业针对高大树冠精准喷药,不仅解决了高大树木喷洒难的问题,而且达到了节水、节药、节油的目的,最大限度减轻了农药对员工和矿区环境的影响。"郭宏亮说。

及时精准、高效节能、安全便捷地防控病虫害是绿化创新工作室始终关注的问题。"在服务处的规划、指导下,在前期组织多名员工线上学习应用、飞行安全、植保基础知识、作业技术规范等内容,线下聘请老师进行实际操作培训,重点学习植保T30无人机的操作方法、智能飞行电池充电、无人机驾驶模式等内容。"王哲说,通过理论和实践学习,我们的参培人员基本掌握了无人机的操作技能。

在良好创新氛围影响下,绿化创新工作室创新技术、创新人才不断涌现。

"以前工作中,大家都反映了标本室的病虫害标本不易存放,易被腐化的问题,为了提升标本储存时间,我在反复实验中发现使用环氧树脂胶对标本物能起到很好的保护效果。"郭宏亮说。为了模拟试验,他自费购买了环氧树脂胶,最终试验成功,大大提升了标本的存储时间,以前不易存放的标本现在可以完整存放几十年。如今,标本室的标本存放已经使用了这种新的病虫害标本的处置方法,得到了上级和兄弟单位的一致认可。

绿化技师孟金凤,虽然只有初中学历,但在工作学习之余,结合实际先后撰写了园林绿化技术、园林植物保护等文章,多篇发表在《中国花卉盆景》《花卉园艺》《国土绿化》等国家级刊物上。她放弃业余休息时间,自学河北农业大学《园艺》专业近十年,于2012年取得了大学毕业证书。2010年她被聘任为职业技能鉴定考评师，并多次担任华兴综合服务处技能鉴定站的绿化职业技能鉴定考评工作，2013年7月被任命为油田公司第十届职业技能竞赛绿化花卉工裁判员。作为园林有害生物监测检疫员，她利用班前班后在绿化带内进行观测和调查，全年累计记录200多天次，定期测报病虫害信息50多份上报处业务部门，她制订的人工剪除网幕、灯光诱杀、药物防治和释放周氏啮小蜂等综合措施，有效遏制了美国白蛾的蔓延。她深入推进QC活动，通过实施无公害农药试验示范、技术开发、人员培训、引进新技术等措施，累计创造经济效益达25万元。

精钻业务技能的同时，她还狠抓重点，严控虫害防治。

提升管理水平　建强创新活力根基

创新是引领发展的第一动力，是推动高质量发展、建设现代化经济体系的战略支撑，而激发创新活力的关键在于营造良好创新生态。

"没有规矩，不成方圆"，严格的管理制度是工作室管理的保证，有助于工作室科学管理，消除工作中的混乱和内耗现象，保证管理的健康发展。近年来，绿化工作室不断健全管理制度，完善管理标准，建强创新活力根基。

——加强活动制度建设

工作室成立以来，创新工作室领导小组每月召开一次会议，谋划布置本月的创新工作，研究解决创新过程中遇到的困难和问题，每月对创新团队成员组织一次培训，每季度组织一次考试，不断更新知识，提高技术素质；加强团队成员的日常管理，广泛吸纳创新意识强、技术素质高、肯钻研的员工加入创新团队。

创新永无止境　深耕绿化技术
——记华北油田华兴综合服务处绿化管理创新工作室

既做好吸纳人才的加法，也做好"排除"减法。工作室对不注重学习提高，不主动参与项目创新人员，经创新工作领导小组研究讨论，及时调整出创新团队。同时注重创新成果在安全生产实践中的应用，针对应用过程中存在的不足，及时进行改进和完善。

——明确工作目标

近年来，工作室实施科技兴矿、科技兴安战略，围绕环保、安全、提效、降耗进行技改攻关；优化生产工艺、环节，便于员工操作，降低劳动强度，提高生产效率；改进设备、设施的安全性能，不断增强安全可靠性，追求设备、设施的本质安全；加强工作面防毒、防尘、降毒、降尘措施的研究与应用，降低对员工健康的侵害；加强绿化工作面设备防毒、防尘、防噪性能的研究，降低施工中设备设施对员工的损害程度。

——建强工作标准

近年来，工作室加强工作标准建设，明确工作标准。加强本岗位专业知识的学习，尽快掌握本区引进和应用的新设备、新技术、新工艺，为技改攻关打牢基础；立足本岗，苦练技术，刻苦钻研，不断提高技术创新能力和实际操作能力；关注生产过程中的环节、细节，培养发现问题的能力，把握创新点，每人每月提合理化建议不少于2条；增强团队合作意识，主动参与、共同研究，发挥团队智慧优势，每名成员技改攻关参与率不少于全年项目的50%；广泛征求操作员工对设备、技术、工艺等方面的建议，扩大技改攻关范围。

——严格管理制度

如何推动工作室建设，这是工作室成立以来，工作室成员始终思考的问题。严格管理制度是推动创新工作室发展的重要"法宝"。为此，他们不断严格工作室管理制度，绿化创新工作室成员产生由华兴处所属各站运行，人员自愿报名和核心人员推荐，并经考试选拔产生，统一在原华隆服务处职工创新工作室领导小组领导下开展工作；职工创新工作室领导小组负责考察交流等活动的组织，负责项目立项决策、推荐等工作；不定期召开专业会，专业会邀请工作室有关专业人员参加，针对"QC"成果、群众性创新、专业技术、教育培训等问题进行研究、讲座、推介；对专题项目成果进行评价、充实、完善；成员申请加入或调出工作室，须经处职工创新工作室领导审批同意，同时根据需要及时增补人员；创新工作室各小组的创新项目成果获得省、公司或者更高一级的奖励，服务处予以同等的标准进行奖励。对创新工作室各小组表现突出的优秀成员，小组负责人可向服务处推荐参与年度的评先争优活动。

同时，工作室还持续开展标准化、可视化管理工作创建，创建绿化机械室可视化管理。标准化可视化创建，是筑牢基层管理、塑造服务形象、提升运行质量的基础。为克服业务整合前责任界面不清、现场管理不规范等问题，创新工作室以可视化管理为抓手，着眼于规范绿化标本室、绿化演练室、机具库、停车场和居民小区标准化管理，组织实施了"五位一体"可视化创建项目。重组织、重督导。从员工着装配戴可视化，到五个场点的制度规程、铭牌标识、警示标线、硬件配置，对绿化标本室制度流程进行补充完善、反复设计修订服务区域示意图的同时，侧重对绿化技能演练室进行升级打造。通过集思广益，对能够体现绿化行业特性的可视化内容进行专业化、内涵性挖掘，总结提炼出了绿篱修剪技能"要避免"十四项、绿化机械操作安全警示歌、草坪修剪机安全操作"七禁令"等11项特色可视化内容，绘制了绿化机具操作维修保养流程图，制作了机具操作技能和安全技能两个PPT课件。

为进一步完善绿化标本室相关内容，工作室形成了富有特色的绿化专业可视化亮点。重节省、重延伸。对现场可视化整改内容，坚持把握"规范、明了、节俭"原则，能继续利用的制度框架则继续使用，能压

创新永无止境 深耕绿化技术
——记华北油田华兴综合服务处绿化管理创新工作室

● 绿化工在工作室对照实物学习病虫害防治知识

减的设计配置尽量压减；按标准完成"规定动作"，因地制宜选定"自选动作"，推进可视化向生活区延伸。在完成小区道路交通与主路路牙交叉口安全提示标线、2000多个井盖清扫刷漆及警示标识划识的同时，还对小公园凉亭台阶进行了警示标线划设，共计完成划线1060延长米。安全警示标识标线向生活区的延伸拓展，适应了居民出行安全服务的差异化需求，赢得了居民的由衷赞许。

围绕管理精细、服务创优、居民满意的工作目标要求，立足绿化环卫等业务，创新工作室成员不断提高服务运行质量，真情服务社区居民，展现了小区物业服务的新形象。

不仅是提升管理，创新工作室以"优质高效、互帮互助、快乐工作、创和谐"为目标，坚持以人为本的原则，以关爱员工为出发点，努力降低员工的劳动强度，深入开展送温暖献爱心活动，广泛开展丰富多彩的文体活动，不断丰富职工的业余文化生活。通过开展系列文体活动，活跃了队伍的氛围，增强了职工的凝聚力和战斗力。在绿化工作岗位上，绿化工作队员迎难而上，奋力拼搏，谁也不叫一声苦、不喊一声累。

　　面向未来，王哲说，围绕打造整洁优美环境，我们将立足绿化环卫业务，以创新为引领，认真践行"净化美化矿区，真情服务居民"的工作理念，自觉落实"设备操作守规程，服务作业保安全"的安全工作要求，持续开展标准化、可视化创建，不断深化规范化、制度化内控管理；定期组织培训，不断提高员工专业技能；深入开展绿植虫害调研，及时采取防治措施，努力巩固馨苑社区"全国绿化400佳"和集团公司"园林式单位"成果；坚持抓好卫生保洁监管，保持小区干净整洁；加强小区公共设施维护管理，及时解决居民服务诉求，不断提升专业服务质量和居民服务满意度，为巩固"全国城市物业管理示范住宅小区"成果，提供持续的支持，奠定坚实的基础。

创新永无止境　深耕绿化技术
——记华北油田华兴综合服务处绿化管理创新工作室

创新绿化技术　推动绿色共享

邢泽宇　李　静

华兴绿化管理创新工作室是培养该处绿化技能人才、促进辖区绿化管理的技术平台。近几年来，该工作室充分发挥平台优势，深化技术与管理创新，不断发掘绿化员工的"创新因子"，积极培育一批技术创新"好苗子"。通过组织技能攻关，创新绿化管理，切实解决辖区绿化管理难题，提升了绿化管理水平，探索出了一条适合油田矿区绿化管理养护的有效路径。

完善基础设施　搭建管理平台

近年来，立足矿区服务，确立绿化工作创新思路。华兴绿化管理创新工作室以"培养复合型人才，培养专业技能，改善绿化管理，提升绿化水平"为工作目标，以"燃烧工作激情—放飞绿化梦想—

● 绿化工在研究学习油锯的结构原理及保养方法

奉献绿色人生"为文化核心，以"美化小区环境，服务矿区居民"为工作理念，以"培养懂技术善管理的人才"为己任，着眼创新管理，深化创建活动，努力打造"三定三比两促"的特色绿化队伍。

建立组织机构，全面指导创建工作。由处工会牵头，物业一站进行指导，制定了"华兴绿化管理创新工作室"活动实施方案，明确了责任与分工，逐步推进实施。成立华兴绿化管理创新工作室筹建领导小组，在指导思想、组织机构、方式方法、活动要求等几个方面作了全面的安排部署。结合绿化工作，以工作室创建为着力点，设立华兴绿化管理创新工作室。

为保证创新工作室开展活动，推进新时期"五个一"绿化创新工作室活动的展示平台，全面推进创新工作室建设管理，进一步提升华兴绿化操作技能"三化"培训法专业水平，主要从逐步建立起专业化、规范化、标准化、高效运转的基层组织构架入手，相继制定建立了首问负责制、服务承诺制，保证绿化服务的优质高效。在创新工作室内制作上墙属地责任制度和绿化机具库房管理制度、绿化园林机械操作规程、绿化平面示意图和绿化植物年历，为持续提升华隆绿化服务质量和管理水平、推进华隆绿化服务业务可持续发展提供了重要保障。

投入专项资金，完善硬件基础设施。在处领导和相关科室的大力支持和帮助下，在物业管理楼二楼会议室成立绿化工作室，投入了必要的教育培训基金，基层队站标准化建设经费和工会经费，从硬件建设、资料完善、员工培训等方面，完善创建工作。相继配备了电脑、电脑桌椅、标本展示柜等硬件设施，配备剪草机、绿篱机、链锯、割灌机等绿化机械设备，购置望远镜、植物种子器皿、昆虫标本采集袋、捕虫网、养虫盒、昆虫针盒标本盒、昆虫解剖器械、展翅板、植物标本夹、

创新永无止境 深耕绿化技术
——记华北油田华兴综合服务处绿化管理创新工作室

天平等标本室需用物品,完成了虫害标本室、技能演练室的建设,建成了创新管理工作平台。

加强人才培养,提升攻关成效

近年来,华隆绿化创新工作室以群众性质量管理活动作为提升绿化管理质量的一项重要内容,常抓不懈,致力于培养一线绿化技术技能人才,立足绿化专业,开展创新性管理养护工作。

深挖技术人才,培养技术带头人。绿化创新工作室孟金凤是原华隆服务处绿化技师,园林植物有害生物监测检疫员。利用创新平台,孟金凤组织相关人员,大胆使用树木"注干"技术,解决社区内乔灌木蛀干害虫难以触杀的难题;通过自己拆装研究,融汇"四懂三会"要求和"十字作业法",改进了园林机械维护保养方法,制定出园林机械操作流程图,编辑出员工必掌握技能"五步法、六精通、十四要素"和安全警示"五不伤害、七禁令、八必须、九不准",推进了"五个一"绿化创新工作的持续深化。作为绿化技术带头人,孟金凤积极组织员工,开展绿化技术培训与技能指导推广。她利用业余时间自编园林培训课件,定期开展花卉工绿化培训,40余次开展现场实践教学。针对新转岗员工和老员工业务能力的不同特点,开展差别化的教培训。几年来,一批技术素质高、年富力强的绿化技术能手纷纷在处绿化技术比赛中取得佳绩。QC成果多次荣获河北省、油田公司技术创新、QC成果一等奖。多篇园林绿化技术专业论文发表在国家级刊物上,多次荣获华北油田公司"巾帼建功立业风采人物"、"自学成才明星"、"明星员工"、华隆服务处劳动模范等光荣称号。

深入推进QC活动,开展无公害防治虫害。绿化创新工作室以绿

● 孟金凤带领绿化工学习制作病虫害标本

化现场质量管理为突破口，努力推进提高QC小组活动效率。注重把握不同季节，适时开展共20多次大规模的园林害虫调查和持续定点监测，经过5年多的专项课题研究，通过技术开发、员工培训与交流，组织试验并推广运用频振式诱杀灯、释放天敌、悬挂性引诱剂，结合生产需求改造打药车出水口径，合理运用树木注干技术，选用无公害农药如Bt可湿性粉剂、灭幼脲、阿维菌素、吡虫啉等，采取各类无公害措施和方法，有效控制了园林害虫发生，防止了社区人、畜中毒和环境污染，自2007年至今累计创造经济效益达27.57万元。

后　记

在华北油田公司全面建设新时期新华北之际,我们联合中国劳动保障报社组织编写了《华北工匠》一书,供广大干部员工学习参考。本书所收录的油田公司16个省级劳模和工匠人才创新工作室典型案例,凝聚着石油精神和大庆精神、铁人精神等石油工人所创造的精神力量,生动体现了劳模精神和创新精神,这些精神力量是石油企业的宝贵财富,是石油企业核心竞争力的重要组成部分,也是华北油田不断深化改革,建设千万吨当量综合能源公司、打造世界一流现代化能源企业的重要力量源泉。我们相信本书一定能够为大家带来丰富的精神滋养。

在本书编辑过程中,公司党委对本书编写工作高度重视,多次做出指示要求,公司党群工作部组织记者深入基层一线,采访调研劳模工匠、技能人才,查阅大量档案资料,完成了各项资料的收集、拍摄、分类筛选和整理编辑工作,相关二级单位及所属创新工作室的领导和同志们给予了积极的配合和支持,加入了本书编纂工作中,做了大量资料完善和材料审定工作,在此一并表示衷心感谢。

创新赢得先机,创新也将赢得未来。当前,油田公司站在新的历史方位,将继续加大劳模和工匠人才创新工作室建设力度,持续深化群众性经济技术创新活动,有效解决基层生产经营管理实际问题,推动创新成果推广转化应用,带动更多职工立足岗位创新创效,全力构建形成"以劳模工匠为引领、一线技能人才为主体、基层生产岗位为阵地、创新工作室为依托、员工广泛参与"的具有华北特色的基层创新工作体系,实现创新工作室的管理运作更加规范、引领带动能力更加显著、品牌影响力更加彰显,为新时期新华北建设注入清新活力和不竭动力。

  由于时间有限、水平不足,编者虽竭尽全力,仍难免有错漏之处,恳请读者批评指正并提出宝贵意见。